Susan Schenk

Das Islambild im internationalen Fernsehen

Medien und politische Kommunikation – Naher Osten und islamische Welt /
Media and Political Communication – Middle East and Islam, Vol. 16.
Edited by Prof. Dr. Kai Hafez, University of Erfurt
(Volume 1–10 at the German Institute for Middle East Studies/
Deutsches Orient-Institut, Hamburg 2000–2005)

Susan Schenk

Das Islambild im internationalen Fernsehen

Ein Vergleich der Nachrichtensender *Al Jazeera English*, *BBC World* und *CNN International*

Frank & Timme
Verlag für wissenschaftliche Literatur

Umschlagabbildung:
© st.landgraf / PIXELIO

ISBN 978-3-86596-224-9
ISSN 1863-4486

Herstellung durch das atelier eilenberger, Leipzig.
Printed in Germany.
Gedruckt auf säurefreiem, alterungsbeständigem Papier.

www.frank-timme.de

Dank

»La Perfection, ce n'est pas de faire quelque chose de grand et de beau, c'est faire ce qu'on fait avec grandeur et beauté. »
Swami Prajnanpad

Dass meine Magisterarbeit in Form dieses Buches erscheinen kann, habe ich vielen Menschen zu verdanken, denen ich die erste Seite widmen möchte. Meinen *Eltern* und *Großeltern* gebührt der größte Dank. Sie haben mir während des Studiums viele Möglichkeiten eröffnet und mich in allem unterstützt. Neben der finanziellen Hilfe ist mir vor allem ihre gedankliche Unterstützung stets eine Kraftquelle gewesen. Ein großes Dankeschön geht ebenso an meine *Schwester* Dana, die mir während der Entstehung dieser Arbeit oft „die Hand gehalten", mich beraten und unterstützt hat - Danke dafür.

Stellvertretend für meine *Freunde* möchte ich insbesondere Sandra Geisler, Katrin Preusche, Karolina Böhm, Mandy Pampel und Sandra Buschmann danken. Danke, dass ihr nicht nur in privaten Dingen so hinter mir steht. Martin Herlt, Mandy Pampel, Matthias Kuhlmeier und Sophia Loos haben fleißig Nachrichtenbeiträge codiert und sicherlich nicht nur einmal das Handtuch werfen wollen. Euch gilt großer Dank dafür, dass ihr meine Ideen so gut „verschlüsselt" habt.

Meine *Betreuerin* Anna-Maria Schielicke, Mitarbeiterin am Institut für Kommunikationswissenschaft in Dresden, hat mir wissenschaftlich und freundschaftlich immer zur Seite gestanden, so dass ich ihr an dieser Stelle ein großes Lob für ihr Engagement, ihre konstruktive Kritik und ihren Einsatz für mein Projekt aussprechen möchte.

Mein Freund *Martin* unterstützt nicht nur finanziell dieses Buch, sondern er ist auch derjenige, der mir während des Schreibens am meisten den Rücken gestärkt hat und mir mit viel Verständnis und Geduld begegnet ist. Danke dafür, dass du so bist, wie du bist und dass durch deine Hilfe dieses Buch gedruckt werden konnte.

Dank gilt auch meinem Gutachter *Prof. Dr. Lutz Hagen* sowie *Prof. Dr. Kai Hafez* und seiner engagierten Mitarbeiterin *Carola Richter* aus Erfurt, die durch ihre Ratschläge und Hinweise meine Arbeit bereichert haben und sie somit Teil der Reihe „Medien und Politische Kommunikation – Naher Osten und Islamische Welt" werden konnte. Dafür bin ich auch ihnen sehr dankbar.

Inhaltsverzeichnis

Abbildungsverzeichnis

Tabellenverzeichnis

Abkürzungsverzeichnis

Abb.	Abbildung
AJ English	Al Jazeera English
ebd.	ebenda
engl.	englisch
et al.	et alii (und andere)
dt.	deutsch
lat.	lateinisch
min	Minuten
n	Gesamtanzahl
r	Korrelationskoeffizient
Tab.	Tabelle
u.a.	unter anderem
usw.	und so weiter
Vgl.	Vergleiche!
χ^2	Chi Quadrat
zit. in	zitiert in

1 Einleitung

„Wir brauchen eine andere Interpretation des Islams, eine Interpretation, die Raum lässt für Menschenrechte und Frauenrechte."
(Schirin Ebadi, Friedensnobelpreisträgerin 2003, zit. in: Amirpur & Ammann, 2006, S. 19)

Seit den Anschlägen in New York am 11. September 2001 oder dem Attentat in London im März 2005 wird der Islam in der westlichen Welt[1] als eine permanente Bedrohung und eine Inkarnation der Zerstörung angesehen. Radikale Muslime ganz gleich welcher Nation politisieren dabei die Werte des Islam, um in Europa, Asien oder Amerika mit Anschlägen Angst zu schüren. Repräsentative Bevölkerungsumfragen des Instituts für Demoskopie in Allensbach (2006) oder des Gallup Institutes (2008) zeigen, dass sich Menschen weltweit vom Islam bedroht fühlen und sie ihn mehrheitlich mit Fundamentalismus und Gewaltneigung assoziieren. Gleichzeitig klagen Muslime in Deutschland über Abweisungen und Diskriminierungen. Es mangelt an einem gegenseitigen Verständnis der beiden ‚Kulturkreise' (Ergebnis der 3. Islamkonferenz in Deutschland, 13. März 2008).[2]
Diese Entwicklung ist brisant, da sie sowohl Einfluss auf die gesellschaftliche Integration muslimischer Mitbürger als auch auf einen interkulturellen Frieden haben kann. Es werfen sich Fragen nach möglichen Ursachen auf, die nicht zuletzt die *Rolle der Medien* im Meinungsbildungsprozess hervorheben. Da die meisten Vorstellungen der Europäer zum Islam nicht auf eigenen Primärerfahrungen basieren, rückt die Bedeutung der medialen Vermittlung in den Vordergrund. Medien sind oft die einzige Quelle für Informationen über den Islam. Sie haben Einfluss auf unsere Vorstellungen und damit auch auf unser Handeln, so dass deren Inhalte ein wichtiges Forschungsfeld für die Kommunikationswissenschaft darstellt.
Bisherige Medieninhaltsanalysen zeigen, dass die Lebensrealität der 1,2 Milliarden Muslime auf unserer Welt in hohem Maße mit Gewalt, Konflikt und Diskriminierung in Verbindung gebracht wird – darin unterscheiden sich die Ergebnisse aus Deutschland, Großbritannien oder den USA nicht. Ethisch-normative Grundlagen des Islam, die für ein interkulturelles Verständnis wichtig wären, werden ausgeblendet oder marginalisiert. Die stereotype Verbindung

---

[1] Anmerkung: Gemeint ist kein rein geographischer Raum, sondern eine Art Kultur- bzw. Gesellschaftsraum, der als „entwickelt, industrialisiert, städtisch, kapitalistisch, säkularisiert und modern" (Hall, 1994, S. 137) gilt. Der Medien Tenor (2008) erfasst die Länder Europas und Nordamerikas sowie Australien und Neuseeland unter dem Begriff des Westens. An diese Definition lehnt sich die vorliegende Arbeit an.
[2] Quelle: Fokus-Online: http://www.focus.de/politik/deutschland/islamkonferenz_aid_265038.html, 14.3.2008.

‚Islam = Terrorismus' bestimmt die westliche Medienagenda, so dass die einleitend beschriebenen islamophoben[3] Vorstellungen nicht verwundern.

Seit dem 15. November 2006 wird die internationale Medienberichterstattung nun durch eine neue mediale Stimme mit Namen Al Jazeera English (AJ English) ergänzt. Der Fernsehsender ist der weltweit erste englischsprachige 24-Stunden-Nachrichtenkanal aus dem Nahen Osten, der über Satellit weltweit empfangbar ist. Laut seinem Selbstverständnis will AJ English die westliche Berichterstattung durch neue Perspektiven auf das Weltgeschehen ergänzen: „Al Jazeera English tells the stories that other networks do not."[4] Westliche Blickpunkte sollen herausgefordert und differenzierteren Sichtweisen Raum geboten werden. „Von jetzt an sollen sie [die westlichen Medien] die Welt nicht mehr alleine deuten." (DIE ZEIT, Dossier über AJ English, Hamann, 2006, S. 17).

1.1 Zielsetzung

Ziel ist es, die Berichterstattung des ersten englischsprachigen Nachrichtensenders aus dem Nahen Osten zu untersuchen. Es interessiert, wie AJ English über den Islam und die muslimische Welt berichtet und ob es dem Sender dabei tatsächlich gelingt, sich von westlichen Medien zu distanzieren. Da diese Evaluierung einen adäquaten Vergleichsmaßstab notwenig macht, soll die Berichterstattung von CNN International und BBC World ebenso analysiert werden. Die Sender sind miteinander vergleichbar, da sie jeweils ein 24-Stunden-Nachrichtenprogramm in englischer Sprache anbieten und weltweit via Satellit oder Kabel empfangbar sind. Es wird folglich der Vergleich eines *europäischen* (BBC World), eines *amerikanischen* (CNN International) und eines Nachrichtensenders aus dem *Nahen Osten* (AJ English) zur Islamberichterstattung angestrebt.

Eine solche Studie ist bislang einzigartig, da sie für keinen der aufgeführten Sender jemals durchgeführt wurde. Vor allem über die Programminhalte von AJ English existieren zahlreiche Vermutungen, denen es an empirischer Evidenz mangelt. Die vorliegende Arbeit bettet die Analyse der Islamberichterstattung folglich in einen internationalen Kontext ein, der bis auf die aktuelle Studie des Medien Tenors (2008) in der Islamforschung noch unberührt ist.

[3] Anmerkung: Damit sind Vorbehalte und Ängste gegenüber dem Islam gemeint (Bielefeldt, 2007, S. 20).
[4] Quelle: Corporate Profil Al Jazeera English, verfügbar unter: http://english.aljazeera.net/aboutus/2008/09/200892892127644198.html, 18.11.2008.

1.2 Aufbau der Arbeit

Die Arbeit gliedert sich in zwei zentrale Teile. Im ersten Teil finden theoretische Vorbetrachtungen statt, die der empirischen Untersuchung im zweiten Teil ein Fundament geben werden. Zunächst wird versucht, den frequentiert benutzten Begriff des Islambildes zu klären. Dazu wird der *Bildbegriff* näher betrachtet und ein bisher kaum beachtetes wissenschaftliches Konstrukt aufgegriffen. Obwohl zahlreiche Untersuchungen Medienbilder von Nationen, Religionen oder Personen untersuchen, fehlt es dem Bildbegriff an terminologischer Abgrenzung. Er ist bereits soweit in die Wissenschafts- und Alltagssprache integriert, dass er nicht mehr hinterfragt wird, obwohl keine valide Definition existiert. Der Theorieteil greift dieses Problem auf und nähert sich dem definitorischen Leerstand. Es soll deutlich gemacht werden, dass *Medienbilder* mehr als visuelle Darstellungen sind und *Bilder in den Köpfen der Menschen* mehr als reduzierte, stereotype Vorstellungen umfassen. Der von Lippmann 1922 eingeführte Begriff des Stereotyps wird um den des Bildes erweitert.[5]
Anschließend findet eine generelle Betrachtung des bisherigen *Forschungsstandes zum Islam in den Medien* statt. Dabei sollen Forschungsfragen generiert werden, die zusammen mit den Erkenntnissen aus dem *Senderportrait von AJ English* in die empirische Analyse münden. Das Senderprofil ist dabei entscheidend, da es zum einen Ausgangpunkt für die Hypothesen der empirischen Untersuchung und zum anderen Evaluationsgrundlage für die Ergebnisse ist. Mitarbeiterstrukturen, Senderorganisation und Selbstverständnis helfen die Resultate zu verstehen und zu interpretieren.
Auf dem theoretischen Fundament baut die *quantitative Inhaltsanalyse* zum Islambild auf. Da das Forschungsfeld zur Islamberichterstattung internationaler Nachrichtensender bisher noch unberührt ist, werden ebenso qualitativ-explorative Betrachtungen durchgeführt. Diese sollen den Erkenntnisgewinn vergrößern und zusätzliche Ergebnisse möglich machen. Abschließend werden die Resultate diskutiert und Forschungsdesiderate offeriert.

[5] Anmerkung: Lippmann, Walter (1922). *Public Opinion.* New York: Free Press. Obwohl Lippmann in seinem Buch ebenso von "pictures in our heads" spricht und den Begriff der „mental images" verwendet (Lippmann, 1965, S. 3), liegt sein Augenmerk jedoch auf der Betrachtung der Stereotype.

2 Der Begriff des Bildes in der Kommunikationswissenschaft – eine Anwendung auf Religionen

Die vorliegende Arbeit behandelt den Untersuchungsgegenstand des ‚Islambildes' - ein Kompositum aus den Begriffen ‚Islam' und ‚Bild', die beide aufgrund ihrer heterogenen Verwendung einer Erklärung bedürfen. Während der empirische Teil der vorliegenden Arbeit wichtige Grundlagen für das Islamverständnis legen wird, soll sich der nun folgende Teil mit dem *Bild* im Allgemeinen und dem *Religionsbild* im Besonderen beschäftigen. Hierbei geht es vordergründig darum, den Begriff vom Alltagsverständnis abzugrenzen und zu zeigen, dass *Bilder* nicht nur visuelle Abbildungen sind.
Die Forschungsliteratur zum Bildbegriff in der Kommunikations- und Medienwissenschaft kann als unzureichend beschrieben werden. Obwohl es viele wissenschaftliche Beiträge gibt, die sich mit Bildern – seien es Nationenbilder, Firmenbilder oder Personenbilder – in den Medien beschäftigen, wird der Bildbegriff terminologisch oft nicht erfasst und heterogen verwendet.
Das vorliegende Kapitel stellt daher einen Versuch dar, sich kommunikationswissenschaftlich dem Bildbegriff zu nähern und einen systematischen Überblick über die Bildforschung zu geben. Die frequentierte Verwendung der Termini „*Islambild*" (u.a. Silberschmidt, 2006; Hafez, 2002a und 2002b; Thofern, 1998; Schiffer, 2005; Klemm & Hörner, 1993), „*Orientbild*" (u.a. Hafez, 2002b; Said, 1997; Kuske, 1994) oder „*Nahostbild*" (Hafez, 2002b) verweist auf die Relevanz der Klärung des Bildbegriffs im Kontext des Islam.

Ziel soll es sein, eine Arbeitsdefinition aufzustellen, die den Begriff des Islambildes für die vorliegende Untersuchung festlegt. Dabei werden Bilder auf zwei Ebenen diskutiert: 1. auf der *Rezipientenebene* und 2. auf der *medialen Darstellungsebene*. Diese Zweiteilung ist sinnvoll, da der Bildbegriff im Kommunikationsprozess unterschiedlich verortet werden kann und sowohl „*Bilder in den Köpfen der Menschen*" (Rezipientenebene) als auch *Bilder in den Medien* (mediale Darstellungsebene) diskutiert werden können.

2.1 Das Bild auf Rezipientenebene

Soll an dieser Stelle das Bild auf Rezipientenebene behandelt werden, so wird der Begriff in diesem Zusammenhang häufig in der anglo-amerikanischen Übersetzung ‚Image' verwandt, da verschiedene Versuche eine adäquate Übersetzung ins Deutsche zu finden, sich nicht durchsetzen konnten (Wilke, 1989, S. 12). So zählt Wilke (1989) u.a. die Begriffe Leitbild, Vorstellungsbild oder Tiefenbild auf, die in der deutschen Forschung kongruent zum Imagebegriff genutzt werden, doch diesen nur bedingt erfassen können (ebd., S. 12). Obwohl das ‚Vorstellungsbild' den englischen Begriff sicherlich am besten transportiert, ist das Image inhaltlich mehr als nur ein Bild von einem Objekt oder die Einstellung zu einer Religion. Es setzt sich aus vielen „objektiven und subjektiven, teils emotional getönten Vorstellungen, Ideen, Einstellungen, Gefühlen, Erfahrungen und Kenntnissen einer Person bzw. einer Personengruppe" zusammen (Vgl. Johannson, 1971) und bildet damit ein komplexes „kognitiv psychologisches Konstrukt" (Wilke, 1989, S.12).

Religionsbilder auf Rezipientenebene können folglich in Anlehnung an Johannson als Gesamtheit der Eigenschaften und Attribute beschrieben werden, die eine Person einer Religion zuschreibt. Darin sind nicht nur Wissensstrukturen, sondern ebenso emotionale und wertende Zuschreibungen enthalten.

Diese Definition zeigt die Differenziertheit des Bildbegriffs, der neben kognitiven auch affektive Komponente akzentuiert und diesen damit wissenschaftlich nur schwer fassbar macht. Oft werden *kognitive Bilder* synonym zum Begriff des *Stereotyp*s, des *Vorurteils* oder auch der *Einstellung* verwendet, obwohl die Konzepte laut Wilke (1989) durchaus voneinander abgrenzbar sind (ebd., S. 12). Diese Differenzierung soll im Folgenden aufgezeigt werden.

Für die wissenschaftliche Definition des Bildes auf Rezipientenebene diente Literatur aus der Psychologie, Soziologie und der Kommunikationswissenschaft. Psychologische Erkenntnisse geben dabei Auskunft über die Funktionen und die Bedeutung von kognitiven Bildern, während soziologische Aspekte die Wahrnehmung fremder Religionen beschreiben und die Kommunikationswissenschaft den Einfluss der Medien auf die Bildentstehung und –prägung verdeutlicht. Für ein Verständnis des Bildbegriffes auf Rezipientenebene bedarf es einer interdisziplinären Darstellung verschiedener Erkenntnisse.[6]

[6] Anmerkung: Der Begriff des Images unterliegt einer eher wirtschaftlichen Assoziation, da der Begriff vor allem im Bereich der Betriebswirtschaftslehre verwandt wird. Studien aus unterschiedlichen Ländern, wie *„Das Image Israels in deutschen Medien"* (Hub, 1998), *„L' image de l'Allemagne unie en France: Dix livres français sur l'Allemagne de 1990 à 2000"* [dt. Das Deutschlandbild in Frankreich: Zehn französische Bücher über das Deutschland von 1990 bis 2000] (Martin, 2003) oder *„The Media Image of the Middle East [and Islam] in the US/Arab TV news"* (Schatz, 2007) verweisen jedoch auf die Verwendung des Begriffs im Zusammenhang mit Nationen und Religionen. Daher sollen sie im Folgenden synonym verwendet werden.

2.1.1 Funktionen

‚Bilder in den Köpfen der Menschen' haben drei zentrale Funktionen: Sie helfen dem Menschen seine Umwelt wahrzunehmen, Informationen zu selektieren und die Komplexität der Welt zu reduzieren *(kognitive Funktion).* Sie sind Grundlage dafür, dass der Mensch seine eigene Identität erkennt und im Vergleich zu anderen abgrenzen kann *(soziale Funktion)* und sie haben Einfluss auf unser Verhalten im Umgang mit fremden Religionen und anderen Nationen *(konative Funktion).*

Kognitive Funktion: Selektion und Wahrnehmungsreduktion

In einigen Literaturangaben der psychologischen Basisliteratur findet sich der Begriff der Schemata, der genutzt wird, um Bilder zu definieren (Vgl. Schiffer, 2005, S. 48). Schemata sind organisierte Wissensbestände, welche die Wahrnehmung und Selektion von Umweltinformationen steuern (Zimbardo, 2003, S. 259). Sie entstehen durch eine für den Menschen notwendige Wahrnehmungsreduktion, die bei der Aneignung der komplexen Realität nötig ist (ebd.). Ohne diese Vororientierung wäre der Mensch in seiner Umgebung völlig überfordert. So strömen zahlreiche Informationen pro Sekunde auf ihn ein, die er nicht alle aufnehmen und verarbeiten kann. Er braucht bestimmte kognitive Strukturen, die seine selektive Wahrnehmung und Informationsverarbeitung steuern (Vgl. Hagen, 1995, S. 55). Da Bilder im Grunde genommen wie Schemata funktionieren, können sie als eine notwendige *ökonomische Funktion* unseres Denkens angesehen werden (Schiffer, 2005, S. 49). Sie strukturieren unsere Perzeption und dienen damit der lebensnotwendigen kognitiven Effizienz.

Diesen Aspekt hebt bereits Walter Lippmann in seinem 1922 publizierten Werk *„Public Opinion"* [7] hervor. Dabei spricht er von *„pictures in our heads"*, die unser Verhalten steuern und unsere Selektion lenken. „For the real environment is altogether too big, too complex, and too fleeting for direct acquaintance. We are not equipped to deal with so much subtlety, so much variety (...) we have to reconstruct it on a simpler model before we can manage with it." (Lippmann, 1965, S. 11). Diese „Rekonstruktion" übernehmen kognitive Bilder. Sie helfen die komplexe Umwelt zu erfassen, indem sie unsere Wahrnehmung durch Selektionsprozesse steuern.

Die Brisanz besteht nun darin, dass der Mensch eher die Dinge fokussiert, die er leichter in seine bereits vorhandenen Denkschemata einbauen kann. Er nimmt automatisch eher Bekanntes oder Erwartbares wahr und blendet seinen Vorstellungen gegenüber Widersprüchliches aus (Schiffer, 2005, S. 48f.). Die

[7] Anmerkung: Lippmann, Walter (1922). *Public Opinion.* New York: Free Press. Für die vorliegende Arbeit wurde die Edition von 1965 genutzt.

unbewusste Suche nach bestätigenden Informationen, die in die vorhandenen Ordnungsschemata eingebaut werden können, steuert die Wahrnehmung, so dass einmal etablierte Bilder über fremde Nationen oder Religionen immer wieder bestätigt werden können. Ein die Erwartung bestätigendes Beispiel reicht aus, um ein bestehendes Bild als verifiziert anzuerkennen, während dahingegen eine Vielzahl von Gegenbeweisen übersehen werden kann (Vgl. Schiffer, 2005, S. 49; Donsbach, 1991, S. 41ff.).[8]

Soziale Funktion: Identitätserkennung und -stabilisierung

Bilder sind eine spezifische Form des Wissens, die dem Menschen hilft, seine eigene Person und seine Umwelt zu verstehen. So verbindet ein Westeuropäer z.B. das Land Spanien mit den Attributen ‚warm', ‚temperamentvoll', ‚Stierkampf' und ‚Flamenco' oder die Religion des Buddhismus mit ‚innerer Harmonie', ‚Seelenfrieden', ‚Asien' und ‚Mönchen'. Diese Eigenschaften bzw. Assoziationen helfen Spanien als Nation und den Buddhismus als Religion zu kategorisieren, sie im Vergleich zu anderen Nationen und Religionen wahrzunehmen. Dabei sind Bilder modifizierbar und können sich je nach Lebensphase und Erfahrungsschatz verändern. War ein Mensch noch nie in Spanien, so hat er wohlmöglich ganz andere Vorstellungen von diesem Land, als Menschen, die gewohnt sind ihren Jahresurlaub dort zu verbringen. Bilder sind das, was der einzelne Mensch in Abhängigkeit seiner aktuellen Lebenssituation für wahr erachtet (Vgl. Schweiger, 2006, S. 129). Sie helfen ihm, seine Umwelt wahrzunehmen und die Komplexität der Welt zu strukturieren.

Eine zentrale Grundstruktur unserer Nationen- und Religionsbilder ist dabei die Differenzierung von Wir und die Anderen (Quandt, 1989, S. 37). Quandt betont, dass diese Unterscheidung wichtig ist, um unsere eigene Identität zu erkennen und zu stabilisieren. Die Anderen werden dabei unter den Polaritäten nah/fern, stark/schwach, gut/böse betrachtet (ebd.). Sich ein Bild vom Anderen zu machen, impliziert somit immer, ein Bild von sich Selbst zu haben. Nur so können räumliche oder sozial-kulturelle Unterschiede wahrgenommen werden. Die eigene Identität erwächst demnach durch die Differenzierung und Abgrenzung zu Anderen. Fremd- und Selbstbild entstehen durch ihre Gegenüberstellung.[9]

---

[8] Anmerkung: Es soll auf die *Theorie der kognitiven Dissonanz* von Festinger verwiesen werden. Die Annahmen Festingers „The existence of dissonance, being psychologically uncomfortable, will motivate the person to try to reduce the dissonance and achieve consonance." und "When dissonance is present, in addition to trying to reduce it, the person will actively avoid situations and information which would likely increase the dissonance." (Festinger, 1989, S. 3) begründen die durch Bilder bedingte selektive Wahrnehmung.

[9] Anmerkung: Die Herstellung von Identitäten ist ein Schwerpunkt der interpretativen Soziologie (Vgl. dazu Czyzewski u.a., 1995, S. 16ff.). Auch die Ethnozentrismusforschung beschäftigt sich mit der Entstehung kollektiver Identität durch Abgrenzung zu fremden Kulturen (Röder, 2007, S. 18).

Ein veranschaulichendes Beispiel aus der Islamforschung: Die für Deutschland repräsentativen Umfrageergebnisse des Instituts für Demoskopie Allensbach aus dem Jahr 2006 zeigen, dass die Deutschen den Islam mehrheitlich mit der Benachteiligung der Frau (das sagen 91% der Befragten), religiösem Fanatismus (83%) und starrem Festhalten an althergebrachten Glaubenssätzen (81%) in Verbindung bringen. Muslime werden mehrheitlich als intolerant und antidemokratisch beschrieben.[10] Aus dem ebenfalls 2006 veröffentlichten Bericht des European Monitoring Centre on Racism and Xenophobia (EUMC)[11] geht hervor, dass die genannten Eigenschaften nicht nur in Deutschland, sondern in allen Ländern der Europäischen Union zum Islam vorherrschend sind (EUMC, Report 2006). Sie konzentrieren sich auf Negativzuschreibungen, während positive Attribuierungen kaum stattfinden (ebd.). Dichotome Betrachtungen von *Wir*, als der moderne, säkulare, aufgeklärte Westen und den *Anderen*, als der rückschrittlichen, nicht-säkularen, wenig demokratisierten muslimischen Welt, prägt das westliche Denken (Vgl. Schiffer, 2004). Die Abgrenzung zwischen Selbst- und Fremdbild wird deutlich, da durch diese Gegenüberstellung die eigene Identität erwächst und das Fremde als andersartig erkannt wird. Je homogener dabei die Fremdgruppe wahrgenommen wird, desto besser ist eine eigene Abgrenzung möglich und desto stabiler formiert sich die Identität der Eigengruppe (Röder, 2007, S. 18). Es ist dadurch nicht selten, dass politische, ökonomische und/oder soziale Differenzierungen innerhalb der Fremdgruppe zum Zwecke der eigenen Identitätsabgrenzung ausgeblendet werden (ebd.).

In diesem Zusammenhang steht die Bedeutung von *Kollektivsymbolen*, die als Zeichen der Abgrenzung definiert werden können (Mohr, 1994, S. 33). Laut Mohr verfügt jede Gruppe über ein Zeichenrepertoire, welches Fremdbeobachtern Auskunft über Zugehörigkeit und Nichtzugehörigkeit geben kann und den Gruppenmitgliedern gleichzeitig eine gemeinschaftliche Identitätsbasis ist (ebd.). So verweist der *Tschador* als Schleier von muslimischen Frauen auf den Islam, die *Kippa* als Kopfbedeckung der Juden auf das Judentum oder das *Kreuz* von Jesus Christus auf das Christentum. Diese Zeichen oder Kollektivsymbole dienen der Kennzeichnung eines Religionsangehörigen. Sie machen die Identifizierung von *Anderen* möglich. Da sie vor allem für den empirischen Teil dieser Arbeit Bedeutung haben, sollen sie an späterer Stelle nochmals auf-

[10] Anmerkung: Diese Zahlen stammen vom Institut für Demoskopie Allensbach. Entnommen sind sie aus dem Bericht „Eine fremde, bedrohliche Welt. Die Einstellungen der Deutschen zum Islam" von Elisabeth Noelle-Neumann und Thomas Peterson, der am 17. Mai 2006 in der Frankfurter Allgemeinen Zeitung erschienen ist.

[11] Anmerkung: Das European Monitoring Centre on Racism and Xenophobia (EUMC) ist eine unabhängige Agentur der Europäischen Union mit Sitz in Wien. Sie wurde am 1. März 2007 in die European Union Agency of Fundamental Rights (FRA) umbenannt.
Quelle: http://fra.europa.eu/fra/index.php, 24.1.2008.

gegriffen und für den Islam konkretisiert werden (Vgl. 3.3.4, *Stereotype und Symbole in der visuellen Berichterstattung,* S. 53ff.).

Konative Funktion: Verhaltsbeeinflussung und -steuerung
Die Bedeutung der Erforschung der Religionsbilder in den ‚Köpfen der Menschen' ist groß, da Bilder nicht nur unsere Vorstellungen über andere Länder und Religionen bestimmen, sondern darüber hinaus als *handlungsrelevant* gelten (Wilke, 1989, S. 14). Hafez (2002a) betont, dass weder Entscheidungsprozesse im internationalen politischen System noch zwischenmenschliche Beziehungen von Nationen- und Religionsbildern unbeeinflusst bleiben (ebd., S. 35). In Zeiten der Migration können Religionsbilder zu sozialen Zurückweisungen oder Diskriminierungen führen – vor allem dann, wenn negative oder sogar bedrohliche Bilder über religiöse Bevölkerungsgruppen bestehen. So zeigt Poole (2006), dass britische Muslime in den Medien nicht als Teil der englischen Gesellschaft betrachtet werden (ebd. S. 102). Sie gelten sogar als eine Bedrohung für britische Werte (ebd.). Für die Integrationspolitik eines Landes sollten solche Vorstellungen somit stets eine Herausforderung sein, da sie zu Diskriminierungen oder gar Fremdenfeindlichkeit führen können (Vgl. Appiah, 2008).

2.1.2 Begriffliche Abgrenzungen

Der Bildbegriff auf Rezipientenebene wird oft synonym zu Begriffen wie *Stereotyp*, *Vorurteil* oder *Einstellung* verwendet, obwohl eine systematische Unterscheidung von vielen Wissenschaftlern gefordert wird (u.a. Wilke, 1989; Hafez, 2002a; Schielicke, 2006). Da in der Diskussion über die existierenden Vorstellungen zum Islam vor allem von Stereotypen gesprochen wird, soll an dieser Stelle eine theoretische Unterscheidung vorgenommen werden, die für die vorliegende Arbeit und eine spätere Diskussion bedeutsam ist.

Bilder – Stereotype – Vorurteile
Den Begriff der Stereotype führte Walter Lippmann in seinem bereits zitierten Buch *„Public Opinion"* in die Wissenschaft ein. Im Sinne Lippmanns dienen Stereotype der Vereinfachung der Weltsicht, die im alltäglichen Leben unverzichtbar ist, da sie vor Informations- und Reizüberflutung schützt (Lippmann, 1965, S. 61ff.). Damit unterscheiden sich Stereotype laut Lippmann in ihrer Funktion von Bildern nicht. Wilke geht jedoch einen Schritt weiter, indem er betont, dass ein Bild wertneutraler und ein vielmehr der „Fluktuation unterworfenes Phänomen" (Wilke, 1989, S. 13) ist, wohingegen das Stereotyp stark verfestigte Einstellungen zu einem Meinungsgegenstand beschreibt. Damit wird die Offenheit von Bildern im Vergleich zu Stereotypen betont. Das Bild

kann leichter durch neue Erfahrungen ergänzt oder auch verändert werden. Es ist ein dynamisches Konstrukt, so dass ein andauernder Entwicklungs- und Anpassungsprozess durch neue Informationen ablaufen kann (Schielicke, 2006, S. 14). Stereotype sind dadurch gekennzeichnet, dass die Vorstellungen zu fremden Religionen auf einige wenige Merkmale (Kerneigenschaften, Essenzen) begrenzt werden (Schiffer, 2005, S. 48). Vereinzelte Merkmale werden zusammengefasst, komplexe Differenzierungen verallgemeinert und schließlich prototypisch für die Beschreibung einer Religion und ihrer Anhänger genutzt (Schiffer, 2005, S. 39). Auch wenn bestimmte Personen einer Religion nicht Träger dieses Merkmals sind, wird dieses ihnen zugeordnet. Es findet eine Generalisierung statt.

Stereotype können positive und negative Werturteile enthalten. Damit unterscheiden sie sich vom *Vorurteil*, welches grundsätzlich mit einer negativen Bewertungstendenz ausgestattet ist und damit lediglich als Sonderfall des Stereotyps behandelt werden kann (Schielicke, 2006, S. 12). „Vorurteile sind voreilige, unzureichend begründete, gar falsche und interessengeleitete Urteile, die wesentlich durch ihren ‚normativen, moralischen Gehalt' bestimmt sind“ (Bergmann, 2001, S. 3).

Stereotype beschreiben typische Merkmale, die einer Person oder einer Personengruppe zugeordnet werden (Schielicke, 2006, S. 5). Das können beispielsweise äußere Merkmale (z.B. Kleidung, Hautfarbe), Persönlichkeitseigenschaften (z.B. ordentlich, aggressiv, lebensfroh) sowie bestimmte Verhaltensweisen (z.B. betet dreimal am Tag) sein (Vgl. ebd., S. 12). Sie entstehen u.a. dann, wenn Bilder zu komplex werden und der Mensch nach erneuter psychischer Entlastung strebt. Er reduziert die Komplexität des Bildes durch Stereotypisierung, in dem er die Vorstellungen zu fremden Religionen auf einige wenige Merkmale reduziert (Boulding, 1956, S. 111). Stereotype sind demnach lediglich eine „Teilmenge von Bildern“ (Hafez, 2002a, S. 39).

Hafez betont, dass die Wahrscheinlichkeit der Stereotypisierung unter globalen Distanzbedingungen wächst. Je ferner folglich ein Land oder je fremder eine Religion, desto größer ist die Wahrscheinlichkeit, dass der Mensch seine Vorstellungen auf einzelne, für ihn wesentliche Aspekte, begrenzt (Hafez, 2002a, S. 37). Obwohl Stereotype lediglich als Teilelemente kognitiver Bilder beschrieben werden, zeigen die vorgelegten Umfrageergebnisse von Allensbach oder des European Monitoring Centre on Racism and Xenophobia (EUMC), dass sie für die Wahrnehmung des Islam eine wichtige Bedeutung haben. Sie bestimmen weitgehend, welche Fakten wir sehen und wie wir sie sehen (Schiffer, 2005, S. 48).

Bilder – Einstellung

Der Bildbegriff wird in einigen Literaturangaben auch zum Begriff der *Einstellung* gleichgesetzt (Wilke, 1989, S. 12), da beide Konstrukte sowohl kognitive, affektive als auch konative Komponenten umfassen (Vgl. Dreikomponentenmodell der Einstellung von Rosenberg & Hoveland, 1960 in: Wiswede, 2004, S. 112). Sie setzen sich folglich aus subjektiven Empfindungen (z.B. Sympathie, Ablehnung) und kognitiven Wissensstrukturen (z.B. Glaubwürdigkeit, Objektivität) zusammen, die grundlegend für unser Verhalten sein können. Bilder sind dem Menschen jedoch oft nicht bewusst und können im Vergleich zur Einstellung nicht immer artikuliert werden (Quandt, 1989, S. 37). Sie sind ein „Mosaik von Gefühlen und Informationen“ (Bentele zit. in: Schweiger, 2006, S. 236), das keine klar umrissene Bewertung eines Objektes darstellt, die man jederzeit ändern kann. Claussen (1989) formuliert, dass Bilder ein Fundament für Einstellungen sein können (ebd., S. 71f.): Während man ein positives Bild von der spanischen Lebenskultur haben kann, kann die Einstellung zum Stierkampf in Spanien kritisch sein. Einstellungen können aus Bildern resultieren. Sie fokussieren ein konkretes Einstellungsobjekt und erfassen damit lediglich Teilelemente von Bildern. Sie haben im Vergleich zu Bildern längerfristigen Bestand und sind weniger anfällig für externe Einflüsse, während Bilder leichter veränderbar sind.

2.1.3 Entstehung von Bildern und der Einfluss der Medien

Bilder entstehen auf verschiedenen Wegen und sind das Resultat langfristiger Prozesse. Sie können sich im Laufe des Lebens und der Sozialisation eines Menschen verändern und sind wie bereits beschrieben modifizierbar. Befindet sich ein Urlauber beispielsweise in einem exotischen Land, so werden Gerüche in den Straßen oder Geschmäcker der nationalen Spezialitäten (olfaktorische Einflüsse) sein Bild von diesem Land genauso prägen wie z.B. das Gefühl der Sicherheit (affektive Einflüsse) oder der Lärm auf den Straßen (akustische Einflüsse). Neben diesem unmittelbar Erlebten (Primärerfahrungen) sind es ebenso Informationen Dritter (Sekundärerfahrung), die Bilder entstehen lassen oder prägen können (Wilke, 1989, S. 16). Bezogen auf die Religionsbildentstehung stammen dafür wesentliche Einflüsse aus Familie und Schule (Hafez, 2002a, S. 37). Durch Sozialisation werden Vorstellungen über fremde Religionen als Elemente des Weltwissens vermittelt. Ob im Geschichtsunterricht der Schule oder in Gesprächen mit den Eltern, Bilder über andere Religionen werden interkulturell weitergegeben und erlernt (Prokop, 1995, S. 199). Da diese vermittelten Vorstellungen von dem Großteil einer Gesellschaft geteilt

werden, spricht die Forschungsliteratur von sozial geteilten Bildern und sozial geteilten Stereotypen (Vgl. Schielicke, 2006, S. 5).
Darüber hinaus sind es Massenmedien, die Sekundärerfahrung vermitteln. Sie sind vor allem dann bildprägend, wenn eigene Erfahrungen und Vorstellungen zu einem Meinungsgegenstand fehlen. Da Medien oft die einzige Quelle für Informationen über ferne Länder, andere Kulturen oder fremde Religionen sind, wächst ihr Einfluss auf die Bildentstehung und -prägung. „Während Bilder der gesellschaftlichen Nahwelt durch eine Synthese aus Primär-, Sekundärsozialisation und direkter Erfahrung entstehen, fehlt es bei der Verarbeitung von Informationen über andere Nationen, Kulturen meist über direkte Erfahrungen." (Hafez, 2002a, S. 41). Auch „selbst wenn die Massenmedien nicht die einzigen Quellen der Informationen sind, so sind sie – infolge ihres Strebens nach höchster Aktualität – häufig die ersten, die uns mit Informationen über neue oder nicht bekannte, für die Imagebildung relevante Sachverhalte versorgen." (Wilke, 1989, S.16). Ohne der alleinige Einflussfaktor zu sein, übermitteln Medien Informationen, die Bilder entstehen lassen oder modifizieren können.
Ihre Bedeutung für die Vorstellungen über andere Nationen und Religionen wächst mit zunehmender geo-kultureller Distanz. Das bedeutet, je ferner ein Land oder je fremder eine Religion, desto größer die Wahrscheinlichkeit, dass Primärerfahrungen fehlen und stattdessen Medien unsere Bilder prägen. Durch Massenmedien gelangen vielfältige Informationen über die verschiedenen Religionen an die Öffentlichkeit und somit ins Bewusstsein vieler Menschen. Obwohl wenige Westeuropäer mit Muslimen persönliche Kontakte pflegen, können sie oft ein scheinbar genaues Bild von einem islamischen Gläubigen und seinen religiösen Gepflogenheiten zeichnen – die Bilder resultieren dabei aus der subjektiven Realitätsvorstellung der Menschen (Hafez, 2002a, S. 36).

Dieser Aspekt ist für die Islamwahrnehmung im europäischen Diskurs besonders ausschlaggebend, da das, was Westeuropäer über den Islam wissen, nahezu ausschließlich aus den Medien stammt (Schiffer, 2005, S. 11). Durch inhaltsanalytische Betrachtungen können Aussagen darüber getroffen werden, welche Informationen über den Islam medial angeboten werden. Ohne von einem direkten Wirkungszusammenhang zwischen Medienberichterstattung und Rezipientenmeinung auszugehen, können dadurch Wirkungspotentiale diskutiert werden.[12]

[12] Anmerkung: Inhaltsanalysen haben lediglich eine *Inferenzkraft*. Ihre Ergebnisse können Grundlage für eine Diskussion über Wirkungspotenziale sein, ohne dass eine direkte Kausalität hergestellt werden darf, da der Wirkungsprozess von einer Vielzahl von Variablen bedingt wird.

2.2 Das Bild auf medialer Darstellungsebene

Das folgende Kapitel beschreibt eine weitere Dimension des Bildbegriffes. Hierbei geht es nicht mehr um ‚Bilder in den Köpfen der Menschen', sondern um Bilder in den Medien. Dabei werden jedoch keinesfalls nur visuelle Bilder beschrieben. Wenn im Folgenden von dem Bildbegriff auf medialer Darstellungsebene gesprochen wird, ist die Darstellung eines Gegenstandes in den Medien gemeint (Vgl. Hafez, 2002a, S. 50ff.). Das Bild auf Darstellungsebene wird deshalb oft *Medienbild* benannt.
Während sich dem Bildbegriff auf Rezipientenebene durch Literatur aus Psychologie, Soziologie und Kommunikationswissenschaft genähert werden konnte, fehlt es für den Medienbildbegriff bisher an generellen theoretischen Abhandlungen. Daher sollen eigene Betrachtungen nachgestellt werden. Wichtige Informationen entstammen dabei der Nationenbildforschung.

Zahlreiche Studien untersuchen Medienbilder von Nationen. Studien zu einzelnen Religionsbildern sind bisher rar, obwohl speziell die Kommunikations- und Medienwissenschaft in der letzten Dekade einige Untersuchungen zu diesem Fachbereich hervorgebracht hat (Vgl. Kapitel 3 *Der Islam in den Medien*, S. 36ff.).
Die Arbeiten zur Erforschung der Nationen- oder Religionsbilder in den Medien ähneln sich dabei in ihrer methodischen Herangehensweise und Struktur. Mit Hilfe von Inhaltsanalysen werden Aussagen über die Darstellung einer Nation oder Religion in den Medien getroffen. Dabei werden Kategorien aufgestellt (wie z.B. Themen, Akteure, Valenzen), von denen man annimmt, dass diese das Medienbild zu einem Gegenstand prägen. So untersuchen beispielsweise Gottschlich & Obermair das Image Österreichs, indem sie nationale Stereotype in der Berichterstattung deutscher und amerikanischer Tageszeitungen vergleichen und das Medienbild zu Österreich damit auf die Ebene der Stereotype reduzieren (Gottschlich & Obermair, 1989, S. 54-66). Oder so analysiert Kagemann das Bild vom Islam in der deutschen überregionalen Presse vor und nach den Anschlägen am 11. September 2001 mit Hilfe der Kategorien Themen, Ereignisvalenz, Länder und Typisierungen (Kagemann, 2004, S. 76ff.). Sie operationalisiert das Medienbild Islam durch diese Kategorien.
Diese zwei exemplarisch ausgewählten Fälle verdeutlichen, dass das Medienbild durch unterschiedliche Indikatoren messbar gemacht werden kann, die nicht zuletzt vom Untersuchungsgegenstand und vom Forschungsinteresse bedingt werden. Durch eine systematische Erfassung von Informationen über andere Länder und/oder Religionen wird versucht, deren spezifisches Medienbild zu ermitteln, das sich aus der Summe der analysierten Kategorien oder Indikatoren

ableitet, die dabei unterschiedlich gewichtet werden können. Der Begriff Medienbild wird dadurch operational definiert.[13]

Im Folgenden soll eine weitere Methode beschrieben werden, sich dem Terminus *Medienbild* zu nähern. Grundlage dafür liefert der Erfurter Professor Hafez, der vor allem durch seine Forschung zur Auslandsberichterstattung über den Islam in der Kommunikations- und Medienwissenschaft viel zitiert wird.[14] Während Medienbilder wie beschrieben bisher vorwiegend durch *operationale Definitionen* erfasst werden, die je nach Untersuchungsgegenstand und Forschungsinteresse unterschiedlich ausfallen können, stellt der folgende Teil eine *allgemeingültige* Herangehensweise an den Begriff des Medienbildes vor. Eine allgemeingültige Definition des Medienbildes ist relevant, da nur so eine Vergleichbarkeit der Ergebnisse verschiedener Studien möglich gemacht werden kann, die durch unterschiedliche operationale Definitionen nur bedingt möglich ist. Da die Autorin keinen anderen Literaturbeitrag gefunden hat, der sich mit einer generellen Betrachtung des Medienbildes beschäftigt, sollen die theoretischen Ausführungen von Hafez Ausgangspunkt für eigene Überlegungen zum Medienbild Islam sein.

2.2.1 Definition des Medienbildes laut Hafez

Wie bereits erläutert, beschreibt das Medienbild die Darstellung eines Gegenstandes in den Medien. Diese weist laut Hafez bestimmte Strukturen auf (Hafez, 2002a, S. 45ff.).
Er definiert vier strukturelle Einheiten, die für Religions- und Nationenbilder in den Medien wichtig sind (Hafez, 2002a, S. 50).

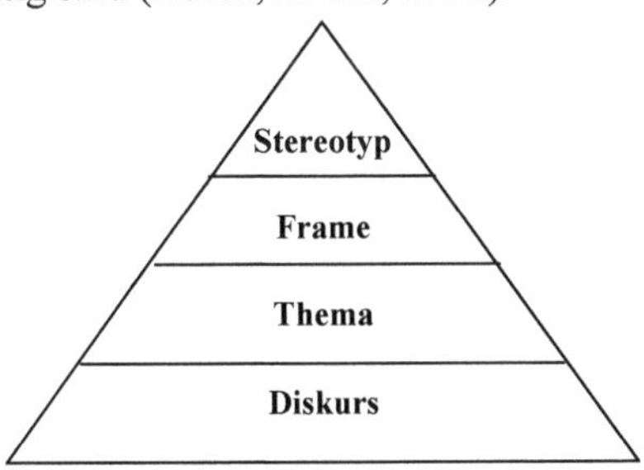

Abb. 1: Das Medienbild in der Berichterstattung
Quelle: Hafez 2002a, S. 50

[13] Anmerkung: Operationale Definition: Sie erfasst einen Begriff „durch die Angabe der Operationalen, die zur Erfassung des durch den Begriff bezeichneten Sachverhaltes notwendig sind, oder durch die Angabe der messbaren Ereignisse, die das Vorliegen dieses Sachverhaltes anzeigen (Indikatoren)“ (Dahinden & Hättenschwiler, 2001, S. 504).

[14] Anmerkung: u.a. in Thofern (1998), Kagemann (2004), Schiffer (2005), Silberschmidt (2006), Glück (2007)

Modellerklärung

Folgt man dem Modell, so ist das Medienbild ein Konglomerat aus medialen Teilelementen. Stereotype sind dabei Elemente von Frames, Frames strukturelle Bestandteile von Themen und Themen Teil von Diskursen. Das Stereotyp bildet damit die kleinste Einheit des Modells. Der Diskurs bildet die größte Einheit, in dem mehrere Themen vorkommen und behandelt werden können. Bevor herausgearbeitet werden soll, welche Elemente für die vorliegende Analyse des Islam in den Medien relevant erscheinen, sollen alle vier Elemente in Anlehnung an Hafez kurz beschrieben werden.[15]

Stereotype werden zur Deskription von Subjekten genutzt und zeichnen sich durch attributive Zuschreibungen wie z.B. ‚der brutale Russe', ‚der ordentliche Deutsche' usw. aus (Hafez, 2002a, S. 47). Es sind Charakteristika, die anderen Nationen oder Religionen in Medieninhalten zugeschrieben werden (ebd.). An dieser Stelle wird der Begriff des Stereotyps als inhaltliches Element der Medienberichterstattung beschrieben und nicht als kognitives Element, wie unter 2.1.2 der vorliegenden Arbeit. Während der vorangegangene Abschnitt das Stereotyp als eine reduzierte Vorstellung zu einem Gegenstand definiert hat, wird es hier als ein Element der Medienberichterstattung betrachtet. Das Stereotyp taucht in der Medienberichterstattung als eine Eigenschaft auf, die für eine Gruppe, eine Nation oder eine Religion als typisch dargestellt wird (ebd.).

Ein **Frame** wird als „Rahmensetzung einer Handlung definiert" (Hafez, 2002a, S. 47). Im Unterschied zu Stereotypen bezieht er sich nicht auf Subjektbeschreibungen, sondern auf Handlungsabläufe (ebd.). Durch eine Frame-Analyse kann aufgedeckt werden, wie Ursachen, Verlauf und Folgen eines Ereignisses medial konstruiert, sprich „*gerahmt*", werden (ebd.). Hafez zitiert Entman, indem er anführt: „To frame is to select some aspects of a perceived reality and make them more salient in a communicating text, in such a way to promote a particular problem definition, causal interpretation, moral evaluation, and/or treatment recommendation." (Entman, 1993, S. 52). Dies wäre z.B. der Fall, wenn darüber berichtet wird, dass ‚der ordentliche Deutsche' (Stereotyp) im Jahr 2007 den Verbrauch von Benzin einschränken konnte (Frame). Innerhalb eines Themas werden bestimmte Aspekte hervorgehoben und deutlich gemacht.

---

[15] Anmerkung: Die Autorin ist sich bewusst, dass die Begriffe Stereotyp, Frame und Diskurs in der Kommunikationswissenschaft unterschiedlich erfasst werden und eine Pluralität von Definitionen existiert. Da sich die Autorin an das Modell von Hafez anlehnt, sollen die Begriffe in Anlehnung an den Modellurheber erklärt werden. Eigene Betrachtungen finden zusätzlich unter 2.2.3 *Themen und Stereotype – Gründe für eine Stereotypisierung in den Medien*, S. 30ff. statt.

Das **Thema** wird als das zentrale und wichtigste Konzept eines Medienbeitrages erachtet. Themen können dabei nicht aus den Einzelteilen eines Beitrags (Stereotype oder Frames) gewonnen werden, sondern sind semantische Makrostrukturen, die den gesamten medialen Beitrag umfassen (Hafez, 2002a, S. 48). Bei sorgfältig gebauten Beiträgen ist zudem eine Themenhierarchie von Haupt- und Unterthemen erkennbar (ebd.). Ein Beispiel wäre die Berichterstattung über das zunehmende Umweltbewusstsein der Deutschen (Thema), die den Benzinverbrauch 2007 einschränken konnten (Frame), da sie als ‚ordentliche Deutsche' (Stereotyp) mit gutem Beispiel vorangehen wollen.

Diskurs ist die gesamte mediale Auseinandersetzung zu einem thematischen Komplex, der sich aus einer Vielzahl von Medienbeiträgen zu einem Gegenstand ergibt (Vgl. Hafez, 2002a, S. 49). Eine Diskursanalyse untersucht dabei, wie ein Gegenstand über eine bestimmte Zeitspanne in den Medien *diskutiert* wird. Es spielen folglich Argumentationsstrukturen in Medientexten ein wichtige Rolle (Vgl. ebd.). Dazu können intra- und intermediäre Betrachtungen stattfinden, so dass der Diskurs eine medienübergreifende Darstellung deutlich macht. Dies wäre z.B. der Fall, wenn der Diskurs zum Klimawandel in Deutschland intermediär durch die Themen Erderwärmung und Treibhauseffekt charakterisiert ist, deren Auswirkungen in den Medien immer wieder kritisch diskutiert werden.[16]
Hafez betont, dass sich bestimmte Themen und in diesen Themen bestimmte Frames in stärkerem Maße in den Medien durchsetzen als andere. Tauchen bestimmte Themen und Frames in medialen Berichten immer wieder auf, so wächst die Wahrscheinlichkeit, dass sich nachfolgend produzierte Beiträge an die bereits bestehende Diskursstruktur anpassen (ebd.). Auf diesem Wege können Diskurse gesellschaftlich Macht ausüben. Sie konstituieren gesellschaftlich relevantes Wissen und damit ‚Wirklichkeit' (Glück, 2007, S. 122).

Zur Veranschaulichung ein weiteres Beispiel für die Islamthematik:

Der Islam wird im medialen Diskurs unterschiedlich thematisiert. Dabei spielen Themen wie die Rolle der Frau im Islam, die Säkularisierung muslimischer Länder oder islamistische Organisationen eine Rolle (*Thema*). Diese Themen werden journalistisch aufbereitet, in dem bestimmte Aspekte betont oder in den

[16] Anmerkung: Glück (2007) hat eine Diskursanalyse zur Darstellung des Terrorismus in deutschen und arabischen Qualitätszeitungen durchgeführt. Dafür wurde sie 2008 mit dem Medienpreis der Hamburg Media School für die beste Magisterarbeit 2007 ausgezeichnet. Sie untersucht dabei u.a. interkulturelle Argumentationsstrukturen, die in journalistischen Beiträgen über Terrorismus immer wieder auftauchen (ebd., S. 122ff.). Die Diskursanalyse, die ursprünglich eine Methode der Linguistik ist, kann demnach auch in der Kommunikationswissenschaft wichtige Erkenntnisse liefern (ebd.).

Vordergrund gestellt werden. Silberschmidt zeigt in seiner Lizentiatsarbeit auf, dass unterschiedliche Themen zum Islam mehrheitlich unter dem Aspekt Konflikt dargestellt werden (Silberschmidt, 2006, S. 96). Die Themen über die Rolle der Frau oder über die Säkularisierung muslimischer Länder werden in der Berichterstattung der untersuchten deutschschweizer Presse lediglich auf ihren Konfliktgehalt reduziert. Positive Entwicklungen oder Erfolge werden selten genutzt, um die Berichterstattung zu islamischen Themen zu gestalten. Silberschmidt bezeichnet dieses Ergebnis als Konfliktframe (*Frame)*. Diese Berichterstattung kann wiederum mit stereotypen Beschreibungen zu einem männlichen Muslim gefüllt sein, dessen Verhalten als abweichend, fanatisch und gewalttätig beschrieben wird (Thofern, 1998, S. 136). Diese Attribuierungen können als *Stereotyp* gelten. Stereotype, Frames und Themen gehen in einen medialen *Diskurs* ein. Diskursanalysen können dabei beispielsweise zeigen, dass der Islam intermediär (in z.B. Zeitungen, Zeitschriften, Radio und Fernsehen) als eine Bedrohung für die europäische Welt dargestellt wird, er als *fremde* Religion präsentiert wird, die der westlichen Wertekultur komplementär gegenübersteht. Der mediale Diskurs ergibt sich demnach aus der Analyse einer Vielzahl von Medienberichten und kann durch einen intermediären Vergleich ermittelt werden.

Hafez schafft somit eine allgemeine Betrachtung zum Begriff des Medienbildes, die unabhängig vom Untersuchungsgegenstand angewandt werden kann. Damit zeichnet er einen Versuch, die oft uneinheitlich und heterogen verwendeten Einheiten der Kommunikation (Stereotyp, Frame, Thema, Diskurs) in ein hierarchisch angelegtes Ordnungsverhältnis zu bringen und grenzt sie voneinander ab. Darin liegt die Innovation des Modells. Obwohl es unterschiedliche wissenschaftliche Ansichten über den Bedarf der Begrifflichkeiten und deren theoretische Abgrenzung gibt, macht das Modell eine systematische Herangehensweise an einen heterogenen, sehr nebulös verwendeten Begriff möglich.

Ist durch vorangegangene Erläuterungen deutlich geworden, dass über fremde Religionen vor allem stereotype Vorstellungen existieren, zeigt das Modell, dass die Analyse von stereotypen Elementen nicht ausreicht um ein Medienbild zu untersuchen. Andernfalls bestünde die Gefahr, dass sich die Analyse der Medien zu einer „sich selbst erfüllenden Prophezeiung“ (Hafez, 2002a, S. 46) entwickelt, in der das Nicht-Stereotype keine Beachtung findet, da es nicht untersucht wird. „Die Untersuchung der Auslandsberichterstattung der Medien muß [sic!] daher (...) ihr Arsenal an basalen analytischen Begriffen der Kommunikation (...) erweitern.“ (ebd.). Eine ausschließliche Konzentration der Medienbildforschung auf Stereotype wäre demnach eine theoretische Verengung. Diese Aussage soll Ausgangspunkt für eine eigene Arbeitsdefinition zum Medienbild Islam sein.

2.2.2 Arbeitsdefinition des Islambildes

Wenn im Folgenden vom Islambild gesprochen wird, soll darunter das Medienbild des Islam verstanden werden. Der Bildbegriff wird folglich auf die mediale Darstellungsebene reduziert.
Für die vorliegende Arbeit sollen in Anlehnung an die Bilddefinition von Hafez zwei Aspekte – zwei Bildelemente – herausgegriffen und näher untersucht werden. Dies sind die Elemente *Themen* und *Stereotype.*

Gründe für diese Auswahl liegen wie folgt vor:

1. Die Ergebnisse der empirischen Studien zur Islamdarstellung in den Medien zeigen eine Fokussierung auf bestimmte *Themen* (z.B. Kriege/Gewaltakte islamischer Fundamentalisten) und auf *Stereotype* zum Islam (z.B. gewalttätig, fanatisch, rückständig). Diese Aspekte finden in einem Großteil der von der Autorin rezipierten Studien zur Islamdarstellung in den Medien Erwähnung (siehe dazu Kapitel 3 *Der Islam in den Medien*, S. 36ff.). Da es zur Darstellung des Islam bei AJ English, CNN International und BBC World noch keine empirischen Studien gibt, erscheint es vorerst wichtig, an bisherige Befunde anzuknüpfen.

2. Der Islam ist ein Untersuchungsgegenstand, der eine theoretische Einschränkung auf relevante Konstrukte verlangt, da die Vielfalt und Heterogenität des islamischen Glaubens nicht allumfassend behandelt werden kann. Die Fokussierung von Themen und Stereotype soll den Untersuchungsgegenstand Islam für die vorliegende Magisterarbeit fassbar machen. Frames und Diskurse bilden komplexe Konstrukte, die einer genauen theoretischen Betrachtung bedürfen, die die vorliegende Arbeit aus arbeitsökonomischen Gründen nicht leisten kann. Sowohl zum Diskurs- als auch zum Framebegriff gibt es viele unterschiedliche Definitionen und eine Reihe von Untersuchungen, die in einer eigenständigen Arbeit aufbereitet werden müssten, um dem Anspruch auf theoretische Schärfe und Tiefe gerecht zu werden.[17]

---

[17] Anmerkung: Eine gute Einführung in die Framinganalyse von Islamdarstellungen in den Medien liefert beispielsweise Rico Silberschmidt in seiner Lizentiatsarbeit von 2006. Eine Diskursanalyse zum „Medienbild Israel" haben Siegfried und Margarete Jäger 2003 vorgelegt. Auch soll an dieser Stelle nochmals auf die 2008 von der Hamburg Media School prämierte Diskursanalyse von Glück (2007) hingewiesen werden.

Es soll folgende Arbeitsdefinition gelten:

- Das Islambild wird als das Medienbild zum Islam definiert.
- Das Medienbild ist die mediale Darstellung zum Islam.
- Diese Darstellung besteht aus einer Struktur, die sich aus Stereotypen, Frames, Themen und Diskursen zusammensetzt.
- Die vorliegende Arbeit fokussiert die Bildelemente *Themen* und *Stereotype*, da sie für eine erste Analyse des Medienbildes zum Islam bei Al Jazeera English, BBC World und CNN International besonders relevant sind.

Im nächstfolgenden Kapitel sollen nun die beiden Hauptuntersuchungsaspekte – *Themen und Stereotype* – näher betrachtet werden. Während der Begriff des Themas keiner großen Erläuterungen bedarf und nur kurz behandelt wird, folgen einige genaue Betrachtungen zu Stereotypen in den Medien.

2.2.3 Themen und Stereotype in den Medien – Gründe für eine Stereotypisierung in den Medien

Das *Thema* soll in Anlehnung an Hafez als eine semantische Makrostruktur eines Medienbeitrags verstanden werden, die sich aus Haupt- und Unterthemen konstituiert und u.a. Stereotype – als kleinere Teilelemente – enthalten kann. Die Themenanalyse ist dabei laut Merten eines der ältesten inhaltsanalytischen Verfahren überhaupt, wobei der Hauptvorteil dieses Verfahrens darin liegt, „dass Themen (Inhalte) beliebiger Art in vergleichsweise wenige Kategorien sortiert werden können, die nach Fragestellung vorweg definiert werden müssen" (ebd., 1995, S. 147). Das Ziel ist, einen spezifischen „Typ des Inhalts" (ebd.) zu ermitteln, der Aussage darüber trifft, mit welchen Themen ein Untersuchungsgegenstand – hier der Islam – in Verbindung gebracht wird.

Während unter 2.1.2 das *Stereotyp* als eine kognitive Struktur beschrieben wurde, wird der Begriff im Folgenden als ein Bildelement in der medialen Berichterstattung behandelt. Stereotype in den Medien haben dabei ähnliche Funktionen, wie Stereotype in den ‚Köpfen der Menschen'. Sie vereinfachen komplexe Sachverhalte und reduzieren umfangreiche Beschreibungen auf einzelne Aspekte, so dass sie in den Medien „kommunikativ-pragmatische Leistungen" erbringen (Sternkopf, 1998, S. 119).

Für die vorliegende Arbeit gilt folgende Definition:

Stereotype sind Eigenschaften einer Gruppe, die als für sie typisch dargestellt werden, in dem sie für alle Gruppenmitglieder generalisiert werden. Sie werden in der Darstellung zu sozialen Gruppen, Nationen oder Religionen deutlich und enthalten sowohl positive als auch negative Werturteile (Vgl. Appiah, 2008).

Gründe für eine Stereotypisierung in den Medien: 1. Reduktion von Komplexität

Die Stereotypenforschung in den Medien ist eng mit der Selektivität der Nachrichtenauswahl verbunden (Appiah, 2008). Die Verwendung von *Stereotypen* in den Medien hilft vielschichtige Informationen über soziale Gruppen auf einige wenige Merkmale zu reduzieren und damit für ein breites Publikum verständlich und greifbar zu machen. „Ein Stereotyp ist ein verbaler Ausdruck einer auf soziale Gruppen oder einzelne Personen als deren Mitglieder gerichteten Überzeugung. Es hat die logische Form eines Urteils, das in ungerechtfertigt vereinfachter und generalisierender Weise, mit emotional-wertender Tendenz, einer Klasse von Personen bestimmte Eigenschaften oder Verhaltensweisen zu- oder abspricht.“ (Quasthoff, 1973, S. 28).
Dabei entsteht jedoch die Gefahr, dass Völker- oder Glaubensgruppen in der Medienberichterstattung verzerrt dargestellt werden, da sie auf einige wenige Merkmale reduziert sind. Hafez betont, dass der Islam in den Medien hochgradig stereotyp präsentiert wird, in dem er als eine „fanatic and violent religion” gilt, die nicht davor zurückschreckt „cutting-off hands, repressing women, and representing a clear antagonism towards Western ideas of freedom, human rights and democracy.” (Hafez, 2000, S. 5). Dies bestätigen u.a. Ausführungen von Sheikh u.a. (1995), Thofern (1998), Poole (2002), Christensen (2006) oder Schiffer (2005), die im Forschungsüberblick der vorliegenden Arbeit ausführlich vorgestellt werden (Vgl. Kapitel 3 *Der Islam in den Medien*, S. 36ff.).

Die stereotype Darstellung des Islam ist laut dem Orientwissenschaftler Gernot Rotter mit der Komplexität und Heterogenität des islamischen Glaubens zu erklären, da sich bei vielen Journalisten geringe Kenntnisse über die religiösen, kulturellen und politischen Zusammenhänge in islamisch geprägten Ländern bemerkbar machen (Rotter, 1992, S. 70ff.). Die Vielfalt des Glaubens ist groß, so dass Journalisten nach einfachen Strukturen suchen, um komplexe Sachverhalte verständlich zu erklären. „In covering Islam, reporters are often faced with the task of reporting events about which they little know.“ (Sheikh u.a., 1995, S. 140). Erweist sich das eigene Wissen der Journalisten als lückenhaft, wird alternativ der eigenkulturelle Bezugsrahmen dazu gezogen (Glück, 2007,

S. 37), so dass „die Beschreibung fremder Kulturen nur mit Worten und Vergleichen gesehen werden kann, die auch der eigenen Kultur vertraut sind und die gerade deswegen der fremden Wahrheit nicht gerecht werden." (Ludwig, 1992, S. 31). Damit wächst die Wahrscheinlichkeit zur Stereotypisierung.
Der Islamwissenschaftler Heinz Halm betont, dass die Verwendung der Begriffe *islamische Fundamentalisten* ebenso an eine Stereotypisierung erinnert (Halm, 1993, S. 214). Er argumentiert, dass die Termini vielen westlichen Journalisten als eine Art Kategorisierung von Phänomenen in der islamischen Welt dienen, so dass dem „Leser oder Zuschauer kaum durchschaubare soziale und politische Prozesse (...) mit einem einzigen Wort" (ebd.) verständlich gemacht werden können. „‚Der Islam' oder der ‚Fundamentalismus' ist das Sesam-öffne-dich zu den Wundern des Orients. Er erklärt nicht nur, was in Afghanistan vorgeht, sondern auch, was sich in [sic!] Iran, im Südirak, im Libanon, im Sudan, in Algier tut" (ebd.). Aufgrund der existierenden Vielfalt der fundamentalistischen oder extremistischen Gruppierungen werden in der Berichterstattung einzelne Merkmale herausgestellt und auf alle islamistischen Gruppen übertragen – ganz gleich, welcher politischen und religiösen Gesinnung sie folgen. Die al-Qaida, die Hisbollah, die Taliban oder die Muslimbrüderschaft in Ägypten werden generalisierend als islamische Fundamentalisten bezeichnet, ohne dass Unterschiede zwischen den Intentionen der Gruppen deutlich werden.

2. Journalistische Sachzwänge und Routinen

Betrachtet man weitere Gründe für eine Stereotypisierung in den Medien, so können bestimmte *Sachzwänge* auf Medienproduktionsebene angeführt werden (Vgl. Schielicke, 2006, S. 23ff.). Darunter zählt u.a. die Platzkapazität in einem Medium, der Ressourcenzugang oder der Zeitdruck, dem Journalisten im täglichen Arbeitsprozess ausgesetzt sind. So müssen in Nachrichtensendungen zugeschaltete Auslandskorrespondenten in wenigen Minuten wichtige Ereignisse im Gastland zusammenfassen und Hintergründe offerieren können, so dass laut Bassewitz die Wahrscheinlichkeit für eine reduzierte Darstellung groß ist (Bassewitz, 1990, S. 3). „Reportorial pressures toward fastbreaking, hard-news stories often preclude sustained attention to wider cultural issues." ergänzen Sheik, Price & Oshagan (Sheikh u.a., 1995, S. 140). Sie betonen, dass stereotype Portraitierungen vordergründig durch die zeitlichen und ökonomischen Zwänge des täglichen Arbeitsprozesses von Journalisten bedingt werden. Der Auslandskorrespondent unterliegt vor allem in Krisenzeiten eines Landes einer unsicheren Quellenlage, ständiger Gewalt, einer möglichen Zensur und anderen einschränkenden Zugangsbarrieren (Glück, 2007, S. 37). Letztere sind speziell in muslimischen Ländern gegeben, da deren Mediensystem oftmals unter staatlicher Kontrolle steht (Vgl. Ayish, 2003).[18]

Als ein weiterer Grund für die Begünstigung reduzierter Charakterisierungen können *Routinen* in der Nachrichtenaufbereitung genannt werden (Sheikh u.a., 1995, S. 140). Da Journalisten als Mitglieder einer Gesellschaft deren stereotype Vorstellungen zu Nationen/Religionen ebenso erworben haben, können sie leicht auf diese, ihnen bekannten Denkmuster, zurückgreifen. Da Stereotype kollektiv geteilt werden, helfen sie dem Journalisten dabei, seine Informationen so zu organisieren, dass sie für sein Publikum verständlich sind. Er stereotypisiert, in dem er für ihn und sein Publikum bekannte Denkmuster aufgreift, an diese anknüpft und seine Berichterstattung somit verständlich und nachvollziehbar macht (Vgl. Appiah, 2008).

3. Instrumentalisierungen

Bassewitz hebt in ihrer Analyse zum Deutschlandbild in französischen Tageszeitungen heraus, dass Journalisten die stereotypen Vorstellungen einer Gesellschaft auch „strategisch bzw. propagandistisch" (Bassewitz, 1990, S. 3) einsetzen können. Dies wäre beispielsweise der Fall, wenn bestimmte Negativeigenschaften als stereotype Elemente eines Nationenbildes in der Medienberichterstattung frequentiert auftauchen, eine Nation als Feind beschrieben und auf Kernessenzen wie bedrohlich und gefährlich beschränkt wird. Diese bewusst reduzierte Negativcharakterisierung kann dabei die unterschiedlichsten Gründe haben und reicht von individuellen Prädispositionen des Journalisten bis hin zu politischen Interessen eines Landes. So zeigen nicht nur Medieninhaltsanalysen zum Feindbild der Juden im 2. Weltkrieg, dass mediale Berichterstattung zum Zwecke der Kriegslegitimierung instrumentalisiert sein kann.[19]

Auf diese beschriebene Weise können Stereotype in den Medien auftreten und sich in den Köpfen der Rezipienten manifestieren. Appiah (2008) verdeutlicht, dass „Stereotypes in the media can impact audience opinion. For example, research on the effects of ethnical and racialstereotypes demonstrates that

[18] Anmerkung: Von der Regierung streng kontrollierte Mediensysteme gibt es z.B. in Saudi-Arabien, Syrien und dem Oman. Reformistische, liberale medienpolitische Tendenzen sind in Algerien, Bahrain, Kuwait und in den Vereinigten Arabischen Emiraten zu verzeichnen. Eine kommerzielle, marktliberale Öffnung des Mediensystems hat im Libanon, in Ägypten und in Qatar stattgefunden (Vgl. Ayish, 2003).

[19] Anmerkung: In diesem Fall wird bewusst das Verb „instrumentalisiert" verwendet, da auf die *Theorie der instrumentellen Aktualisierung* verwiesen werden soll, die die Inhalte der Berichterstattung durch den vom Journalisten bewussten Blick auf Publikationsfolgen prägt (Vgl. Kepplinger, 1992, S. 50f.). Auch Donsbach (1991) schreibt, dass sich Journalisten nicht nur selektiv gegenüber Ereignissen verhalten können, „sondern auch gegenüber ihren eigenen Entscheidungen (…) sowie (…) deren moralischen Aspekten und Folgen" (ebd., S. 29).

exposure to negative imagery in the media adversely influences later evaluation of ethnics minorities" (ebd., 2008). Es ist demnach durchaus relevant, Stereotype in den Medien zu untersuchen. Sie haben Einfluss auf Meinungen über soziale Gruppen und damit auch auf das Handeln einzelner Personen. Rassismus und Fremdenfeindlichkeit können nicht zuletzt auch durch eine Negativstereotypisierung bestimmter Gruppen in den Medien erklärt werden.

2.3 Zusammenfassung

Das vorliegende Kapitel diskutierte den in der Kommunikationswissenschaft different benutzten Begriff des ‚Bildes'. Da die bisherige Forschungsliteratur dazu als defizitär beschrieben werden kann, wurden eigene Überlegungen angestellt, den Terminus zu besprechen. Dabei wurde eine Unterscheidung in *Bilder auf Rezipientenebene* und *Bilder auf medialer Darstellungsebene* getroffen. Diese Betrachtungen sollten zum Bildbegriff auf Religionen angewandt werden.
Auf *Rezipientenebene* wurden kognitive Bilder – *‚Bilder in den Köpfen der Menschen'* – besprochen. Es können folgende relevante Aspekte resümiert werden:

- Religionsbilder sind die Gesamtheit der Eigenschaften und Attribute, die eine Person einer Religion zuschreibt. Sie sind dabei keine reinen *Wissensstrukturen*, sondern können ebenso *emotionale* und *wertende* Zuschreibungen enthalten.
- Religionsbilder haben eine wichtige *konative* Funktion. Sie haben Auswirkungen auf inter- (z.B. zwischenstaatliche Beziehungen) und intragesellschaftliche (z.B. zwischenmenschliche Interaktionen) Vorgänge.
- Religionsbilder sind *dynamische*, keine statischen psychologischen Konstrukte. Sie selektieren Informationen, reduzieren und organisieren unsere Wahrnehmung und sind damit notwendige Strukturen unseres Denkens.
- Religionsbilder helfen die *eigene Identität* zu erkennen (Selbstbild) und andere abzugrenzen (Fremdbild). Religionsbilder sind eine notwendige Basis für die religiöse Identitätserkennung und -stabilisierung.
- Religionsbilder bestehen aus einer Vielzahl von Subelementen. *Stereotype* können als ein solches Teilelement definiert werden. Für Religionsbilder – insbesondere den Islam – haben sie besondere Relevanz, da Stereotypenbildung unter globalen Distanzbedingungen ausgeprägt ist. Verfestigte Stereotype können durch Abläufe im Prozess der selektiven

Wahrnehmung immer wieder bestätigt werden und erhalten dadurch eine *dauerhafte Persistenz.*
- Religionsbilder können durch *mediale Sekundärerfahrung* entstehen und geprägt werden. Der Einfluss der Medien auf Vorstellungen zu Religionen wächst mit zunehmender kultureller Distanz. Daher sind Medieninhaltsanalysen relevant.

Der zweite Teil des Kapitels hat den Begriff des Medienbildes diskutiert und den Bildbegriff damit auf der *medialen Darstellungsebene* eingeordnet. Ziel war es, den heterogen verwendeten Begriff des Medienbildes zu erfassen und eine Arbeitsdefinition zum Medienbild Islam aufzustellen. Dabei können resümierend folgende wichtige Punkte festgehalten werden:

- Für den Begriff Medienbild liegt keine konsensuelle Definition vor. Es dominieren *operationale Definitionen*, die je nach Untersuchungsgegenstand und Forschungsinteresse unterschiedlich ausfallen.
- Hafez (2002a) versucht eine *allgemeingültige Definition* aufzustellen, die die Ergebnisse von Studien zu Medienbildern vergleichbar macht. Er definiert das Medienbild als eine Darstellung zu einem Gegenstand in den Medien, welche eine bestimmte *Struktur* aufweist. Diese Struktur besteht aus den Elementen Diskurs, Thema, Frame und Stereotyp.
- Da das Modell von Hafez eine systematische Herangehensweise an den Untersuchungsgegenstand Islam ermöglicht, ist es Basis für eine eigene Arbeitsdefinition. Aus arbeitsökonomischen Gründen werden für die vorliegende Magisterarbeit die Elemente *Themen* und *Stereotype* diskutiert, da sie für eine erste empirische Betrachtung der Programmangebote von Al Jazeera English, BBC World und CNN International relevant sind.

Abschließend soll betont werden, dass sich *Bilder auf Rezipientenebene* und *Bilder auf medialer Darstellungsebene* in vielerlei Hinsicht bedingen können. Ein Beispiel liefert der Oxforder Kommunikationswissenschaftler Appiah, der aufzeigt, dass stereotype Berichterstattung über soziale Gruppen Fremdenfeindlichkeit beeinflussen und unterstützen kann (Appiah, 2008) und damit eine Wechselwirkung von Bildern auf Rezipientenebene und Bildern auf medialer Darstellungsebene unterstellt werden kann. Dieser Aspekt ist interessant und soll für die Islambildforschung am Ende der Arbeit aufgegriffen werden. Aus den Ergebnissen zum *Medienbild Islam* sollen Wirkungsannahmen für das *Rezipientenbild Islam* aufgestellt werden.

3 Der Islam in den Medien – ein Forschungsüberblick

Nachdem eine Einführung in die Theorie des *Bildes* gegeben wurde, erfolgt nun eine Bilanz des aktuellen Forschungsstandes zum *Islambild.* Dabei werden empirische Studien aus unterschiedlichen Ländern beachtet, die sich mit der Darstellung des Islam in den Medien beschäftigen. Neben der Präsentation von Forschungsergebnissen sollen methodische Betrachtungen stattfinden, da sie zum einen für die eigenen empirischen Überlegungen hilfreich sind und zum anderen eine Einsicht in die bisherige methodische Erforschung des Islam bieten.

3.1 Forschungsstand und Methode – interdisziplinäre Vorbetrachtungen

„Es existiert nur eine geringe Anzahl von Inhaltsanalysen zur Sicherung der empirischen Grundlagen des Nahost- und Islambildes deutscher Massenmedien" (Hafez, 2002b, S. 12). Anders sieht der Forschungsstand auch in anderen Ländern nicht aus. Der Islam in den Medien hat zwar vor allem nach den Anschlägen in New York 2001 die akademische Aufmerksamkeit auf sich gezogen, doch gibt es weltweit eine Vielzahl von Wissenschaftlern, die „more as propagandists than as academics" auftreten (Karim, 2004, S. 112). Neben qualitativen Betrachtungen existieren zahlreiche essayistische Arbeiten, die mehr auf subjektiven als auf empirischen Erkenntnissen basieren, „eine äußerst selektive Quellenbasis, dafür jedoch um so pointierte, sich häufig (…) widersprechende Positionen beinhalten" (Hafez, 2002b, S. 15). Die empirische Islamforschung erscheint damit bisher „in einem hohen Maße defizitär" (Hafez, 2002b, S. 12). Es dominieren deskriptive Arbeiten, während ein empirischer Beweis für viele Erkenntnisse noch aussteht.

Wissenschaftliche Betrachtungen zur Darstellung des Islam in den Medien münden in ein interdisziplinäres Forschungsfeld, in dem das Interesse der Kommunikations-, der Politik- und der Orient-/Islamwissenschaften zusammenfließt (Hafez, 2002b, S. 12).

- Die **Politikwissenschaft** fokussiert die Analyse der Berichterstattung zum politischen Islam. Dabei interessieren die Medienpräsentation zu Kriegen und Konflikten (Hafez, 2002b, S. 24ff.) sowie die Auseinandersetzung mit Fundamentalismus, Islamismus und Terrorismus (Vgl. Halm, 1994; Antes, 2001).

- Die **Orient- und Islamwissenschaft** war im Islamdiskurs lange Zeit historisch und philologisch ausgerichtet (Hafez, 2002b, S. 27). Durch die Arbeit von Klemm und Hörner (1993) gelang es der Orientwissenschaft erstmalig in die Medienanalyse einzusteigen (Hafez, 2002b, S. 24). Dabei bezichtigten die beiden Autorinnen die Journalisten Gerhard Konzelmann und den damaligen ZDF-Korrespondenten Scholl-Latour eines Sensationsjournalismus auf Kosten der islamischen Welt. In ihrer Analyse von einzelnen Sendungsausschnitten der Korrespondenten kamen sie zum Ergebnis, dass die Berichterstattung „einseitig" ist und ein „Schreckensbild von einer angeblichen islamischen Bedrohung der westlichen Zivilisation" (Klemm & Hörner, 1993, S. 59ff.) zeichnet. Durch die exemplarische Betrachtung einzelner Sendungen sowie der subjektiven Deutung der Sendungsinhalte kann die Analyse der Wissenschaftlerinnen jedoch keinesfalls als empirisch gesichert gelten. Sie steht beispielhaft für viele Arbeiten aus der Orient- und Islamwissenschaft, da diese „in der Regel nur bedingt medienkompetent" (Hafez, 2002b, S. 12) sind.

- Die **Kommunikations- und Medienwissenschaften** haben sich seit den 1990er Jahren vermehrt um den Bereich der Islamforschung bemüht. Dafür ausschlaggebend waren bedeutungstragende Ereignisse wie die Golfkrise 1990/91, der aufschwelende Nahostkonflikt, die Anschläge in Bali, New York oder Madrid, die den Islam seit jener Zeit zu einem wichtigen Medienthema machen (Hafez, 2002b, S. 12ff.).

Ein Blick auf die methodischen Herangehensweisen zeigt, dass der Islam dabei vor allem durch *qualitative Analysen* (u.a. Schiffer, 2005; Arbeiten aus dem Tübinger Medienprojekt, 1994) sowie durch *kombinierte Untersuchungen aus quantitativen und qualitativen Betrachtungen* (u.a. Thofern, 1998; Hafez, 2002b; Richardson, 2004; Glück, 2007) erforscht wird. Rein *quantitative Analysen* sind rar und untersuchen vorwiegend die mediale Präsentation von Großereignissen wie den Golfkrieg 1991, den Nahostkonflikt oder die Anschläge am 11. September 2001 in New York (u.a. Kagemann, 2004; Poole, 2006). Damit geht eine weitgehende Konzentrierung auf die Analyse der medialen Präsentation von Kriegsgeschehen einher (Hafez, 2002b, S. 15), während anderen Themenbereichen des Islam nur wenig Aufmerksamkeit geschenkt wird.

Die bisherigen Forschungsbereiche der Kommunikations- und Medienwissenschaft für die *Islamforschung* sind (Vgl. Hafez, 2002b, S. 12ff.):

- das Medienverhalten bei Kriegen/Krisen/Konflikten in der islamischen Welt
- der Rassismus in den Medien, hier insbesondere die Analyse der Darstellung islamischer Minderheiten und der muslimischen Frau
- die mediale Präsentation muslimischer Länder (Länderbilder).

Die Presseberichterstattung ist in Islam-Untersuchungen dominant. Bis auf filmanalytische Untersuchungen haben kaum Analysen zu Rundfunkbeiträgen mit Islambezug stattgefunden. Eine Ausnahme bilden Hafez & Richter (2007), Zagala (2007) und der Medien Tenor (2008), die im Folgenden noch näher vorgestellt werden.

3.2 Zentrale Ergebnisse im Bereich Themen

3.2.1 Thematische Reduzierung

Empirische Studien aus Deutschland (Hafez, 2002b; Thofern, 1998), der Schweiz (Silberschmidt, 2006), England (Richardson, 2004; Poole, 2006) und den USA (Sheikh u.a., 1995) bestätigen, dass über den Islam erheblich negativer und konfliktorientierter berichtet wird als über viele andere Themen. Ausgelöst durch den Aufstieg des politischen Fundamentalismus und verstärkt durch die Anschläge am 11. September 2001 hat sich in vielen Medien eine Berichterstattungskultur etabliert, die den Islam in hohem Maße mit Gewalt und Konflikt in Verbindung bringen. Das Medienbild zum Islam erscheint durch die Ereignisse der letzten Jahre weltweit recht homogen (Glück, 2007, S. 90).

Für den deutschen Raum hat Hafez (2002) eine Langzeitstudie zur Darstellung des Nahen Ostens und des Islam in der überregionalen deutschen Presse vorgelegt (Hafez, 2002b).[20] Seine Studie ist von Interesse, da sie einen breiten Untersuchungszeitraum von 1955 bis 1994 analysiert und das Sample mit 11518 analysierten Beiträgen (ebd., S. 33) einen guten Einblick in die Thematisierung des Nahen Ostens und des Islam im diachronen Vergleich liefert.
Resümiert man die Ergebnisse, so wird deutlich, dass im Untersuchungszeitraum vor allem Themen zu *Konflikten* – sei es der Nahost-Konflikt, die Zypernkrise, der Iran-, Irakkrieg oder der algerische Bürgerkrieg – die deutsche

[20] Anmerkung: Untersuchungseinheiten: Süddeutsche Zeitung, Frankfurter Allgemeine Zeitung, Der Spiegel, Der Stern, n = 11 518

überregionale Presse prägten. „Großereignisse, wie Kriege, Revolutionen und Krisen mit internationaler Dimension" (Hafez, 2002b, S. 44) sind dabei dominant und belegen eine starke Ereignisorientierung der deutschen Presseberichterstattung. Auffällig ist ferner die Politikzentrierung der einzelnen Beiträge (ebd., S. 48).
Im Gegensatz zum Nahen Osten wurde der eigenständig untersuchte Themenbereich *Islam* laut Hafez nur selten in der Berichterstattung behandelt. Die „Interpretation der empirischen Daten im Bereich langfristiger politischer Themen (...) [zeigt], dass das Thema ‚Islam' (...) weit weniger bedeutsam ist als der Nahostkonflikt und andere Großkonflikte." (ebd., S. 56). Hafez konnte jedoch herausarbeiten, dass die Berichterstattung über den Islam seit der Iranischen Revolution 1978/79 gestiegen ist (ebd.). Mögliche Gründe für diese Zunahme werden noch aufgezeigt.

Damit gehen die Untersuchungsergebnisse von Hafez mit denen von Detlef Thofern (1998) einher, der ebenso in einer Langzeituntersuchung das Nachrichtenmagazin *„Der Spiegel"* von 1950 bis 1989 zur Darstellung des Islam untersucht hat.[21] Thofern betrachtet dabei lediglich ein Medium, so dass seine Ergebnisse im Vergleich zu Hafez kritisch betrachtet werden müssen. Wenngleich „Der Spiegel" als ein medialer Meinungsführer gilt, weist er redaktionelle Eigenheiten auf, die weder inhaltlich noch formal repräsentativ für die deutsche Presselandschaft sind. Die Studie von Thofern ist trotz eingeschränkter externer Validität von Interesse, da sie wie Hafez zum Ergebnis kommt, dass die Berichterstattung zum Islam seit der Iranischen Revolution 1978/79 um das Dreifache zugenommen hat (Thofern, 1998, S. 81).
Um dieses Ansteigen der Beiträge mit Islambezug zu verstehen, lohnt sich der Blick auf die Ereignisse 1978/79 im Iran. Damals stürzten islamisch-schiitische Gruppen unter der Führung des persischen Machthabers Khomeinis den Schah im Iran (Antes, 1997, S. 11). Die autoritäre Monarchie des Schahs wurde durch den Sturz der schiitischen Gruppen beendet, die einen islamischen Gottesstaat errichteten. Bis heute gilt der Iran als eine Theokratie, die strengen Regeln des Islam untersteht.
Hafez betont, dass seit diesem „Vordringen der islamischen Religionsthematik in den politischen Sektor" (Hafez, 2002b, S. 259) das Thema eine wichtige Stellung in der Agenda der deutschen überregionalen Presse einnimmt. Um die eingangs erwähnten Worte aufzugreifen, wird der Islam durch die iranische Revolution von 1978/79 zu einem *politischen Faktor* (Vgl. Antes, 2001) und somit für die Medienberichterstattung interessant.

[21] Anmerkung: Untersuchungseinheit: Der Spiegel, n = 97

Neben der Iranischen Revolution 1978/79 markierte der „11. September eine Zäsur für Gesellschaft, Kultur und Journalismus“ (Glück, 2007, S. 71). In ihrer Darstellung zum Forschungsstand über die Berichterstattung zu den Attentaten in New York 2001 zeigt Kagemann (2004) resümierend auf, dass die Medien weltweit direkt nach den Anschlägen „undifferenziert, vorverurteilend und unkritisch“ (ebd., S. 60) über die muslimischen Attentäter berichtet hätten. Mit Personalisierung und Emotionalisierung wurde aufgewartet. Es wurden Schuldige benannt, ohne dass es explizite Hinweise gab (Kagemann, 2004, S. 60). Es bestand ein Mangel an Informationen, so dass die stereotype Präsentation eines „gewaltverherrlichenden Islam“ (Kagemann, 2004, S. 61) die Medienagenda prägte.
In ihrer eigenen quantitativen Untersuchung der überregionalen deutschen Presse kommt Kagemann zu dem Ergebnis, dass die ohnehin geringe Themenvielfalt zum Islam nach den Anschlägen eine nochmalige Reduzierung erfährt (Kagemann, 2004, S. 102). Der Islam wird nach dem 11. September 2001 hauptsächlich im politischen Bereich thematisiert (82% der Beiträge, n = 917), er wird häufig mit Terrorismus in Verbindung gebracht (64% der Beiträge) und muslimische Akteure werden vorwiegend durch negative Typisierungen beschrieben (76% der Beiträge, ebd., S. 101ff.).[22]

Im angloamerikanischen Raum dominieren vor dem 11. September sowohl nationale als auch internationale politische Themen der Islamberichterstattung (Silberschmidt, 2006, S. 36). Sheikh, Price & Oshagan haben 1995 eine quantitative Inhaltsanalyse zum Islam in *The Times of London, The New York Times, The Los Angeles Times* und *The Detroit Press* vorgelegt (Sheikh u.a., 1995, S. 139). Dabei haben sie ebenso wie Hafez (2002) und Thofern (1998) eine Langzeitanalyse der Berichterstattung über den Islam von 1988 bis 1992 durchgeführt und lassen dadurch Trendaussagen für die Charakterisierung des Islam und der Muslime in der Medienberichterstattung zu. Durch die Analyse von 400 Zeitungsartikeln kommen die Autoren zu dem Ergebnis, dass der Islam bereits vor den Anschlägen in New York am häufigsten im Zusammenhang mit Krisen und Kriegen/Konflikten thematisiert wird (ebd., S. 147). „Most of it [stories] centered on events, groups and individual from the Middle East, and most took place during crisis events or times of war and conflict.“ (ebd., S. 151).

Dieses Ergebnis stützt auch Richardson (2004), der die Berichterstattung zum Islam in Großbritannien untersuchte. In seinem Untersuchungszeitraum Oktober 1997 bis Januar 1998 waren *Terrorismus* und *Gewalt* die beiden Hauptthemen in

[22] Anmerkung: Untersuchungseinheiten: Frankfurter Allgemeine Zeitung, Frankfurter Rundschau, Süddeutsche Zeitung, Die Welt, n = 917

der Islamberichterstattung (Richardson, 2004, S. 79). Der Islam wird in Großbritannien im Untersuchungszeitraum hauptsächlich als eine terroristische bzw. gewaltreiche Religion präsentiert – und das bereits vor den Anschlägen 2001 in New York.[23]

In diesem Zusammenhang sind die Ergebnisse von Beermann (2004) interessant, die aufzeigen, dass es in den deutschen Medien keine stringente und einheitliche Verwendung des Begriffes *Terrorismus* gibt und dieser ganz unterschiedlich genutzt wird. Er taucht vor allem dann auf, wenn bei einer Gewalttat deutsche Staatsangehörige ums Leben kommen, sich diese im Inland ereignet hat oder wenn Akteure gegen Staatsformen, Regierungen und/oder Gruppen kämpfen, die in Deutschland als legitime Instanzen gelten (Vgl. Beermann, 2004). Diese Ergebnisse decken sich laut Glück (2007) auch mit den Betrachtungen der amerikanischen und britischen Presse (ebd., S. 68). Die Zuschreibung ‚islamischer Terrorismus' besitzt keine genaue semantische Entsprechung und wird unterschiedlich verwendet.

In ihrer eigenen Studie zur medialen Darstellung des islamischen Terrorismus in deutschen und arabischen Qualitätszeitungen kommt Glück zu dem Ergebnis, dass sich das Terrorismus-Verständnis der beiden ‚Kulturkreise' ähnelt und einheitlich islamisch motivierte Anschläge als terroristische Aktivitäten identifiziert werden (Glück, 2007, S. III, Executive Summary). Sie stellt jedoch heraus, dass sich westliche Medien nach terroristischen Übergriffen stärker auf eine Diskussion zur Bekämpfung des Terrorismus richten, während arabische Zeitungen die Reaktionen nach Anschlägen stärker ins Visier nehmen. Dabei konnte Glück herausarbeiten, dass arabische Medien die Opferrolle von Muslimen hervorheben, die nach Anschlägen islamischer Extremisten in westlichen Ländern als Täter stigmatisiert werden und „damit die westliche Welt indirekt einer gewissen Islamfeindlichkeit beschuldigt" wird (ebd.).[24]

Während die Studien von Hafez (2002b) und Sheikh u.a. (1995) aufzeigen, dass der Islam sowohl in deutschen als auch in amerikanischen Medien überwiegend durch internationale Ereignisse zum Medienthema wird, zeigt Poole (2000), dass in Großbritannien die nationalen Islam-Belange von Bedeutung sind. „The topics most frequently associated with British Islam are: its place in the education system, relationship between Muslims and non-Muslims, political activity with a sub-theme of criminality, Rushdie and freedom of speech and Islamic fundamentalism in Britain" (ebd., S. 162). Dabei verdeutlicht sie, dass

[23] Anmerkung: Untersuchungseinheiten: The Financial Times, The Guardian, The Independent, The Daily Telegraph, The Times, The Independent on Sunday, Sunday Times, n = 2540

[24] Anmerkung: In ihrer Arbeit zur Darstellung des Terrorismus untersuchte Glück die Medienberichterstattung zu den Anschlägen in London und Sharm El-Sheikh 2005. Untersuchungseinheiten: Frankfurter Rundschau, Frankfurter Allgemeine Zeitung, Al-Ahram, Al-Hayat, n = 635.

neben international relevanten Themen vor allem die Beziehungen der Briten zum Islam und den Muslimen thematisiert werden. Diese sind jedoch durch eine starke negative Valenz der Berichterstattung gekennzeichnet (ebd.). Alltagsthemen, Erfolge oder Beiträge aus dem kulturellen Leben der Muslime treten medial kaum in Erscheinung. In ihrer Folgeuntersuchung der britischen Tageszeitungen *The Guardian* und *The Times* kommt Poole (2006) zum Ergebnis, dass es „inherent cultural differences between Muslims and the host [british] community" (ebd., 2006, S. 102) gibt, die die Wahrscheinlichkeit für interpersonelle Spannungen erhöhen. Damit gehen die Wirkungsannahmen von Poole mit den theoretischen Vorbetrachtungen einher. Es wird deutlich, dass Religionsbilder unser Verhalten bestimmen und einen wichtigen Einfluss auf innergesellschaftliche Vorgänge haben können (Vgl. Kapitel 2, 2.1.1 *Funktionen* von Bildern auf Rezipientenebene, S. 17).[25]

Wie die dargestellten Ergebnisse verdeutlichen, wird der Islam länderübergreifend vorwiegend durch die Analyse von Presseberichterstattung untersucht. Einzelne Betrachtungen zu Rundfunkbeiträgen zeigen ähnliche Ergebnisse, obwohl empirische Analysen zum Islam in Hörfunk- oder Fernsehsendungen bisher kaum stattgefunden haben. Die Kommunikations- und Medienwissenschaft hat sich in der Anwendung inhaltsanalytischer Verfahren auf audiovisuelle Medien generell eine bestimmte Scheu erhalten (Nintemann, 2002, S. 91). Obgleich man sich der Wirkung von bewegten Bildern durchaus bewusst ist und das Fernsehen bewiesenermaßen eine wichtige Rolle im täglichen Medienkonsum einnimmt, werden Fernseh- oder Filmbeiträge nur selten analysiert (Vgl. ebd.). Es fehlt vor allem an einem quantitativen Ansatz, der als methodisches Konstrukt für die Bildanalyse genutzt werden kann. Oft wird filmanalytisch an bewegte Bilder herangegangen, indem man einzelne Film-Sequenzen definiert und für diese Kameraperspektiven, Zoom-Einstellungen oder Lichtwechsel misst (Vgl. ebd., S. 92).
Auch die Analyse zur Islamdarstellung in audiovisuellen Medien reduziert sich zumeist auf filmanalytische Verfahren. So untersucht Koschinski (1991) die Darstellung des Islam in audiovisuellen Medien des deutschen Schulunterrichts oder Menzel (1994) eine einzelne Reportage zum Islam von Scholl-Latour (ebd., S. 95ff.). Die singuläre Betrachtung einzelner Medienoutputs – in diesem Fall einzelner Sendungen – ist jedoch wenig aussagekräftig.

Hafez & Richter sowie Zagala haben 2007 jeweils eine quantitative Untersuchung der Informationsangebote des deutschen Fernsehens zum Islam vorgelegt. Hafez & Richter (2007) haben dabei Thematisierungsanlässe des

[25] Anmerkung: Poole untersuchte die beiden Zeitungen für das Jahr 2003, n = 701.

Islam in Magazinsendungen, Dokumentationen, Reportagen und Talkshows von ARD und ZDF untersucht. Im Untersuchungszeitraum vom 1. Juli 2005 bis 31. Dezember 2006 konnten sie zeigen, dass in 133 Beiträgen 81% aller Thematisierungen negativ konnotierten Themen zugerechnet werden konnten; lediglich 19% der Beiträge präsentierten ein neutrales oder positives Ereignis als Anlass der Berichterstattung. Themen aus dem Bereich Terrorismus und Extremismus waren dabei das attraktivste Thema in der Auseinandersetzung mit dem Islam. Der Islam hält laut Hafez & Richter in vielen Berichten über die Intoleranz von Muslimen gegenüber Nicht-Muslimen Einzug, so dass er als eine subtile Bedrohung für alle Nicht-Muslimen und auch für das Christentum erscheint (ebd., 2007).
Zagala (2007) hat die Hauptnachrichtensendungen *Tagesschau* (ARD), *heute* (ZDF), *RTL-aktuell* (RTL) und *SAT.1 -18.30* Uhr (SAT.1) untersucht. Für ihren Untersuchungszeitraum vom 6. bis 12. Oktober 2003 zeigt sie, dass der Islam bei ARD und ZDF vorwiegend im Bereich Politik thematisiert wird, während er für RTL und SAT.1 hauptsächlich im Bereich Kriminalität interessant ist (Zagala, 2007, S. 84). Beiträge zu Krieg und Konflikten nehmen bei allen Sendern einen hohen Anteil im Programmangebot ein (ebd., S. 85). Der Islam wird vorwiegend im Zusammenhang mit Gewalt und der Debatte um Werte wie Demokratie und Menschenrechte zum Nachrichtenthema (ebd., S. 114).[26]

Eine medien- und länderübergreifende Studie hat der Medien Tenor (2008) vorgelegt. Diese quantitative Untersuchung von Print- und Fernsehmedien aus 24 Ländern ist bisher für die Islamforschung einmalig. Sie analysiert ein hohes Mediensample aus muslimischen und nicht-muslimischen Ländern, um Aussagen für die mediale Darstellung des jeweils *Anderen* zu treffen. So werden Belange zur Präsentation des Westens in muslimischen Medien und Charakterisierungen des Islam in nicht-muslimischen Ländern deutlich. Der Medien Tenor legt damit eine erste transnationale Studie mit einer intermediären Analyse vor.[27]
Die Untersuchung zeigt dabei eine bereits bestätigte Dominanz des Islam in internationalen Themenbereichen, hier vor allem in Krisen und Konflikten des Nahen Ostens (Medien Tenor, 2008, S. 104). „Reporting on other Muslim-West issues, such as citizenship, integration and religious ethics was (…) much less frequent." (ebd., S. 102). Damit ging die prozentual hohe Negativberichterstattung einher, die die positiven Nachrichten zehnfach überwog (ebd., S. 102). Der Islam wird dominant auf einen politischen und militanten Islam reduziert,

[26] Anmerkung: Da der Untersuchungszeitraum von Zagala lediglich 7 Tage umfasst, können die Ereignisse nicht generalisiert werden. Die Ergebnisse können nur einen Ausschnitt abbilden und erheben keinen Anspruch auf Vollständigkeit oder Repräsentativität.
[27] Anmerkung: Untersuchungszeitraum: 16. Juni 2007 bis 30. September 2007, n = 160 Print- und TVoutlets.

indem 84% der genannten muslimischen Akteure in Verbindung mit fundamentalistischen und extremistischen Aktivitäten genannt wurden (ebd., S. 106). Westliche Medien berichteten selten über muslimische Gebräuche. Lediglich 6,7% der Beiträge dienen damit einem interkulturellem Verständnis (ebd., S. 106).

Es kann resümierend gesagt werden, dass der Islam länder- und medienübergreifend auf Konflikte, Krisen und Kriege reduziert wird, die von „Aspekten des islamischen Extremismus und/oder Fundamentalismus geprägt" (Hafez, 2002b, S. 95) sind. Der Islam tritt hauptsächlich als *politischer Islam* (Vgl. Antes, 2001) in Erscheinung. Themen zu normativen Aspekten (Traditionen, Riten) oder kulturellen Bereichen der Religion (z.B. islamische Kunst oder Musik) sind selten. Gewaltsamkeit und Konflikthaltigkeit sind die dominierenden Themen, die die mediale Aufmerksamkeit auf sich lenken, so dass eine negative Valenz der Berichterstattung zum Islam für das Medienbild ebenso prägend ist.

3.2.2 Geographische Fokussierung

Mit Blick auf die dominante Themenstruktur der Islamberichterstattung lässt sich vermuten, dass die Berichterstattung zum Islam auf die *muslimischen Länder* konzentriert ist, in denen kriegerische Auseinandersetzungen oder andere Konflikte stattfinden oder stattgefunden haben. Diese Vermutung kann durch eine Reihe von Untersuchungen bestätigt werden.

Die quantitative Analyse der deutschschweizer Presse von Silberschmidt (2006) zeigt für den Untersuchungszeitraum 1998 bis 2005 eine geographische Fokussierung auf die muslimischen Länder Indonesien sowie die Gebiete des Nahen Ostens, hier insbesondere auf den Irak, Iran, Afghanistan und Pakistan (ebd., S. 94).[28] Dieses Resultat bestätigt auch Kagemann (2004). Sie kommt zu dem Ergebnis, dass mit der thematischen Fokussierung von Kriegen und Konflikten in der muslimischen Welt eine *Dominanz von Vorderasien* in der Berichterstattung über islamische Länder einhergeht. Während vor und nach den Attentaten am 11. September 2001 die Länder des Nahen Ostens in der Berichterstattung dominieren, sind es insgesamt lediglich 2,9% der insgesamt 917 analysierten Beiträge, die den südasiatischen Raum thematisieren (Kagemann, 2004, S. 97). Durch diese geografische Verankerung hat die Berichterstattung über Krisen im Nahen Osten einen starken Einfluss auf das

[28] Anmerkung: Silberschmidt untersuchte den Tages-Anzeiger, die Neue Zürcher Zeitung, den Blick sowie die dazugehörigen Sonntagszeitungen, n = 654.

Islambild in den Medien. Andere muslimische Staaten – wie die Länder in Südostasien - tauchen in der Medienberichterstattung nur marginal auf. Dieses Ergebnis stützt Zagala (2007) für die deutschen Nachrichtensendungen und Sheikh u.a. (1995) für die britische und amerikanische Presse. Auch die transnationale Untersuchung des Medien Tenors (2008) zeigt eine Fokussierung auf die Länder des Nahen Ostens.[29]

Neben den für die Medien relevanten Krisen und Kriegen in muslimischen Staaten zeigen Hafez & Richter (2007), dass über die islamischen Länder berichtet wird, die in Konflikten zu westlichen Ländern stehen bzw. mit dem Sicherheitsbedürfnis des Westens zusammenhängen. Beispiele dafür wären die Diskussion um die Atomwaffen im Iran, die Ausbildung der Talibankämpfer in Afghanistan oder die Diskussionen um den EU-Beitritt der Türkei. Die starke Verbreitung des Islam in Südostasien, Afrika oder Ozeanien (z.B. Malediven) wird nur wenig erwähnt oder thematisiert (Silberschmidt, 2006, S. 32). Innerhalb der Berichterstattung kommt es zu einer geographischen Fokussierung, die durch die thematische Reduzierung erklärt werden kann.

3.2.3 Homogenisierung der Akteure

Als logische Konsequenz der bisher dargestellten Ergebnisse kann vermutet werden, dass die muslimischen Akteure in der Berichterstattung vorwiegend aus den Konfliktherden der muslimischen Welt stammen und damit lediglich innerhalb negativer Kontexte vorkommen. Diese Vermutung kann durch die Ergebnisse der bisher skizzierten Studien bestätigt werden. Es kommt zu einer *Homogenisierung* der muslimischen Akteure, da ihnen bestimmte Merkmale einheitlich zugeordnet werden.

Sheikh, Price & Oshagan (1995) zeigen, dass muslimische Akteure in der untersuchten britischen und amerikanischen Presse in der Regel aus dem *Nahen Osten* stammen – hier insbesondere aus dem Libanon, dem Irak und dem Iran (Sheikh u.a., 1995, S. 147). Andere muslimische Akteure kamen nicht oder nur marginal vor.

Richardson (2006) weist für die britische Presse auf, dass muslimische Akteure nur in kritischen und negativen Kontexten zu Wort kommen, während generell eine Dominanz der nicht-muslimischen Akteure zu verzeichnen ist (ebd. S. 115). Er betont, dass nicht-muslimische Akteure die Berichterstattung zum Islam

[29] Anmerkung: Die Region des Nahen Ostens *(engl. Middle East)* wird in den meisten Studien nicht definiert, so dass keine Aussage über die Länderzuteilung gemacht werden kann. Für die vorliegende Arbeit wurde sich an das Verständnis des *Middle East Research Institute* angelehnt (Vgl. S. 72).

dominieren, in dem unterschiedlich beschrieben oder nicht definiert. ihre Standpunkte und Meinungen gefragt sind (ebd.).[30]

Silberschmidt (2006) ging ebenso der Vermutung nach, dass in Beiträgen mit Islambezug nicht-islamische gegenüber islamischen Akteuren überwiegen (ebd., S. 51). Entgegen seiner Annahme konnte er für die deutschschweizer Presse zeigen, dass muslimische Akteure die Berichterstattung zum Islam dominieren, auch wenn sie prozentual weniger zu Wort kommen als nicht-muslimische Akteure (Silberschmidt, 2006, S. 90). Dabei gleichen sich diese Ergebnisse mit denen des Forschungsberichts des Medien Tenors (2003), der sich mit der Berichterstattung deutscher Medien über muslimische Akteure – insbesondere religiöse Verbände – auseinandersetzte. Die Untersuchung des Medien Tenors ergab für den Untersuchungszeitraum Januar 2002 bis März 2003, dass muslimische Organisationen überwiegend negativ beurteilt und zumeist im Zusammenhang mit Themen wie Kriminalität und Gewalt genannt wurden (Medien Tenor, 2003, S. 29). Im Vergleich zu anderen religiösen Verbänden kamen muslimische Organisationen selten zu Wort und wenn, dann im negativen Kontext (ebd.). Für den internationalen Kontext zeigt der Medien Tenor (2008), dass „Muslims were also associated with fundamentalist and extremist activities more than six times as often as other religious protagonists were“ (ebd, S. 106). 86% der dargestellten muslimischen Akteure waren in politische oder militante Aktionen eingebunden (ebd.).

Zu einem weiteren interessanten Ergebnis gelangen Sheik, Price & Oshagan (1995). Sie zeigen, dass in amerikanischen und britischen Zeitungen generalisierend von *‚dem Islam'* und von *‚den Muslimen'* gesprochen und dadurch eine Einheit des islamischen Glaubens suggeriert wird. Nur in Einzelfällen wird die Zugehörigkeit zu unterschiedlichen Glaubensgruppen des Islam (u.a. Schiiten/Sunniten) explizit deutlich gemacht - zumeist wird jedoch auf die Erwähnung der Nationalität der Muslime oder deren Glaubenszugehörigkeit verzichtet (ebd. S. 151). „Ob es sich um Muslime (…) in Deutschland, Nordafrika, auf der arabischen Halbinsel oder in den GUS-Staaten handelt, immer verschwinden deren Unterschiede hinsichtlich Nationalität, Sprache, Kultur und Hautfarbe unter dem alles einenden Band der Religion, des Islam.“ (Kuske, 1994, S. 252). Der Islam erscheint als monolithische, homogene Religion. Es werden hauptsächlich muslimische Gruppen gezeigt, während Betrachtungen zu einzelnen Akteuren selten sind (Hafez, 2002b, S. 299). Den

[30] Anmerkung: Untersuchungseinheiten: The Financial Times, The Independent, The Guardian, The Telegraph, The Times London, The Independent on Sunday, The Sunday Times, Untersuchungszeitraum: Oktober 1997 bis Januar 1998, n = 2540.

Muslimen werden vorwiegend gleiche Eigenschaften zugeordnet, obwohl sie bereits in ihrer ethnischen Zugehörigkeit Varianz und Vielfalt verdeutlichen.

Resümierend lässt sich folglich festhalten, dass muslimische Akteure in der Berichterstattung über den Islam zwar vorkommen, doch weniger zitiert werden als nicht-muslimische Akteure. Sie kommen vor allem in Negativkontexten zu Wort und erscheinen als Gruppe, die generalisierend als „die Muslime" charakterisiert wird. Nur in Einzelfällen wird deutlich, welcher Glaubens- oder Volksgruppe muslimische Akteure angehören. Vor allem die Volksgruppe der Araber steht oft exemplarisch für „das muslimische Volk", obwohl „a significant number of Arab Christians" (Karim, 2004, S. 115) existiert. Muslimische Akteure werden demnach homogenisiert.
Dieses Ergebnis spricht damit für eine Stereotypisierung, da die Heterogenität des muslimischen Glaubens durch *Reduktion* und *Vereinheitlichung* stereotypisiert wird. Das Fremdbild Islam wird dadurch fassbar gemacht. Im Folgenden sollen daher konkrete stereotype Elemente für den Islam und die Muslime herausgearbeitet werden.

3.3 Zentrale Ergebnisse im Bereich Stereotype

„The religion of Islam has been viewed historically with much suspicion and fear by predominantely Christan West" (Sheikh, Price & Oshagan, 1995, S. 139). Bestimmte historische Ereignisse – seien es die bereits erläuterte Iranische Revolution 1978/79, der Irakkrieg 2003, die fortdauernden Spannungen zwischen den Palästinensern und den Israelis oder der 11. September 2001 – haben dazu geführt, dass Muslime in der westlichen Berichterstattung in einem „unfavorable light" (ebd.) dargestellt werden. "Most of it [the Muslims] are characterized by a more highly exaggerated stereotyping and belligerent hostility" (Said, 1997, S. XI). Neben Gewaltassoziationen herrschen zudem stereotype Präsentationen zum Frauenbild sowie die Idee von Rückschrittlichkeit und Weltmachtstreben (Schiffer, 2005, S. 13).

3.3.1 Stereotyp der Gewaltbereitschaft und der Bedrohung des Westens

Am häufigsten werden der Islam und die Muslime als gewalttätig und bedrohend für die westliche Welt dargestellt (Sheikh u.a., 1995; Thofern, 1998; Schiffer, 2005; Hafez, 2007; Said, 1997). Diese stereotype Darstellung resultiert dabei nicht zuletzt aus der bereits beschriebenen thematisch reduzierten Berichterstattung. Ein Muslim wird vorwiegend als eine Person dargestellt, die in gewaltreichen Ländern lebt (geographische Fokussierung auf den Nahen Osten) und durch negative Ereignisse (thematische Reduzierung auf Krieg, Konflikte) in die Berichterstattung gelangt. Ein Beispiel sind die täglichen Nachrichtenbeiträge über Selbstmordattentate im Nahen Osten, so dass „The most potent image of Muslims is that of the Muslim fundamentalist; (...) Islam is a threat and its people extremists." (Poole, 2000, S. 157).

Suleiman (1988) zeigt auf, dass die amerikanische Presse der 1950er Jahre den damaligen ägyptischen Präsidenten als „Hitler on the Nile" beschrieb, dass das palästinensische Volk mehrheitlich als *terroristisch* stigmatisiert wurde und dass das damalige libanesische Staatsoberhaupt von der amerikanischen Regierung häufig als Anstifter des *internationalen Terrorismus* bezeichnet wurde (ebd., zit. in: Sheikh u.a., 1995, S. 152). Dieses Ergebnis wird auch durch die bereits skizzierte Studie von Sheikh u.a. (1995) gestützt, da sie aufzeigen, dass in 53% der analysierten Beiträge (n = 400) die Attribuierungen *fundamentalistisch, radikal*, *terroristisch* und/oder *militant* in direktem Zusammenhang mit der muslimischen Glaubensgemeinschaft gebracht wurden (ebd., S. 149). Der Islam wird laut Aussagen der Autoren als totalitär, antidemokratisch und bedrohlich beschrieben, so dass er als eine subtile Bedrohung erscheint.
Dieses Ergebnis bestätigt die Langzeitstudie von Thofern (1998). Sie stellt heraus, dass das Nachrichtenmagazin „Der Spiegel" Muslime als „irrationale oder krankhafte" (ebd., S. 101) Wesen beschreibt, deren Verhalten für viele andere Menschen nicht kalkulierbar ist. Muslime werden als „Religionsfanatiker" und „militante Fundamentalisten" (ebd., S. 104) charakterisiert, die die westliche Sicherheit und damit letztendlich auch den internationalen Frieden gefährden können (ebd., S. 127). Hafez & Richter (2007) unterstützten diese Aussage. Sie unterstreichen, dass der Islam in den Informationsangeboten der öffentlich-rechtlichen Sendern ARD und ZDF als zunehmende Gefahr für die europäische Sicherheit dargestellt wird und dadurch innerhalb der Bevölkerung Bedrohungsängste hervorruft (ebd., S. 3). In weiten Teilen der deutschen Bevölkerung ist es laut Hafez & Richter zu einer demoskopisch messbaren Islamangst (*Islamophobie*) gekommen, die durch die mediale Aufrechterhaltung des Stereotyps der Gewaltbereitschaft geschürt wird (ebd.). Auch die internationale Studie des Medien Tenors (2008) kann keine positivere Bilanz über die Darstellung der Muslimen in den Medien ziehen. Sie erscheinen vorwiegend als fundamentalistisch-militant motiviert (ebd., S. 106).

Die Kommunikationswissenschaftlerin Schiffer bestätigt in ihrer Dissertation von 2005 die Ergebnisse von Thofern (1998) und Hafez (2007). In ihrer qualitativ angelegten Betrachtung der deutschen Presse kommt sie zu dem

Schluss, dass die Gewaltbereitschaft und Bedrohung des westlichen Kulturkreises zwei dominante Konzepte in der Berichterstattung zum Islam sind (Schiffer, 2005, S. 146f.).[31] Sie stellt heraus, dass es eine Vielzahl von Beitragsinformationen gibt, in denen der Islam und die Muslime kulpabilisiert werden (ebd., S. 76). Muslime treten demnach häufig als Täter auf oder werden als solche dargestellt. Die analysierte Presseberichterstattung führt laut Schiffer zu dem Eindruck, dass es ein weltumspannendes Netz von Islamisten gibt, die den Islam aus muslimischen Ländern exportieren wollen und dabei vor Gewalt und Terror nicht zurückschrecken (ebd., S. 79). Dem Islam wird ein Weltmachtstreben unterstellt, das mit einer Bedrohung des westlichen Kulturkreises einhergeht (ebd.). Begriffe wie Fundamentalismus, Islamismus oder Terrorismus verschmelzen in ihrer Bedeutung, so dass alles Islamische als fundamentalistisch oder terroristisch erscheint (Vgl. Schiffer, 2004; Said, 1997, S. XVI). Kagemann spricht in diesem Zusammenhang von einer Entwertung des Islam (Kagemann, 2004, S. 122). Ihre quantitative Studie bestätigt die Analyse von Schiffer und unterstreicht die Negativstereotypisierung der Muslime in der deutschen Presse (Kagemann, 2004, S. 110f.). „Muslime erscheinen nichts anderes als moralisch verwerfliche Taten begehen zu können, angefangen bei Geiselnahmen im Iran und Libanon (…), Selbstmordanschläge in Nahost bis hin zum 11. September 2001“ (Glück, 2007, S. 90). Der Islam wird auf die gewaltreichen Seiten des politischen Islam reduziert, der als Bedrohung für die westliche Welt gilt – darin unterscheiden sich die aufgeführten Analysen aus den USA, Großbritannien und Deutschland nicht.

3.3.2 Stereotyp der Rückständigkeit

Neben der Darstellung einer gewaltreichen, den Westen bedrohenden Religion betonen einige Studien (Thofern, 1998; Schiffer, 2005; Christensen, 2006; Richardson, 2004) ebenso die Rückständigkeit des Islam und islamischer Länder als ein weiteres Stereotyp. Die Charakterisierung der Rückständigkeit betrachtet den Islam und sein Verbreitungsgebiet dabei als in seiner Entwicklung gegenüber der modernen, aufgeklärten, westlichen Welt zurückgeblieben. Muslime werden als Gegenpol zum *guten, zivilisierten Westen* stigmatisiert (Schiffer, 2005, S. 14). Das Stereotyp der Rückständigkeit fungiert als negatives

[31] Anmerkung: Schiffer betrachtet einzelne Ausgaben von DIE ZEIT, Fokus, Süddeutsche Zeitung und Frankfurter Rundschau. Eine genaue Analyse findet zu einem Beitragsheft des Spiegels statt. Schiffer arbeitet wie Thofern (1998) qualitativ, in dem sie eine explorative Textanalyse durchführt, deren Ergebnisse sie zu Typen/Konzepte in der Berichterstattung zusammenfasst. Aufgrund der geringen Fallzahl der untersuchten Beiträge sowie der genauen Analyse lediglich eines Mediums müssen die Ergebnisse kritisch betrachtet werden. Sie gelten als nicht repräsentativ.

Gegenbild zum aufgeklärten Zustand der demokratischen Gesellschaften (ebd.; Said, 1997, S. Iii).

Christensen (2006) zeigt, dass dichotome Betrachtungen, wie das freie, demokratische, egalitäre, moderne Europa und die *totalitäre, antidemokratische, rückschrittliche* islamische Welt die englische und amerikanische Presse durchziehen (ebd., S. 69). Damit werden Negativeigenschaften mit positiven Eigenschaften des Westens kontrastiert, so dass Muslime als rückständige und unzivilisierte Menschen erscheinen. Diese Dichotomien zwischen der westlichen und der islamischen Welt werden zumeist mit Rückschritten im technischen Forschritt, der Aufgeklärtheit und der Säkularität erklärt (Silberschmidt, 2006, S. 43). Richardson (2004) kommt ebenso zu dem Ergebnis, dass Muslime in der englischen Presse verstärkt als *unzivilisiert* oder sogar *barbarisch* dargestellt werden (ebb. S. 80).[32] Der Islam wird als eine Religion präsentiert, die in ihrer Entwicklung entweder stehen geblieben ist oder zu einem vormodernen Status zurückstrebt (Thofern, 1998, S. 127). Eine in diesem Zusammenhang oft erwähnte Metapher ist das *Mittelalter* (ebd., S. 129). Es dient der Symbolisierung eines vergangenen und dunklen Zustandes, in dem rückschrittliche Bestrafungsmethoden (z.B. Steinigung, Auspeitschen) sowie eine Unterdrückung der Meinungsfreiheit dominierten (ebd., S. 130). Auch Schiffer (2005) kommt zu dem Ergebnis, dass das Mittelalter als Allegorie frequentiert in Beiträgen mit Islambezug auftaucht (ebd., S. 155). Als Textbeispiele für die Rückschrittlichkeit führt Schiffer „eine sektierische, mittelalterliche, intolerante, theokratische Gesellschaftsordnung“ (…) mit altertümlichen Schießprügeln“ an (ebd. S. 156).

Hafez & Richter (2007) erklären ferner, dass die Vermischung von Politik und Religion in muslimischen Ländern ebenso als rückschrittlich präsentiert wird (ebd.). Eine Allmacht der Religion, die alle Bereiche des Alltags regelt und die zur Erklärung unterschiedlichster Phänomene herangezogen wird, ist für einen aufgeklärten, säkularen Westeuropäer oft nicht nachvollziehbar. Die Themen Menschenrechtsverletzungen und Demokratiedefizite werden immer wieder auf die Themenagenda der Medien gesetzt (ebd.). „Es entsteht der Eindruck, dass Chaos, Gewalt und Demokratiedefizite symptomatisch für islamische Länder sind (…), da politische, soziale und wirtschaftliche Ursachen ausgeblendet werden.“ (Zagala, 2007, S. 115). Da islamische Staaten nicht Teil der westlich, fortschrittlichen Industrienationen sind, werden sie seit jeher als modernisierungswürdig betrachtet (Said, 1997, S. Iii).

[32] Untersuchungseinheiten: The Financial Times, The Independent, The Guardian, The Telegraph, The Times London, The Independent on Sunday, The Sunday Times, Untersuchungszeitraum: Oktober 1997 bis Januar 1998, n = 2540

Auch wenn sich die angeführten Studien zum größten Teil auf qualitative Betrachtungen stützen, verdeutlichen sie, dass das Stereotyp der Rückständigkeit in den Medien durchaus präsent ist. Die fehlende Säkularität muslimischer Staaten, der Allmachtsgedanke der Religion sowie der mangelnde technische Forschritt gelten als Erklärungsgründe für die dualistische Präsentation des Westens und des Islam. Die Heterogenität der muslimischen Welt wird nicht nur reduziert und homogenisiert, sondern als Gegenpol zu westlichen Werten präsentiert. Folgt man den eingangs dargelegten theoretischen Besprechungen zum Bildbegriff, wird der Islam dadurch fassbar gemacht. Das Selbstbild (Westen) erwächst u.a. durch die Gegenüberstellung zum Fremdbild (Islam).

3.3.3 Stereotyp der Unterdrückung der Frau

Das Stereotyp der Unterdrückung der Frau steht in einer langen Tradition im westlichen Diskurs um die Rolle der Frau im Islam. Der Islam gilt als eine Religion, die eine Rangordnung der Geschlechter vornimmt, in dem er dem Mann privilegierte Rechte und Pflichten gegenüber der Frau einräumt (Schiffer, 2005, S. 149; Hafez, 2002b, S. 301). Obwohl über 500 Millionen Muslima[33] dem Islam angehören und diese in ihren soziodemographischen Merkmalen recht unterschiedlich sind, werden sie in der Berichterstattung oft zu einer Gruppe der unterdrückten Muslima homogenisiert (Schiffer, 2005, S. 83; Röder, 2007, S. 23). Die Vorherrschaft der Männer wird dabei immer wieder thematisiert, so dass das Stereotyp der muslimischen Frau als „Opferfigur ihrer kulturellen Herkunft" (Schiffer, 2005, S. 83) in der westlichen Berichterstattung als resistent betrachtet werden kann. Sie bildet gleichzeitig einen Gegenpol zur emanzipierten und aufgeklärten westlichen Frau (Röder, 2007, S. 17).

Nach Richardson (2004) zeichnen die britischen Medien ein Bild der muslimischen Frauen, welches ihre Unterdrückung, ihre Andersartigkeit gegenüber den Männern und ihre Rückwärtsgewandtheit betont (ebd., S. 89f.). Dabei werden diese Eigenschaften mit dem Islam begründet, der den Frauen aufgrund seiner ethisch-normativen Vorschriften keine anderen Rechte einräumt. Muslimische Feministen werden in der Berichterstattung kaum angesprochen (ebd.).
Dieses Ergebnis stützt ebenso Schiffer (2005). Sie resümiert, dass das Vorkommen muslimischer Frauen meist mit einem Verweis auf deren Unterdrückung einhergeht, während emanzipierte Beispiele kaum thematisiert werden. So berichtet die Frankfurter Rundschau am 28.6.1994 darüber, dass

[33] Anmerkung: Der Begriff Muslima ist zu Musliminnen synonym (Duden, 2006, S. 710). Er soll im Folgenden als die Pluralform genutzt werden.

muslimische Frauen „im Namen der Religion misshandelt und unterdrückt werden, diskriminiert, geschlagen, gesteinigt, verbannt und ermordet wurden“ (Schiffer, 2005, S. 315). Ebenso lautet es in einem Bericht der Süddeutschen Zeitung am 21.7.1994: „Mehrere Dutzend Schulen haben sie [die Mullahs] in den vergangenen Monaten zerstört, weil dort Mädchen unterrichtet wurden und sie haben den nichtstaatlichen Hilfsorganisationen, von deren Arbeit das Überleben des bitterarmen Landes [Bangladesch] immer noch abhängt, den Kampf angesagt, weil sie Frauen fördern“ (Schiffer, 2005, S. 316). Die Berichterstattung fokussiert die unterdrückte Rolle der Frau im Islam, in dem sie die Benachteiligung der Frau im öffentlichen Leben, die Diskriminierung durch die Vorrangstellung des Mannes sowie deren Diskreditierung durch legale Gewaltanwendungen problematisiert. Während eine Vielzahl von Frauen in einigen islamischen Staaten (so z.B. der Türkei) ein selbstbestimmteres Leben führen kann, ist diese Emanzipation kaum Teil der Medienberichterstattung.

Röder (2007) hat eine quantitative Analyse zur Darstellung der Muslimin im „Spiegel“ vorgenommen.[34] Ihre Ergebnisse zeigen, dass in 91 analysierten Artikeln die Opferrolle der muslimischen Frau dominiert (ebd., 2007, S. 84). Dabei werden sie primär als Opfer familiärer Gewalt präsentiert. Dieses Resultat unterstützen Hafez & Richter (2007) für ihre Analyse des Informationsangebotes der ARD und ZDF. Sie zeigen auf, dass muslimische Frauen vor allem im Zusammenhang mit Ehrenmorden, Vergewaltigungen, Unterdrückung und Emanzipation thematisiert werden. Sie treten dann in Erscheinung, wenn sie entweder Opfer männlicher Unterdrückung oder radikale Islamisten sind. Dabei sind es hauptsächlich Negativereignisse, die muslimische Frauen auf die Themenagenda der Magazinsendungen bringen (ebd.). Hafez & Richter bemerken, dass es keinen Beitrag gab, der Muslima unabhängig von ihrer Religion präsentiert hat. Die Frauen konnten durch das Tragen eines Schleiers sofort identifiziert werden. „Bei der Visualisierung muslimischer Frauen ist das Kopftuch das wichtigste Fremdzeichen, welches die abgebildete Person als anders, fremd und muslimisch markiert.“ (Röder, 2007, S. 116). Schiffer (2005) und Röder (2007) betonen in diesem Kontext die Symbolhaftigkeit des *Schleiers der Muslimin.* Schiffer hebt hervor, dass der Schleier dabei als ein Zeichen der Unterdrückung und Unfreiheit gesehen werden kann (Schiffer, 2005, S. 83). Gleichzeitig dient er dem Rezipienten als ein Identifikationssymbol für den Islam.

[34] Anmerkung: Untersuchungszeitraum: 1975 bis 2005, n = 91 Artikel und 324 Fotos

3.3.4 Stereotype und Symbole[35] in der visuellen Berichterstattung

Während sich bisherige Ausführungen auf die Ergebnisse von Textanalysen stützten, sollen im Folgenden Betrachtungen zu visuellen Elementen in der Berichterstattung zum Islam stattfinden. Obwohl das Gebiet der visuellen Stereotypisierung zum Islam kaum erforscht ist, ist es durchaus relevant, da Bilder oft eindringlicher als Textinformationen sind. „Seeing is remembering“ formulierte die Kommunikationswissenschaftlerin Doris Graber 1990 (zit. in: Kamps, 1998, S.45) und verweist auf die schon oft bestätigte Wirkung visueller Bildmotive auf die Glaubwürdigkeit und die Erinnerungsleistung der Rezipienten (Vgl. auch Frey, 1999). Für Schiffer (2005) erwächst die Stereotypisierung auf visueller Ebene durch eine stets wiederkehrende Präsentation von *„typischen Bildern“* für den Islam und/oder die Muslime (ebd., S. 71).

Wichtige Erkenntnisse für die stereotype visuelle Bildberichterstattung stammen aus den Betrachtungen von Christensen (2006), der die Berichterstattung zur Wahl in der Türkei 2002 untersuchte. Diese zeigt, dass unabhängig vom Thema oder der Valenz eines Beitrags immer wieder gleiche Bildmotive auftreten und identifiziert werden können (ebd., S. 68). So werden vorwiegend *Moscheen, betende Muslime* oder *verschleierte Frauen* gezeigt (ebd.), ganz gleich über welches Thema zum Islam berichtet wird. Schiffer (2005) zeigt ergänzend auf, dass die visuelle Bildberichterstattung zum Islam in der deutschen überregionalen Presse dominant durch *Menschenmengen, Zerstörung* und *Gewalt* geprägt ist (ebd., S. 69). Link & Gerhard (1993) verweisen auf die Symbolhaftigkeit des *Feuers* im islamischen Kontext, das für Fanatismus, Revolution und Krieg steht (Link & Gerhard, 1993, S. 279). Zur Zeit der Iranischen Revolution 1978/79 wurden die Gruppen Khomeinis oft in Verbindung mit dem Feuer karikiert (ebd.).

Schiffer stellt weiterhin heraus, dass die Bildmotive *bewaffnete Muslime, Feuer, betende Muslime, Koran, Halbmond* und *verschleierte Muslimin* themenunabhängig in der Berichterstattung zum Islam auftauchen (Schiffer, 2005, S. 70ff.). „Der Schleier der Muslima ist für westliche Vorstellungen das augenscheinlichste Merkmal für die Andersartigkeit der islamischen Kultur und lässt sich zudem noch am einfachsten darstellen in Vertretung einer generischen Klasse – die Muslime.“ (ebd., S.82). Durch die Verwendung dieser Symbolik werden unterschiedliche Gruppen visuell voneinander abgegrenzt. Dem Rezipienten wird durch das Einblenden einer verschleierten Frau deutlich, dass

[35] Anmerkung: Ein Symbol soll im Folgenden als Kennzeichen oder Erkennungszeichen definiert werden (Duden, 2004, S. 847).

es um den Islam und damit gegebenenfalls um eine *Andere* Religion und/oder Kultur geht. Die bereits erläuterte Trennung in *Wir* und die *Anderen*, als eine elementare Grundstruktur des Denkens (Vgl. Kapitel 2, 2.1.1 *Funktionen* von Bildern auf Rezipientenebene, S. 17ff.), wird durch die mediale Berichterstattung unterstützt. Nach Brosius gelten solche Symbole als „Hinweisreiz für ein Thema" (Brosius, 1998, S. 217). Sie „vermitteln einen Bedeutungszusammenhang" (ebd.), ohne dass dieser im Medientext explizit genannt werden muss. Die dargestellten Bildmotive verweisen auf den Islam und verdeutlichen ‚auf einen Blick', worum es in der Berichterstattung geht. Durch ständiges Wiederholen dieser Symbolik entwickelt sich für Schiffer eine *Darstellungstradition* [und damit gegebenenfalls eine Stereotypisierung], deren Inhalt kaum noch hinterfragt wird (ebd., S. 74).
Die von Schiffer oder Link aufgeführten visuellen Elemente entstammen dabei qualitativen Einzelbetrachtungen und können nicht für die Islamberichterstattung generalisiert werden. Da dieser Aspekt jedoch durchaus interessant erscheint, geht er als eine Forschungsfrage in die sich anschließende empirische Studie ein.

3.4 Zusammenfassung

Ungeachtet der öffentlichen Präsenz, die der Islam spätestens seit den Anschlägen in New York, Madrid oder London in der westlichen Öffentlichkeit hat, existieren insgesamt nur wenige empirische Inhaltsanalysen zur Islamberichterstattung, die sich vor allem auf *qualitative Betrachtungen* beziehen. Diese konzentrieren sich vorwiegend auf die Untersuchung von *Printmedien*, während Fernsehbeiträge bisher nur selten beachtet wurden. Folgende Erkenntnisse konnten für den Bereich *Themen* und *Stereotype* gewonnen werden:

Themen

- Der Islam taucht vorwiegend als *politischer Islam* in den Medien auf. Andere Islam-Bereiche (u.a. ethisch-normative, innerislamische Themen) werden kaum angesprochen.
- Hauptthemen in der Islamberichterstattung sind *Konflikte*, *Gewalt* und *Krieg*. Dabei wird er vorwiegend in *internationalen Belangen* thematisiert.
- Die Valenz der Beiträge mit Islambezug ist vorwiegend *negativ*.
- Es findet eine *geographische Fokussierung* der muslimischen Länder auf die Gebiete mit Kriegen und Konflikten – vorwiegend auf den Nahen Osten – statt.
- Muslime erscheinen vor allem in *militanten und fundamentalistischen Aktionen*. Die dominant negative Valenz der Islamberichterstattung führt dazu, dass Muslime verstärkt in Negativkontexten auftreten.

- Muslime kommen in der Islamberichterstattung überraschend *selten zu Wort*. Die Berichterstattung zum Islam ist eher durch Standpunkte und Meinungen westlicher Akteure geprägt.
- Muslimische Akteure erscheinen vorwiegend als *Gruppe* oder *Masse*. Sie werden dabei generalisierend als „die Muslime" beschrieben, während Spezifizierungen nach Nationalität oder Glaubensgruppe nur in Einzelfällen stattfinden. Dies spricht für eine Stereotypisierung.

Stereotype

- Muslime und der Islam werden auf einzelne Eigenschaften reduziert. Heterogene religiöse Eigenarten werden auf scheinbar genuine Charakteristika generalisiert. Dominante Konzepte sind dabei das Stereotyp der Gewaltbereitschaft und der Bedrohung des Westens, das der Rückständigkeit sowie das Stereotyp der Unterdrückung der Frau.
- Das *Stereotyp der Gewaltbereitschaft* und *der Bedrohung des westlichen Kulturkreises* entsteht durch eine reduzierte Darstellung der Muslime als fanatisch und extremistisch, furchtlos und kriegerisch.
- Das *Stereotyp der Rückständigkeit* beschreibt den Islam und sein Verbreitungsgebiet als mittelalterlich, unmodern und rückschrittlich. Er wird als Gegenkonzept zur westlichen Kultur präsentiert (*Spiegelbild-darstellung*, Vgl. Hafez, 2002b, S. 302). Der mangelnde technische Forschritt in muslimischen Ländern oder die fehlende Säkularität werden als Grundlage für die Resistenz des Stereotyps in den Medien angeführt.
- Das *Stereotyp der Unterdrückung der Frau* hat eine lange Tradition in der Betrachtung des Islam in den Medien. Die muslimische Frau wird dabei als ein Opfer ihrer Religion portraitiert. Medienberichte über z.B. Ehrenmorde oder Vergewaltigungen unterstützen den Stereotyp.
- *Stereotype* werden durch *visuelle Elemente* unterstützt. Der islamische Kulturkreis bietet ein großes Repertoire an Zeichen, die in massenmedialen Inhalten immer wieder auftreten können, um die Fremdheit oder das Andersartige zu markieren. Diese ‚Fremdzeichen' (Röder, 2007) dienen dabei der Identifikation des *Anderen*. Der Islam wird dabei u.a. durch verschleierte Frauen, den Halbmond und den Stern [als Zeichen des Islam] oder bewaffnete Muslime symbolisiert.
- Die aufgeführten Erkenntnisse zu den einzelnen Stereotypen stammen vor allem aus *qualitativen Analysen*. An quantitativen Betrachtungen mangelt es. Untersuchungen zur visuellen Präsentation von Stereotypen sind – trotz ihrer Bedeutung im Wirkungsprozess – rar.

4 Ein Portrait von Al Jazeera English[36]

Da sich die vorliegende Arbeit mit dem Islambild von *Al Jazeera English* im Vergleich zu *BBC World* und *CNN International* befasst, sollen einige wichtige Aspekte zu den Sendern aufgeführt werden. Diese Betrachtungen sind relevant, da sie Grundlage für eigene Forschungsfragen und Hypothesen bilden und zusammen mit dem bereits skizzierten Forschungsstand in den empirischen Teil der Arbeit münden. In Bezug auf AJ English ist vor allem das *Selbstverständnis* interessant, da sich der Sender durch *„a different perspective on news"* (Parsons, Geschäftsführer von AJ English, 2005) von seinen Hauptkonkurrenten BBC World und CNN International abgrenzen möchte. Es gilt zu klären, wie diese Differenzierung aussieht und welche möglichen Auswirkungen auf das Programmangebot damit verbunden sein können. Da es an Forschungsliteratur zu AJ English mit Ausnahme einer Studie des Medien Tenors von 2007 mangelt und es sowohl an wissenschaftlichen Analysen als auch an deskriptiven Betrachtungen fehlt, entstammen dafür viele Informationen aus dem Senderprofil (*Corporate Profile).* Sie offerieren damit lediglich einen erwünschten SOLL-Zustand des Selbstbildes und sollten kritisch beurteilt werden.[37]
Abschließend soll ein Vergleich der drei Untersuchungseinheiten – BBC World, CNN International und AJ English – durchgeführt werden.

4.1 Vom panarabischen Al Jazeera Arabisch zum internationalen Al Jazeera English

AJ English ist ein internationaler Nachrichtensender, der seit dem 15. November 2006 in weiten Teilen der Welt empfangbar ist. Neben CNN International, BBC World und France 24[38] bietet der Sender einem internationalen Publikum ein 24-Stunden-Nachrichtenprogramm in englischer Sprache an. Seine Bedeutung für das Quartett der internationalen Nachrichtensender ist dabei groß, da AJ English der weltweit erste englischsprachige Nachrichtensender aus dem Nahen Osten ist. „Al Jazeera English is destined to be the first English-language channel of reference for the Middle East events, balancing the current typical information

[36] Anmerkung: In einigen Literaturangaben findet man auch den Sendernamen Al Jazeera International. Die offizielle Bezeichnung des Senders lautet jedoch Al Jazeera English. Beide Senderbezeichnungen können synonym verwendet werden.
[37] Anmerkung: Mehrere Versuche die Redaktion von AJ English zu erreichen scheiterten. E-Mails und Telefonanrufe blieben unbeantwortet bzw. aussagelos.
[38] Anmerkung: France 24 ist ebenso ein internationaler Nachrichtensender, der in englischer und französischer Sprache sendet. France 24 ging einige Tage nach AJ English am 6. Dezember 2006 auf Sendung.

flow by reporting from the developing world back to the West and from southern to the northern hemisphere." heißt es im Senderprofil.[39]
Die Nord-Süd-Ausrichtung des internationalen Informationsflusses, die durch die Dominanz westlicher Medienanstalten entsteht, soll nun auch aus einer anderen Richtung fließen. Durch seinen Standortvorteil im Nahen Osten will der Sender Nachrichten aus erster Hand anbieten und sieht sich dadurch als eine Alternative zur westlichen Berichterstattung (Vgl. Nigel Parsons, Geschäftsführer von AJ English im Interview mit Scholtys, 2006).[40]

AJ English ist der Tochtersender des Nachrichtenkanals Al Jazeera Arabisch (AJ Arabisch), der ebenso ein 24-Stunden-Nachrichtenprogramm – dieses jedoch in arabischer Sprache – anbietet. Seit 1996 berichtet letzterer über Ereignisse im Nahen Osten und der muslimischen Welt und ist mit 35 Millionen Zuschauer weltweit zu einer „einflussreichen Medienmacht" (Cherribi, 2006, S. 121) erwachsen.
Durch die angebliche Nähe zu extremistisch-islamistischen Organisationen ist AJ Arabisch schon oft in die internationale Kritik geraten. Vor allem nach dem Ausstrahlen der Videobotschaften von Osama bin Laden 2001 und den Bildern aus dem Irak- und Afghanistankrieg füllten stigmatisierende Äußerungen, wie AJ Arabisch als „Osama bin Laden TV" (Richter, 2006; Hoff, 2007) oder als „Propagandamittel gegen den Westen und Israel" (Hafez, 2005, S. 110) die Schlagzeilen vieler westlicher Medien. Das internationale Echo bei Ausstrahlungsbeginn der englischen Tochter konnte deshalb nur ebenso von Vorbehalten und Skepsis erfüllt sein.[41]
Bis heute sind die Befürchtungen groß, dass die englische Tochter zu einem „Sprachrohr des internationalen Terrorismus" (Scholtys, 2006) werden könnte, das durch die englische Sprache von einem noch größeren Rezipientenkreis verstanden würde. Bisher hat jedoch noch keine wissenschaftliche Untersuchung stattgefunden, die diese Befürchtungen für AJ English verifiziert.

[39] Quelle: Corporate Profile von Al Jazeera English: http://english.aljazeera.net/NR/exeres/DE03467F-C15A-4FF9-BAB0-1B0E6B59EC8F.htm, 18.11.2008.
[40] Anmerkung: Hier wird ein Bezug zum Nord-Süd-Gefälle des internationalen Informationsflusses hergestellt, das durch die Dominanz von westlichen Nachrichtenagenturen und westlichen Massenmedien von einer ‚Nord-Süd Ausrichtung' des Informationsflusses ausgeht (Vgl. Becker, 1995). Dabei strömen die Informationen „primär von Industrienationen in die Entwicklungsländer und von dortigen Metropolen und Eliten in die strukturschwächeren Gebiete" (Hafez, 2005, S. 44).
[41] Anmerkung: Wissenschaftliche Betrachtungen zu AJ Arabisch bestätigen nicht einheitlich die Vorwürfe der religiösen Lenkung und der fehlenden Objektivität (Vgl. Hafez, 2005, S. 106ff.). Es ist umstritten, ob eine ideologische Deformation tatsächlich erkennbar ist. Es mangelt an empirischen Analysen.

4.2 Organisation

Die Idee für einen internationalen Nachrichtenkanal – sei es für die arabische oder die englische Version – entwickelte Hamad bin Thamir Al Thani, der Scheich von Qatar. Sein Ziel war es, inmitten der sonst streng kontrollierten Medienlandschaft der arabischen Halbinsel zwei von der Regierung unabhängige Fernsehkanäle zu gründen, die unterschiedliche Meinungen und plurale Sichtweisen in die Welt tragen (Vgl. Miles, 2005; Lindenberg, 2006). Durch die Sendermottos *„The Opinion and the other Opinion"* (AJ Arabisch) und *„Setting the News Agenda"* (AJ English) sollte damit die für die arabische Halbinsel charakteristische Informationseinseitigkeit durchbrochen werden (Vgl. Lindenberg, 2006). So begleitete die Einführung von AJ English das so genannte *Board of International Visitors* – ein Team von internationalen Journalisten aus Amerika, England, Frankreich, Japan, Kolumbien, Südafrika und Deutschland, das sich regelmäßig mit dem Scheich in Doha zur Beratung traf und ein Pilotprogramm entwarf (Vgl. Joffe, 2006a). Ziel dabei war es, einen Sender zu schaffen, der mit westlichen Nachrichtenstandards vergleichbar ist; *inhaltlich*, in dem er Objektivität, Pluralität und Regierungsunabhängigkeit gewährleistet, *formal*, in dem er sich an die formale Ästhetik eines westlichen Nachrichtenprogramms anlehnt. So spiegeln sich diese inhaltlichen Intentionen im Selbstverständnis von AJ English wider. Im sendereigenen Pressekodex heißt es "Adhere to the journalistic values of honesty, courage, fairness, balance, independence, credibility and diversity, giving no priority to commercial or political considerations over professional ones" (Absatz 1) oder "Present diverse points of view and opinions without bias or partiality" (Absatz 5).[42] Wie auch der Muttersender, ist AJ English gemäß seinem Grundverständnis gewillt den Anforderungen öffentlich-rechtlicher Sendeanstalten Westeuropas gerecht zu werden (Vgl. Einleitung, Al-Mikhlafy, 2005).

Inwieweit der Sender diesem Anspruch gerecht wird, bleibt jedoch offen, da es an empirischen Untersuchungen zur Binnenpluralität und Objektivität in den Programminhalten von AJ English fehlt. Beide Sender stehen ferner in finanzieller Dependenz des Scheichs, da durch Werbung oder den Verkauf von Exklusivberichten bisher nicht genügend Eigeneinnahmen erzielt wurden und der Scheich für alle anfallenden Kosten aufkommt. Dadurch entsteht natürlich die Frage, inwieweit die von der Regierung propagierte Pressefreiheit in Qatar tatsächlich realistisch ist. Durch die finanzielle Abhängigkeit ordnen sich in

[42] Quelle: Code of Ethics von AJ English: http://www.english.aljazeera.net/NR/exeres/4B3ABFB8-9082-4B05-B399-7BF68D4A39D6.htm, 18.11.2008

Anlehnung an Lindenberg die Sender in die arabische Tradition der Medienkontrolle ein (ebd., 2006, S. 60).[43]

Der Hauptsitz von Al Jazeera English ist in Qatar, in einem Zwergemirat auf der arabischen Halbinsel zwischen dem Iran und Saudi-Arabien. Die Senderzentrale wurde in Doha, der Hauptstadt von Qatar, errichtet.[44] AJ English profitiert von diesem Standort, da er im Nahen Osten oft näher und schneller am Geschehen ist als seine Konkurrenzsender (Hoff, 2007). Durch seine einheimischen Korrespondenten hat AJ English oft einen leichteren Zugang zu den Informationsquellen vor Ort. So berichtete der Sender beispielsweise aus der für westliche Medien schwer zugänglichen Militärdiktatur in Birma, aus Somalia oder aus Simbabwe, in dem die meisten Korrespondenten (so auch die der BBC) vom simbabwischen Machthaber vertrieben wurden (ebd.). Diese staatliche Intervention erinnert an die Situation im Afghanistankrieg, in dem ausschließlich AJ Arabisch Korrespondenten aus dem von den Taliban abgeriegeltem Kabul berichten duften (Cherribi, 2006, S. 122). Damals wurde der Muttersender zu einer wichtigen Informationsquelle für westliche Nachrichtenprogramme. „Er lieferte Bildmaterial von Terroristen, von Kriegsschauplätzen und von Opfern“ (Hafez, 2005, S. 108) und wurde damit zu einem Hybrid aus Nachrichtenlieferant und Nachrichtensender (Vgl. Krüger, 2003).
Eine ähnliche Situation könnte sich nun auch für AJ English ergeben. Es ist denkbar, dass speziell westliche Medien Kooperationen und Verträge eingehen, um exklusives Nachrichtenmaterial aus dem Nahen Osten zu bekommen. Dieser Aspekt soll als eine Forschungsfrage und Hypothese in die folgende Untersuchung eingehen.

AJ English hat vier zentrale Sendeanstalten in Doha (Qatar), Washington, Kuala Lumpur und London und weltweit 23 eigene Korrespondentenbüros. Durch die Ressourcenteilung mit dem Muttersender kann AJ English auf weltweit 60 Büros zurückgreifen.[45] Ein multinationales Journalistenteam aus über 200 Journalisten aus 40 Nationen berichtet rund um die Uhr über aktuelles Nachrichtengeschehen (Hoff, 2007). Dabei sind es größtenteils Fernsehjournalisten, die von westlichen Sendern wie der BBC, dem britischen ITN

[43] Anmerkung: Qatar ist einer der wenigen muslimischen Staaten, in denen eine gesetzlich festgelegte Presse- und Redefreiheit existiert. Medien in Saudi-Arabien, Syrien oder dem Oman unterstehen einer langen Tradition der Medienkontrolle, indem sie als Staatseigentum den Regierungsanweisungen unterstehen und der politischen sowie der religiösen Mobilisierung dienen (Vgl. Lindenberg, 2006, S. 41f.; Ayish, 2003). Auch in Bahrain oder den Vereinigten Arabischen Emiraten sind trotz Liberalisierungstendenzen politische Einflüsse dominant (Ayish, 2003).

[44] Anmerkung: Al Jazeera entstammt der arabischen Sprache und heißt im Deutschen ‚die Insel' oder ‚die Halbinsel' und soll auf den Gründungsort des Senders hinweisen (Miles, 2005, S. 15).

[45] Quelle: eigene Angaben des Senders: http://english.aljazeera.net/aboutus/2008/09/200892892127644198.html, 18.11.2008.

(Independent Television News), CNN oder den amerikanischen ABC (American Broadcasting Company) und NBC (National Broadcasting Company) zu AJ English gewechselt haben (ebd.). Geschäftsführer ist seit Beginn der Engländer Nigel Parsons, der vor rund 30 Jahren seine Karriere bei der BBC begann und laut eigenen Aussagen AJ English auf dem globalen TV-Markt konkurrenzfähig machen will (Parsons, in: Scholtys, 2006).[46]

Wegen der politischen Unabhängigkeit sind sowohl der Muttersender als auch AJ English an die Kritik von arabischen Nachbarregierungen gewöhnt. Die Entwicklung einer nicht-zensierten Fernsehstation, die unterschiedliche Meinungen aus dem Nahen Osten zu Wort kommen lässt, wurde in vielen Ländern des Nahen Ostens keineswegs positiv aufgenommen. Die Sender müssen bis heute mit harten Sanktionen einiger islamischer Staaten leben, so dass beispielsweise in Saudi Arabien und dem Iran keine Korrespondentenbüros gehalten werden dürfen und Rezeptionsverbote für die Bevölkerung ausgesprochen worden. Da sich diese beiden Staaten als „Wächter des wahren [islamischen] Glaubens“ (Joffe, 2006a) verstehen, werden Programminhalte über Säkularisierungstendenzen islamischer Staaten oder Emanzipationsbestrebungen muslimischer Frauen nicht geduldet (ebd.).

4.3 Selbstverständnis

AJ English hat sich zum Ziel gesetzt internationale Nachrichten für ein weltweites Publikum zu produzieren. „The channel gives voice to untold stories, promotes debate, and challenges established perceptions*”*[47] steht dabei als ein Kernsatz im Selbstverständnis des Senders und weist daraufhin, dass AJ English die westliche Sicht auf Weltgeschehnisse durch eigene Vorortberichterstattung nicht nur ergänzen, sondern etablierte Meinungsbilder auch herausfordern will. Nigel Parsons, der Geschäftsführer von AJ English, sagte kurz nach dem Sendestart im Gespräch mit der ARD, dass die dominierende Sicht der westlichen Medien in einigen globalen Themen zu einer einseitigen Berichterstattung der Ereignisse geführt hat und das dieser *„westliche Blick“* durch eine andere Perspektive ergänzt werden soll (ebd., in: Scholtys, 2006). Dabei ist es dem Sender wichtig, ein differenziertes Bild in den Westen zu transportieren (ebd.) und auch mal andere Facetten eines beispielsweise

[46] Anmerkung: An Glaubwürdigkeit und Vertrauen will AJ English durch den von CNN International abgeworbenen Ankerman Riz Khan und der Ikone des britischen Journalismus, Sir David Frost, gewinnen. Beide moderieren seit November 2006 Nachrichten und Dokumentationen für den englischen Sender (Vgl. Richter, 2006; Joffe, 2002a).

[47] Quelle: Corporate Profile von AJ English: http://english.aljazeera.net/NR/exeres/DE03467F-C15A-4FF9-BAB0-1B0E6B59EC8F.htm, 18.11.2008.

lediglich auf Gewalt und Krieg reduzierten Nahen Ostens darzustellen. „Basically, we will be the first global news channel based in the Middle East looking outwards, and we (...) present the news from a different perspective, and therefore (...) [we can be] a conduit to greater understanding between different peoples and different cultures." (Parsons, 2005). Rezipienten von AJ English sollen Stimmen, Bilder und Meinungen vermittelt bekommen, die eine „Brücke zwischen den Kulturen“ (Vgl. Corporate Profile) bauen und damit einen interkulturellen Dialog betonen (Vgl. Joffe, 2006b).

„The channel will set the news agenda, bridging cultures and providing a unique grassroots perspective from underreported regions around the world to a potential global audience of over one billion English speakers“ [48] heißt es weiterhin im Corporate Profile des Senders. AJ English legt seinen thematischen Fokus demnach auf Ereignisse im Nahen Osten sowie in den Entwicklungsländern – Weltregionen, die außerhalb der politischen Machtzentren, wie den USA, Europa oder Japan liegen und von den westlichen Sendeanstalten BBC World und CNN International oft vernachlässigt werden (Richter, 2006). So widmeten sich die ersten Beiträge auf AJ English der Armut und Korruption in Brasilien, Simbabwe und Afghanistan (ebd.). Auch die bislang einzige empirische Studie zum Programm von AJ English zeigt, dass im Vergleich zu den US-amerikanischen Sendern ABC, CBS, NBC und FOX tatsächlich über eine größere Ländervielfalt berichtet wird (Schatz, 2007, S. 37). Im Unterschied zum Muttersender ist das Informationsangebot dabei auf ein internationales Publikum spezialisiert und weniger auf die arabisch sprechende Bevölkerung ausgerichtet. AJ English zielt darauf „a regional voice and a global perspective“ [49] miteinander zu verbinden.

Ob und wie dieser Wunsch in die Realität umgesetzt wird und welche Indikatoren nach diesem Selbstverständnis für eine Analyse des Programmangebotes wichtig sind, soll im empirischen Teil geklärt werden. Dabei interessiert die Forschungsfrage, ob sich AJ English in seiner Berichterstattung zum Islam und den muslimischen Ländern tatsächlich von BBC World und CNN International unterscheidet und wie sich diese Differenzierung gegebenenfalls gestaltet. Hat das Sendermotto „a different perspective on news“ (Parsons, 2005) Einfluss auf die Islamberichterstattung des Senders?

---

[48] Quelle: Corporate Profile: http://english.aljazeera.net/NR/exeres/DE03467F-C15A-4FF9-BAB0-1B0E6B59EC8F.htm, 18.11.2008.

[49] Quelle: Corporate Profile: http://english.aljazeera.net/NR/exeres/DE03467F-C15A-4FF9-BAB0-1B0E6B59EC8F.htm, 18.11.2008.

4.4 Ein Vergleich von Al Jazeera English mit CNN International und BBC World

Haben sich die vorangehenden Betrachtungen auf AJ English bezogen, findet im Folgenden ein Vergleich der drei Sender AJ English, BBC World und CNN International statt. Dabei sollen insbesondere *Reichweiten* und *Zielgruppen* verglichen werden, da diese Vergleichsebenen für die vorliegende Arbeit von Bedeutung sind. Die Zielgruppenbetrachtung soll herausarbeiten, warum die Analyse der Inhalte von internationalen Nachrichtensendern relevant ist.

CNN International entstand 1985 als internationaler Ableger des 1980 von Ted Turner gegründeten amerikanischen Nachrichtenprogramm CNN (Cable News Network). CNN International befindet sich im Besitz von Time Warner, da die Gründungsfirma Turner Broadcasting Systems und Time Warner 1996 fusionierten. Der Sender finanziert sich durch Werbeeinnahmen und über Gebühren der Kabelnetzbetreiber, wobei letztere bereits in den 1990er Jahren nahezu die Hälfte der Einnahmen ausmachten (Zimmer, 1996, S. 167).

BBC World ging zehn Jahre später 1995 auf Sendung. Der World Service ist die kommerzielle Tochtergesellschaft der britischen, öffentlich-rechtlichen Sendeanstalt BBC (British Broadcasting Company). Da BBC World nicht auf die Gebührengelder des Muttersenders zurückgreifen kann, finanziert er sich ausschließlich durch Werbeeinnahmen und Sponsoring (Zimmer, 1996, S. 169). AJ English stellt sich mit seinem Sendebeginn im November 2006 demnach der Konkurrenz von Nachrichtensendern, die bereits 11 Jahre und länger auf dem internationalen Fernsehmarkt präsent sind. Er ist dabei der einzige Sender, der durch einen privaten Mäzen nahezu vollständig finanziert wird.

Alle drei Sender berichten 24 Stunden am Tag über internationale Nachrichten und können via Satellit und/oder Kabel weltweit empfangen werden. BBC World sendet dabei aus seiner Senderzentrale in London, CNN International aus London, Atlanta und Hong Kong und AJ English je nach Sendezeit aus einer seiner vier Zentralen in Doha, Washington, Kuala Lumpur oder London.
Glaubt man den eigenen Angaben der jeweiligen Sender, so führt BBC World mit einer Reichweite von 274 Millionen Haushalten 2007 die Liste der englischsprachigen internationalen Nachrichtensender an. CNN International platziert sich mit 196 Millionen Haushalten weltweit auf Platz zwei. AJ English zählt nach eigenen Angaben 100 Millionen Haushalte für das Jahr 2007.[50]

[50] Anmerkung: Diese Zahlen entstammen sendereigenen Angaben, Stand: November 2007. Da keine unabhängigen, externen Messungen zur Reichweite internationaler Nachrichtensender stattfinden, können an

Über die Gründe für eine mögliche Marktführerschaft des britischen Senders lässt sich lediglich spekulieren. So profitiert der internationale Ableger BBC World sicherlich von dem Image des Muttersenders BBC, der sich durch seine fundierten Hintergrundberichterstattungen, den öffentlich-rechtlichen Anspruch der Darstellung von Meinungsvielfalt und ausgewogener Berichterstattung einen internationalen Namen gemacht hat. Des Weiteren verfügt BBC World über ein stärker ausgebautes Korrespondentennetz als CNN International (Hepp, 2006, S. 202). Der amerikanische Sender plante daher im Jahr 2008 sein internationales Nachrichtennetz durch weitere Korrespondentenniederlassungen zu erweitern. Tony Maddox, der Geschäftsführer und Vizepräsident von CNN International, gab per Pressemitteilung im November 2007 bekannt, dass 15 weitere Korrespondentenbüros angedacht sind – so soll auch in den Vereinten Arabischen Emiraten ein eigener Nachrichtenknotenpunkt aufgebaut werden. CNN International setzt dabei darauf, sich unabhängiger von externen Nachrichtenlieferanten zu machen und eigene Inhalte zu produzieren.[51] Der Kampf um die Marktführerschaft der internationalen Nachrichtensender ging 2008 somit in eine neue Runde.

Betrachtet man die Rezipientengruppe von internationalen Nachrichtensendungen, so fällt diese im Vergleich zu der von lokalen, regionalen oder nationalen Nachrichtensendungen klein aus (Lindenberg, 2006, S. 146). Dabei ist es vor allem die sprachliche Barriere, die den Großteil der Bevölkerung ausschließt und auf eine kleine Elite der Entscheidungsträger aus Politik und Wirtschaft reduziert (ebd.). So definiert CNN International seine Zielgruppe als *global citizens*. Diese zeichnen sich laut dem Sender durch Weltoffenheit und ihr Interesse an internationalen Nachrichten aus.[52] BBC World hingegen richtet sich an *opinion leaders* – Meinungsführer aus Politik und Wirtschaft, die sich ebenso für eine globalere Perspektive von Fernsehnachrichten interessieren.[53] In Anlehnung an diesen Kreis der internationalen Informationselite formuliert der ehemalige Pressesprecher von AJ English: „I believe a lot of indigenous Westernes will be interested. Professional people, business people, people who traditionally have to wait for translations to be provided for them on news pertaining to the Middle East, but as important, Western political people" (Jihad Ballout, Pressesprecher AJ English 2006-2007, zit. In: Lindenberg, 2006,

---

dieser Stelle lediglich diese Angaben angeführt werden. Da sie von den jeweils eigenen Sendern stammen, sollten sie kritisch betrachtet werden.

[51] Quelle: Pressemitteilung CNN International vom 15. September 2007, http://www.cnnasiapacific.com/press/en/content/304/, 17.11.2007.

[52] Quelle: Zielgruppe CNN International laut sendereigenen Angaben: http://www.cnnmediainfo.com/mediainfo/audience.html, 19.11.2007.

[53] Quelle: Zielgruppe BBC World laut sendereigenen Angaben: http://www.bbcworld.com/Pages/OurAudience.aspx, 19.11.2007.

S. 149). Dieser Zuschauerkreis würde sich wie auch bei CNN International und BBC World auf eine kleine Gruppe von Menschen beziehen, die an internationalen Nachrichten interessiert ist.
Den *global citizens,* den *opinion leaders* oder den *indigenous westerners* ist das Interesse an weltweiten Nachrichten und damit an zentralen internationalen Themen gemein. Meinungsführer, Entscheidungsträger aus Politik und Wirtschaft sowie internationale Journalisten gehören zu den Nutzergruppen der transnationalen Nachrichtensendungen (Hepp, 2006, S. 202). Ihre Bedeutung ist groß, da sie als Multiplikatoren fungieren, in dem ihre Meinungen und Entscheidungen das Handeln und Denken anderer Menschen beeinflussen können. „Damit ist auch schon plausibel, dass sie (...) nicht nur ihren Umkreis in seinen Ansichten bestätigen, (...) sondern auch die Fähigkeit haben, den Kreis der Menschen um sie zu neuen, veränderten Einstellungen zu führen." (Noelle-Neumann, 1999, S. 213). Im Prozess der Entstehung öffentlicher Meinung sind sie Meinungsbildner. Sie haben das Vermögen „unter dem Eindruck von Medientenor (...) neue Einstellungen (...) zu bilden" (ebd.).[54]
Die Analyse der Sendeinhalte, die von weltweiten Entscheidungsträgern rezipiert werden, erscheint demnach durchaus relevant. So zeigt die 2007 publizierte Studie der European Media and Marketing Survey, dass CNN International der meistgenutzte Sender unter den Topverdienern in Europa ist. Die Reichweite von CNN International beträgt dabei 47,6% monatlich und 25,3% wöchentlich, d.h. im Durchschnitt schaut jeder Vierte Top-Verdiener in Europa mindestens einmal die Woche CNN International (EMS-Studie 2007).[55]

Ob AJ English als alternative Nachrichtenquelle von einer überwältigend großen Mehrheit rezipiert wird, bleibt jedoch fraglich, da keine validen Reichweitenmessungen aus der arabischen Welt erfolgen. Insbesondere in den USA hat die Markteinführung lange Zeit Probleme bereitet, da Gegner des Programms (u.a. das United American Committee, Vgl. Richter, 2006) die Vergabe von Plätzen im nordamerikanischen Kabelnetzwerk blockierten „For almost a year, the network tried and failed to find a U.S. cable company willing to carry it, so Americans who want to see it have to watch online." (Potter, 2007, S. 62). Folgt man jedoch den Schätzungen des Senders, so hat AJ English nach einem Jahr Sendezeit die 100 Millionen Zuschauergrenze weltweit passiert und im letzen

[54] Anmerkung: Vergleich Definition eines Meinungsführers von Noelle-Neumann in Kampa, 1999, S. 210ff.
[55] Die European Media and Marketing Survey (EMS) untersucht zweimal im Jahr das Medienverhalten und den Lebensstil der einkommensstärksten Haushalte Europas. Grundgesamtheit: 19 europäische Länder, 8.184.000 Erwachsene, die älter als 21 Jahre sind und mindestens eines der folgenden Kriterien erfüllen: Top-Manager, Vielflieger mit mindestens sechs geschäftlichen internationalen Flügen pro Jahr, Besserverdiener mit einem Jahreseinkommen von mindestens 80.000 Euro. Quelle: Internetseite der EMS; http://www.interview-nss.com/EMS/survey.html, 5.12.2007.

Quartal des Jahres 2007 wesentliche Marktanteile auch in den USA dazu gewinnen können.[56]

4.5 Zusammenfassung

Das Kapitel portraitierte den noch jungen Sender Al Jazeera English. Da es zum jetzigen Zeitpunkt an wissenschaftlichen Betrachtungen – seien es deskriptive Beschreibungen zur Sendergenese oder empirische Analysen zu Sendeinhalten – mangelt, wurde ein einführender Überblick gegeben. In einem abschließenden Vergleich von AJ English, CNN International und BBC World sollte ein Verständnis für den vorliegenden Untersuchungsgegenstand – internationale Nachrichtensender – hergestellt werden. Da die Erläuterungen zu AJ English Ausgangspunkt für Forschungsfragen und Hypothesen sein werden, sollen relevante Aspekte an dieser Stelle resümiert werden:

- AJ English ist seit 15. November 2006 im Quartett der internationalen Nachrichtensender vertreten. Der Sender ist der *erste englischsprachige Nachrichtensender aus dem Nahen Osten,* der ein 24-Stunden-Nachrichtenprogramm anbietet.
- AJ English intendiert dabei eine Abgrenzung von seinen Hauptkonkurrenten BBC World und CNN International, in dem es sein Programmangebot inhaltlich *differenzierter* gestalten will. Ziel ist es „a regional voice and a global perspective" (Corporate Profile) zu vereinen.
- Die meisten Journalisten von AJ English sind westlich sozialisiert und haben bereits für britische und/oder amerikanische Fernsehsender gearbeitet. Gemäß dem Selbstverständnis orientiert sich AJ English *inhaltlich* an öffentlich-rechtlichen Sendemaßstäben europäischer Fernsehanstalten sowie *formal* an ästhetischen Strukturen der westlichen Nachrichtensender.
- Die Rezipientengruppe von AJ English, BBC World und CNN International setzt sich zum größten Teil aus *Meinungsführern* zusammen. Diese übernehmen in der Gesellschaft eine Multiplikatorenfunktion, so dass eine Analyse der von ihnen rezipierten Medieninhalte relevant ist.

---

[56] Quelle: Pressemitteilung AJ English vom 27. September 2007: http://english.aljazeera.net/NR/exeres/C233F6D4-0BD5-454A-88E3-ED1A0914AF3B.htm, 21.11.2007.

Die folgende Abbildung resümiert wichtige Informationen im Überblick:

	BBC WORLD	CNN INTERNATIONAL	ALJAZEERA
Sendestart	Januar 1995	August 1985	November 2006
Slogan	"Putting News First"	"Be the first to know"	"Setting the News Agenda"
Reichweite (weltweit)	274 Millionen Haushalte in 270 Ländern (außer UK)	196 Millionen Haushalte in 200 Ländern (außer USA)	100 Millionen Haushalte
Reichweite (Europa, Top-Verdiener)	47,6% monatlich	35,9% monatlich	keine Angaben
Korres-pondenten	58 Büros weltweit	32 Büros weltweit (+weitere 15 Büros 2008 geplant)	23 eigene Büros weltweit (60 Büros zusammen mit AJ Arabisch)
Besonder-heiten im Selbstver-ständis	Hintergrund-berichterstattung	Live-Berichte	Themenfokus: Naher Osten & Entwicklungsländer

Abb. 2: Sendervergleich von BBC World, CNN International und AJ English
Quelle: eigene Darstellung, Angaben über Reichweite und Korrespondenten stammen aus sendereigenen Angaben auf den jeweiligen Internetseiten, Stand: Januar 2008, Reichweite Europa ist der EMS-Studie 2007 entnommen.

5 Zwischenfazit und Forschungsinteresse

„Im 21. Jahrhundert erreicht das Ansehen der Weltreligion [Islam] einen neuen Tiefstand."
(Bednarz & Steinvorth, in: Der Spiegel, 22.12.2007, S. 32)

Unsere Vorstellungen von der Welt – von Nationen und Religionen – werden insbesondere durch Sekundärerfahrungen geprägt. Dazu gehören neben den Einflüssen aus Familie und Schule die Medien. Sie helfen uns unsere Umwelt wahrzunehmen, zu kategorisieren und zwischen *Wir* (Selbstbild) und *Anderen* (Fremdbild) zu unterscheiden. Medien sind demnach ein wesentlicher Vermittler kultureller Identität. Sie gewinnen vor allem dann an Bedeutung, wenn durch kulturelle Ferne Primärerfahrungen im Umgang mit fremden Nationen oder Religionen fehlen. Fragen wir folglich nach den Bildern, die Menschen von einer Religion – hier dem Islam – vermittelt bekommen, so lohnt sich ein Blick auf die Medienberichterstattung.

Der bisherige Forschungsstand zum Islam in den Medien zeigt, dass der Islam vor allem nach den Anschlägen in New York am 11. September 2001 zum Gegenstand öffentlicher Diskussionen geworden ist. Zahlreiche Publikationen zur Islamberichterstattung sind nach 2001 entstanden, doch überzeugen viele aufgrund ihrer methodischen Herangehensweisen nicht. Die Betrachtungen zum Forschungsstand weisen auf eine Dominanz von essayistischen Meinungsformen und qualitativen Arbeiten hin, die in ihrer Aussagekraft beschränkt sind. Die quantitative Forschung hat sich im Vergleich erst spät mit Religionen als Untersuchungsgegenstand beschäftigt, so dass bis zum heutigen Zeitpunkt noch Lücken in der Islambildforschung vorhanden sind und die empirische Evidenz für viele Vermutungen und Annahmen noch aussteht.
Als Resümee bisheriger Studien konnte aufgezeigt werden, dass der Islam ein auf Konflikte und Krisen reduziertes Thema in der Medienberichterstattung ist. Er tritt vor allem als politischer Islam in Erscheinung, wobei der islamische Fundamentalismus als typisch für muslimische Länder präsentiert wird. Berichte über Alltagsthemen, religiöse Eigenheiten oder gar über Dialogversuche zwischen dem Westen und der islamischen Welt sind rar. Es dominieren Berichte aus der Krisenregion des Nahen Ostens, die ein reduziert negatives Bild von muslimischen Ländern und ihren Bewohnern zeichnen.
Muslime werden in der Berichterstattung primär als homogene Glaubensgruppe dargestellt. Obwohl es eine Vielzahl von unterschiedlichen Auslegungen des Islam gibt und der streng gelebte Islam in Saudi Arabien nicht mit modernen Auslegungen in der Türkei verglichen werden kann, mangelt es in den Medien an ethnischen oder religiösen Spezifizierungen. Der Islam erscheint als

monolithischer Block, der als feindlich gesinnte Religion dem Westen gegenübersteht. Frequentiert tauchen die Stereotype der Gewaltbereitschaft und der Bedrohung des Westens auf. Das Islambild ist demnach vor allem von reduzierten Merkmalszuweisungen geprägt – darin unterscheiden sich die Ergebnisse der Inhaltsanalysen aus Deutschland, der Schweiz, Großbritannien oder den USA nicht.
Daher ist es interessant, AJ English als den *ersten englischsprachigen internationalen Nachrichtensender aus dem Nahen Osten* zu untersuchen. Dieser steht seit November 2006 den westlichen Konkurrenten CNN International und BBC World gegenüber und will westliche Vorstellungen durch andere Perspektiven auf die Weltereignisse ergänzen. Das Senderprofil zeigt, dass AJ English etablierte Meinungsbilder durch neue Sichtweisen herausfordern will. Der *international flow of communication*, der bis dato von westlichen Medien bestimmt wurde, soll nun auch aus einer anderen Richtung fließen.

Der empirische Teil der vorliegenden Arbeit untersucht, ob sich dieser Wunsch nach inhaltlicher Differenzierung im Programmangebot widerspiegelt und in welcher Form er zum Ausdruck kommt. Dafür ist insbesondere die *Islamberichterstattung* von Interesse, so dass das *Medienbild Islam* in den internationalen Nachrichtensendern BBC World, CNN International und AJ English analysiert wird. Da eine theoretische Einschränkung auf die bloße Untersuchung von *Stereotypen* vermieden werden soll, stehen insbesondere *Islam-Themen* und deren Darstellung im Fokus der Betrachtung.
Es interessiert, ob AJ English tatsächlich auch andere Facetten islamischer Gesellschaften aufzeigt, weniger negativ und differenzierter über den Islam berichtet. Schafft es ein vorwiegend westlich sozialisiertes Journalistenteam den Islam von einer anderen Seite zu zeigen? Kommen neben politischen Themen auch andere Themen vor, die ein heterogenes Bild der Religion vermitteln? Greift AJ English weniger auf Stereotype zurück? oder Ist der Sender wohlmöglich doch ein ‚Sprachrohr islamischer Extremisten', die durch einen weltweit empfangbaren englischsprachigen Sender eine große internationale Zuschauergruppe erreichen können?

Diese Fragen sollen im empirischen Teil geklärt werden. Da noch keine Untersuchungen zur Islamberichterstattung internationaler Nachrichtensender vorliegen, begibt sich die vorliegende Arbeit auf wissenschaftliches Neuland. Bis auf die Studie des Medien Tenors (2007) hat keine weitere Inhaltsanalyse zum Programmangebot von AJ English stattgefunden. Es gilt herauszufinden, ob es AJ English tatsächlich gelingt das eigene Profil durch *den anderen Blick* auf den Islam zu schärfen.

6 Empirische Untersuchung

Im zweiten Teil der Arbeit stehen die methodische Herangehensweise der Untersuchung sowie deren Ergebnisse im Vordergrund. Es werden Forschungsfragen sowie daraus abgeleitete Hypothesen vorgestellt und operationalisiert. Die Resultate der Studie werden im Anschluss diskutiert.

6.1 Forschungsfragen und Hypothesen

Aus dem dargelegten Forschungsinteresse ergibt sich für die vorliegende Arbeit die generelle Forschungsfrage:

Welches Islambild zeichnet Al Jazeera English im Vergleich zu CNN International und BBC World?

Dabei interessiert die untergeordnete Forschungsfrage:

Werden der Islam, Muslime und islamische Länder bei Al Jazeera English anders dargestellt als bei CNN International und BBC World?

Für die Beantwortung der Fragen sollen die Analysebereiche *Themen* und *Stereotype* in der Berichterstattung zum Islam untersucht werden. Die Frage nach möglichen *Themen* bezieht sich dabei auf das Vorkommen bestimmter islamrelevanter Themen und deren Darstellung. Es soll u.a. untersucht werden: Über welche Islam-Themen berichtet AJ English im Vergleich zu CNN International und BBC World? Welche Themenbereiche zum Islam dominieren die Berichterstattung? Berichtet AJ English auch über andere muslimische Länder als über die Konfliktherde im Nahen Osten? Ist die Islamdarstellung bei AJ English positiver als bei CNN International und BBC World? Wie werden muslimische Akteure präsentiert? Betonen CNN International und BBC World einen Konflikt zwischen dem Westen und der islamischen Welt? Wie berichtet AJ English über diese Relation? Werden Dialog oder Abgrenzung betont?

Für den Bereich *Stereotype* sollen einzelne Stereotype untersucht werden, die sich laut aufgezeigten Forschungsergebnissen stets aufs Neue replizieren. Dazu zählen das *Stereotyp der Gewaltbereitschaft, das Stereotyp der Bedrohung des westlichen Kulturkreises, das der Rückständigkeit und das der Unterdrückung der Frau* (Vgl. Kapitel 3, 3.3 *Zentrale Ergebnisse im Bereich Stereotype,* S. 47ff.). Es interessieren u.a. nachstehende Fragen: Welche stereotypen Elemente zum Islam werden wie oft in der Berichterstattung der drei internationalen

Nachrichtensender angesprochen? Welche Stereotype sind dabei besonders prominent? Wird eine Verbindung von Islam und Terrorismus hergestellt? Erscheint der Islam als eine homogene Religion oder werden religiöse Differenzierungen sichtbar?

Diese Forschungsfragen münden in *Hypothesen*, die im Folgenden aufgeführt werden. Sie sollen der empirischen Arbeit eine Struktur geben, ohne dass auf zusätzliche explorative Betrachtungen der Ergebnisse verzichtet werden soll.

Es ergeben sich folgende Hypothesen für den Bereich **Themen**:

H1: Nachrichtenbeiträge mit Islambezug haben in der Berichterstattung von Al Jazeera English einen höheren Stellenwert als bei BBC World und CNN International.

Der Forschungsstand zeigt, dass der Islam durch kriegerische Auseinandersetzungen im Nahen Osten oder der Androhung von Gewalt gegenüber westlichen Institutionen zu einem wichtigen Thema innerhalb der täglichen Nachrichtensendungen geworden ist. Die Hypothese fragt nach dem Stellenwert von Beiträgen mit *Islambezug* in der Berichterstattung der internationalen Nachrichtensender. Darunter fallen alle Beiträge, die sich auf den Islam als Religion, auf islamische Länder und/oder muslimische Akteure beziehen.

H2: In Nachrichtenbeiträgen mit Islambezug wird Al Jazeera English bei BBC World und CNN International als häufigste Quelle zitiert.

AJ English besitzt durch seine Senderzentrale in Qatar und durch die kulturelle Nähe einzelner Korrespondenten zu Einheimischen einen Standortvorteil im Nahen Osten. Hoff (2007) hat aufgezeigt, dass AJ English aus den Krisengebieten Birma, Somalia oder Simbabwe berichten konnte, während diese für Korrespondenten anderer Nachrichtensender abgeriegelt waren (ebd.). Da auch der Mutterkanal AJ Arabisch als ein wichtiger Nachrichtenlieferant für westliche Medienanstalten fungiert (Vgl. Cherribi, 2006; Krüger, 2003), liegt die Vermutung nahe, dass die internationale Tochter ebenso als Informationslieferant – insbesondere für Nachrichten aus muslimischen Ländern – genutzt wird. Für diese Hypothese interessieren intermediale Bezüge.

H3: Die Themenvielfalt in der Berichterstattung zum Islam ist bei Al Jazeera English größer als bei BBC World und CNN International.

Der bisherige Forschungsstand zeigt, dass der Islam vorwiegend durch Konflikte und Krisen zum Medienthema wird (Vgl. Kapitel 3). Er tritt hauptsächlich als politischer Islam auf, während andere Bereiche der Religion kaum angesprochen werden. Da AJ English laut seinem Selbstverständnis neue Perspektiven aufzeigen und bereits vorhandene Sichtweisen ergänzen will, lässt sich vermuten, dass die Themenvielfalt zum Islam bei AJ English größer ist als bei den westlichen Konkurrenten CNN International und BBC World (Vgl. Kapitel 4). Es kann angenommen werden, dass AJ English ein vielfältigeres Bild vom Islam darbietet.

H4: Al Jazeera English berichtet positiver über den Islam und die islamische Welt als BBC World und CNN International.

Bisherige Forschungsergebnisse zeigen eine dominierend negative Valenz der Berichterstattung über den Islam und/oder über muslimische Länder (Vgl. Kapitel 3). Auf Grund des portraitierten Selbstverständnisses von AJ English kann vermutet werden, dass der Sender positiver berichtet als CNN International und BBC World. Unter der *islamischen Welt* sollen in Anlehnung an die Untersuchung des Medien Tenors (2008) alle muslimischen Länder subsumiert werden (ebd., S. 10). Als muslimisch gilt ein Land dann, wenn mehr als 50% der Bewohner dem Islam folgen.[57]

H5: Al Jazeera English thematisiert häufiger als CNN International und BBC World einen Dialog zwischen der islamischen Welt und dem Westen.

Anti-Terrorismus-Kampagnen in Afghanistan, die US-amerikanische Okkupation im Irak oder die Bemühungen um eine Demokratisierung im Nahen Osten lassen das Verhältnis westlicher und muslimischer Staaten kritisch erscheinen. Da AJ English in seinem Selbstverständnis auf die Zielsetzung des „bridging cultures"[58] verweist, interessiert, ob der Sender das Bild von einer dem Westen feindlich gesinnten islamischen Welt aufbrechen kann und stattdessen vielmehr einen Dialog – und damit ein Aufeinanderzugehen – betont.

---

[57] Anmerkung: Zur Veranschaulichung findet sich eine Übersichtslandkarte mit allen muslimischen Ländern im Anhang 1.

[58] Quelle: Corporate Profile AJ English: http://english.aljazeera.net/NR/exeres/DE03467F-C15A-4FF9-BAB0-1B0E6B59EC8F.htm, 18.11.2008.

Der *Westen* wird in Anlehnung an die Studie des Medientenors (2008) als ein durch Kolonialisierung historisch gewachsener geographischer Raum verstanden, der die Länder Europas sowie die USA einschließt (ebd., S.10).

H6: Während CNN International und BBC World ihre Berichterstattung über muslimische Länder hauptsächlich auf die Gebiete des Nahen Ostens beschränken, thematisiert Al Jazeera English häufiger andere muslimische Länder.

Die Berichterstattung über muslimische Länder zeigt eine geographische Fokussierung auf die Gebiete des Nahen Ostens, da sich dort Konflikte zwischen Glaubensgruppen (z.B. Sunniten und Schiiten im Irak) oder territoriale Bestrebungen (z.B. Kampf der Palästinenser gegen den jüdischen Teil Israels) konzentrieren (Vgl. Kapitel 3). Die auf Krisenregionen reduzierte Berichterstattung hat zur Folge, dass andere muslimische Länder kaum thematisiert werden. Da AJ English diese mediale Landkarte ‚neu strukturieren' und weniger berichtete Regionen beachten möchte (Vgl. Kapitel 4), ist zu vermuten, dass neben den Ländern des Nahen Ostens andere muslimische Länder thematisiert werden.
Die Länderzuordnung zum ‚Nahen Osten' ist zum einen an das Verständnis des *Middle East Media Research Institute* in den USA angelehnt und zum anderen an der arabischen Kernregion der Al Jazeera Berichterstattung orientiert.[59]

H7a: In Beiträgen über den Islam dominieren bei CNN International und BBC World nicht-muslimische Akteure, während bei Al Jazeera English muslimische Akteure häufiger auftreten.
H7b: Wenn muslimische Akteure in der Islamberichterstattung vorkommen, dann werden sie bei CNN International und BBC World häufiger als bei Al Jazeera English als Täter präsentiert.

Nicht-muslimische Akteure dominieren die Berichterstattung zum Islam (Vgl. Kapitel 3). Während ‚westliche' Standpunkte und Meinungen die Nachrichten prägen, treten muslimische Akteure selten auf. Sie werden vorwiegend in negativen Kontexten und häufig als Täter in militanten und/oder politischen

[59] Anmerkung: Die Autorin ist sich bewusst, dass die Länderzuordnung zum ‚Nahen Osten' lediglich konstruiert sein kann und es zahlreiche politische und/oder geographische Zuordnungsmöglichkeiten gibt, die nicht zuletzt auf unterschiedliche Interessenlagen zurückzuführen sind. Da die wissenschaftliche Arbeit jedoch definitorische Grundlagen braucht, um Begriffe oder Konstrukte fassbar zu machen, muss auch an dieser Stelle mit einer Definition gearbeitet werden. Als Referenzrahmen gelten das Middle East Media Research Institute und die arabische Kernregion der Al Jazeera Berichterstattung. Zum ‚Nahen Osten' zählen für die vorliegende Arbeit: Ägypten, Bahrain, Irak, Jemen, Jordanien, Katar, Kuwait, Libanon, Libyen, Oman, Qatar, Palästina, Saudi Arabien, Syrien und die Vereinigten Emirate (zur Veranschaulichung siehe Länderkarte Anhang 1, S. 134).

Aktionen präsentiert (Vgl. Kapitel 3). Es liegt die Vermutung nahe, dass die Berichterstattung von CNN International und BBC World dieser Akteursstruktur folgt, während AJ English sich davon abgrenzt.

H8: Al Jazeera English lässt islamische Extremisten häufiger zu Wort kommen als CNN International und BBC World.

Bei Sendestart von AJ English waren öffentliche Skepsis und Befürchtungen über mögliche Sendeinhalte, die antiwestliche Tendenzen verstärken und islamische Extremisten zum ‚Kampf gegen den Westen' mobilisieren, groß (Vgl. Kapitel 4). Diese Hypothese will untersuchen, ob islamische Extremisten in der Berichterstattung von AJ English tatsächlich häufiger zu Wort kommen und sie dadurch medial präsent werden. Unter *islamischen Extremisten* werden alle Gruppierungen oder Einzelpersonen verstanden, deren Auftreten von islamistischen Interessen geleitet ist.

Für den Bereich **Stereotype** sollen folgende Hypothesen untersucht werden:

H9a: Der Islam wird bei CNN International und BBC World in den meisten Fällen als eine homogene Religion präsentiert.
H9b: Al Jazeera English verweist häufiger auf die Heterogenität des islamischen Glaubens als BBC World und CNN International.

Vereinfachungen und Generalisierungen sind typische Merkmale einer Stereotypisierung. Die Sichtung der bisherigen Forschungsergebnisse verdeutlicht, dass der Islam in den meisten Fällen als ein homogener, monolithischer Block erscheint. Es werden selten differenzierende Unterscheidungen zwischen einzelnen Glaubens- oder Volksgruppen deutlich. Obwohl der streng gelebte Islam auf der arabischen Halbinsel nicht mit dem Islam in Süd-Ost-Asien oder Europa vergleichbar ist, findet eine Verallgemeinerung hinsichtlich islamimmanenter Eigenschaften statt (Vgl. Kapitel 3). Da AJ English beabsichtigt differenzierter zu berichten, soll mit Hilfe dieser Hypothese überprüft werden, ob AJ English auf die Heterogenität des muslimischen Glaubens verweist.

H10: Der Islam wird bei CNN International und BBC World häufiger als bei Al Jazeera English mit Terrorismus in Verbindung gebracht.

Der islamische Terrorismus hat sich spätestens seit dem 11. September 2001 und den Videobotschaften des al-Qaida Chefs Osama bin Laden zu einem weltweit gefürchteten Phänomen entwickelt (Vgl. Kapitel 3). Studien von Kagemann (2004) oder Richardson (2004) zeigen die oft hergestellte Verbindung zwischen dem Islam und terroristischen Bestrebungen. Auch demonstrieren die Ergebnisse von Bevölkerungsumfragen, dass die Assoziation ‚Islam = Terrorismus' häufig auftritt (Vgl. Umfrage Allensbach 2006, in: Noelle-Neumann & Peterson, 2006). Es wird daher vermutet, dass westliche Sender häufiger über eine solche Verbindung berichten als AJ English.

H11a: Muslime und der Islam werden in den Nachrichtensendungen von BBC World und CNN International häufiger als bei Al Jazeera English als gewalttätig, bedrohend und frauenfeindlich präsentiert.
H11b: Muslimische Länder und der Islam werden in der Nachrichtenberichterstattung von BBC World und CNN International häufiger als bei Al Jazeera English als rückständig präsentiert.

Auf Grund des bisherigen Forschungsstandes kann vermutet werden, dass sich auch die internationalen Nachrichtensender den dominanten Konzepten *Stereotyp der Gewaltbereitschaft, der Bedrohung des westlichen Kulturkreises, der Rückständigkeit* und dem *Stereotyp der Unterdrückung der Frau* bedienen. Da AJ English diesen ‚westlichen Sichtweisen' entgegenwirken will (Vgl. Kapitel 4), ist anzunehmen, dass CNN International und BBC World häufiger auf die genannten stereotypen Darstellungen zurückgreifen als AJ English.

H12: Die Stereotype der Gewaltbereitschaft, der Bedrohung des Westens, der Rückständigkeit und der Unterdrückung der Frau werden häufiger über visuelle als über verbale Informationen übermittelt.

In den letzten Jahren ist in den Medien ein zunehmender Trend der Visualisierung zu erkennen (Röder, 2007, S. 60). Es ist demnach zu vermuten, dass die aufgeführten Stereotype auch visuell präsentiert werden. Christensen (2006) und Schiffer (2005) zeigen, dass es in der Islamberichterstattung dominierende Bildmotive gibt, die themenunabhängig immer wieder auftauchen. Die Hypothese soll untersuchen, ob stereotype Elemente visualisiert werden und wie häufig diese Präsentationsform stattfindet.

6.2 Untersuchungsmaterial

Für die folgende Analyse sollen die internationalen Nachrichtensender AJ English, CNN International und BBC World untersucht werden. Damit wird ein Vergleich eines *amerikanischen* (CNN International), eines *europäischen* (BBC World) und eines Nachrichtensenders *aus dem Nahen Osten* (AJ English) zur Berichterstattung zum Islam angestrebt. Genaue Betrachtungen zu Gemeinsamkeiten und Unterschieden der Kanäle haben bereits in Kapitel 5 stattgefunden und sollen an dieser Stelle nicht noch einmal aufgegriffen werden. Die Auswahl der internationalen Nachrichtensender war durch folgende Gründe bestimmt:

- Bisherige Studien zum Islam in den Medien untersuchen vorwiegend nationale Medien. Eine Untersuchung der grenzüberschreitenden Kommunikation – in Form der internationalen Nachrichtensender – wurde in der Islamforschung bisher noch nicht durchgeführt. Mit der Auswahl der internationalen Nachrichtensender sollte ein globalerer Blick auf die Islamberichterstattung geworfen werden.
- Die Festlegung des Untersuchungsmaterials wurde durch das Selbstverständnis von AJ English beeinflusst, da der Sender eine inhaltliche Differenzierung zur westlichen Berichterstattung von BBC World und CNN International intendiert. Damit erschien ein Vergleich der drei Sender relevant, um zu prüfen, ob und inwiefern AJ English diesen Anspruch realisiert.
- Internationale Nachrichtensender werden hauptsächlich von Meinungsführern[60] einer Gesellschaft rezipiert. Da diese eine wichtige Multiplikatorenfunktion innerhalb einer Gesellschaft einnehmen und laut Noelle-Neumann (1999) einen prägenden Anteil im Entstehungsprozess öffentlicher Meinung haben, erschien die Analyse der von ihnen genutzten Medien relevant (ebd., S. 213).

6.3 Untersuchungseinheiten

Die Untersuchungseinheiten sollen dabei die Hauptnachrichten sein, die täglich alle Berichte aus den Senderzentralen vereinen. Für BBC World sind das die *BBC News*, für CNN International *CNN Today* und für AJ English die *News*.

[60] Anmerkung: Meinungsführer sollen in Anlehnung an Noelle-Neumann als politisch interessierte, aktive Menschen verstanden werden, die das Vermögen „unter dem Eindruck von Medientenor oder unter dem Eindruck insbesondere gefährlicher Entwicklungen [besitzen] neue Einstellungen (…) zu bilden." (ebd., 1999, S. 210). Vgl. dazu auch nähere Beschreibungen in Kapitel 4, 4.4 *Ein Vergleich von Al Jazeera English mit CNN International und BBC World*, S. 62.

Folgende Kriterien bestimmten dabei die Auswahl:

- *BBC News*, *CNN Today* und die *News* von AJ English gehören laut sendereigenen Angaben zu den Hauptnachrichtensendungen der Kanäle.[61]
- Die Nachrichtensendungen gleichen sich in ihrer *Länge* und in ihrer *Art* und können so einen Vergleichsmaßstab bilden. Sie berichten täglich 30 Minuten lang über die Ereignisse der Welt und ähneln sich dabei in ihrer formalen und inhaltlichen Nachrichtenpräsentation.[62]
- Diese sollten in der Hauptnutzungszeit (Prime-Time) liegen, da somit garantiert wird, dass eine Vielzahl von Menschen die Sendungen rezipieren. Es wurden die Morgennachrichten von 8 Uhr Mitteleuropäische Zeit (MEZ) ausgewählt. Sie sind die Nachtnachrichten in Amerika und die Nachmittagsnachrichten in Asien.[63]

Die Nachrichtenbeiträge der einzelnen Sendungen wurden in Zusammenarbeit mit dem *Audiovisuellen Medienzentrum der Technischen Universität (AVMZ)* auf DVD gespeichert. Die Nachrichten wurden dabei über Satellit empfangen und aufgenommen, da damit eine gute Sendungsqualität gewährleistet werden konnte, die auch nach mehrmaligem Abspielen keine Beeinträchtigung erfährt.

6.4 Untersuchungszeitraum

Die Untersuchung bezieht sich auf den Zeitraum 16. August 2007 bis 16. November 2007. Es wurden alle Sendungen von Montag bis Freitag beachtet, weil das Wochenendprogramm der internationalen Nachrichtensender vom wöchentlichen Programmangebot abweicht. Da die Sender keinen Zugang zu ihren Archiven ermöglichten, konnten nur aktuelle Sendungen betrachtet werden, die in den Zeitraum der Magisterarbeit fielen. Für diesen Untersuchungszeitraum findet für die Wochentage eine *Vollerhebung* statt.

---

[61] Anmerkung: Diese Angaben entstammen den Internetseiten der jeweiligen Sender. (Stand: Januar 2008).

[62] Anmerkung: Diese Aussage bezieht sich darauf, dass alle drei Nachrichtensendungen mit einem Nachrichtenüberblick beginnen und sich im Folgenden Kurzmeldungen und Berichte abwechseln. Jede Sendung wird durch Werbeblöcke unterbrochen. Die Sendungen ähneln sich dadurch in ihrer Formatstruktur.

[63] Anmerkung: Ohne, dass fundierte Aussagen über das Nutzungsverhalten internationaler Nachrichtensendungen vorliegen, zeigen Angaben von BBC World eine angenommene Hauptnutzungszeit von 6-9.30 Uhr a.m und 19-24 Uhr p.m. in Europa. Quelle: http://www.bbcworld.com/Pages/Rates.aspx , Stand: 7.2. 2008. Es kann angenommen werden, dass die Prime-Time von AJ English und CNN International ähnlich ist.

6.5 Methode und Zugriffskriterien

Als Methode wurde die *quantitative Inhaltsanalyse* gewählt. Es handelt sich hierbei laut Früh (2001) um eine „empirische Methode zur systematischen, intersubjektiv nachvollziehbaren Beschreibung inhaltlicher und formaler Merkmale von Mitteilungen“ (ebd., S. 24). Da Nachrichtensendungen sowohl Text-, Wort- als auch visuelle Bildinformationen enthalten, sollten alle drei Analyseebenen beachtet werden.[64] Da die Inhalte von AJ English bisher noch nicht untersucht wurden, enthält das Codebuch auch offene Kategorien. Diese waren sinnvoll, da wenig über den Untersuchungsgegenstand der internationalen Nachrichtensender bekannt ist. Die so gewonnenen Textinformationen wurden nachträglich kategorisiert und ausgewertet. Damit erhält die vorliegende Arbeit einen zusätzlichen qualitativ-explorativen Charakter.

Zugriffskriterien

Für die Untersuchung ist es wichtig alle Beiträge mit *Islambezug* auszuwählen. Dazu zählen auch Beiträge, die muslimische Länder und muslimische Akteure thematisieren, da diese das Islambild ebenso prägen. So kann ein Beitrag über das Leben von Osama bin Laden *(muslimischer Akteur)* nicht nur dessen individuellen Werdegang, sondern ebenso dessen gelebte Auslegungen des Islam identifizieren. Oder so kann ein Bericht über den Iran *(muslimisches Land)* islamische Kunst, Architektur, Sitten und Bräuche transportieren. Diese islamrelevanten Informationen sollten ebenso beachtet werden, so dass folgende Zugriffskriterien im Codebuch festgehalten wurden:

- Es werden alle Beiträge ausgewählt, in denen auf den *Islam hindeutende Begriffe* vorkommen. Das sind alle Begriffe mit dem Wortstamm Islam (z.B. islamisch, islamistisch, Islamist) und dem Wortstamm Muslim (z.B. muslimisch, Muslime). Da das Wort Muslime der englischen Übersetzung von Moslem gleicht, muss keine weitere Unterscheidung getroffen werden (Vgl. PONS, 1990, S. 471).
- Auf den Islam hindeutende Begriffe sind ferner Wörter wie Ramadan, Mekka, Koran, Taliban, Schiiten, Sunniten, al-Qaida usw..
- Es werden alle Beiträge ausgewählt, in denen *islamische Länder* vorkommen. Ein Land ist dann als islamisch zu identifizieren, wenn die Mehrheit der Bewohner (≥50%) islamischen Glaubens ist. Zur Identifizierung der einzelnen Länder wurde eine Weltkarte ins Codebuch aufgenommen, die die Verteilung des Islam verdeutlicht. Ein islamisches

[64] Anmerkung: Wortinformationen werden als gesprochene Informationen definiert, Textinformationen sind geschriebene Informationen und visuelle Informationen sind Nachrichtenfilme oder Standbilder.

Land kann dabei Ort der Handlung (z.B. Krieg im Libanon) oder auch Gegenstand der Berichterstattung (z.B. Debatte im deutschen Bundestag über die Truppen in Afghanistan) sein. In beiden Fällen gilt das Land als Zugriffskriterium.

- Es werden alle Beiträge ausgewählt, die *islamische Akteure* beinhalten. Als islamische Akteure werden diejenigen identifiziert, die durch eine explizite Nennung als solche deutlich gemacht werden.
- Die *visuelle Bildberichterstattung* ist *kein* gültiges Zugriffskriterium, da der Aussagegehalt der Bilder beschränkt ist. Erst die Verbindung mit Textinformationen macht deutlich, um welches muslimische Land oder um welchen muslimischen Akteur es sich in der Berichterstattung handelt. Ohne die Kommentierung durch Texte (gesprochen oder geschrieben), wäre der Rezipient oft im Unklaren darüber, wo die Szenerie aufgenommen wurde und wen oder was sie darstellt (Vgl. Schiffer, 2005, S. 73). Da Muslime nicht einheitlich verschleiert und damit nicht einheitlich als solche identifiziert werden können, sollte mit der Entscheidung das visuelle Bildmaterial nicht zum Zugriffskriterium zu machen, die Reliabilität der Untersuchung angehoben werden. Die Interpretation bzw. das Vorwissen der Codierer hätte die Auswahl zu stark beeinflusst.
- Das Wetter, die Werbung, die Programmankündigungen sowie der unter den Nachrichten durchlaufende Nachrichtenticker bleiben von der Analyse ausgeschlossen. Nähere Beschreibungen zum Ablauf der Codierungen finden sich im Codebuch unter *Allgemeine Codieranweisungen.*

6.6 Kategoriensystem

Bei der Analyse von Fernsehnachrichten muss beachtet werden, dass gesprochene, geschriebene und durch z.B. Nachrichtenfilme visualisierte Informationen zusammentreffen. Für die vorliegende Untersuchung war es demnach wichtig, schlüssige Analyseeinheiten zu finden, die alle drei Elemente umfassen. Dazu wurden drei Analyseeinheiten geschaffen: *Analyseeinheit Beitrag, Analyseeinheit Stereotyp* und *Analyseeinheit visuelle Bildberichterstattung*. Durch eine erste Betrachtung von Kategorien *auf Beitragsebene* soll der Gesamteindruck des Beitrags ermittelt werden. Die zweite Einheit bilden die *Stereotype*, die im Beitrag identifiziert und analysiert werden sollen. Die Analyseeinheit *visuelle Bildberichterstattung* legt ihren Fokus auf Nachrichtenfilme und Standbilder. Diese soll eine Charakterisierung der visuellen Berichterstattung zum Islam und muslimischen Ländern möglich machen und gegebenenfalls ‚typische visuelle Elemente' generieren.

6.6.1 Analyseeinheit Beitrag

Zur Identifizierung der Nachrichtenbeiträge wurden die Kategorien *Codierer* und *Medium*, *Erscheinungstag* und *-monat* aufgestellt. Da es sich bei den Untersuchungseinheiten ausschließlich um Beiträge aus dem Jahr 2007 handelt, musste das Erscheinungsjahr nicht zusätzlich erhoben werden. Ergänzend wurde die Kategorie des *Beitragstitels* eingeführt, da sie eine der Untersuchung nachgestellte genaue Identifizierung eines Beitrags möglich macht. Der Titel sollte dabei entweder aus der Beitragsunterschrift, der Ankündigung der Nachrichtensprecher oder dem ersten Satz des Beitrags abgeleitet werden.

Um die **Hypothese 1** zum Stellenwert der Beiträge mit Islambezug zu untersuchen, wurden die Kategorien *Ankündigung im Nachrichtenüberblick*, *Länge*, die *Visualisierung* (Verwendung von Nachrichtenfilmen und/oder Standbildern) sowie die *Journalistische Darstellungsform* gebildet. Da es keine einheitlichen Kategorien zur Ermittlung des Stellenwertes eines Themas in Fernsehanalysen gibt, wurden diese in Anlehnung an die Erfassung des Hervorhebungsgrades in Printanalysen entwickelt. Die Ankündigung eines Themas macht dessen Bedeutung für die Ereignisse des Tages deutlich, die Länge eines Beitrages zeigt, wie dominant das Thema binnen einer Nachrichtensendung behandelt wird und die Verwendung von Bildmaterial verstärkt die Glaubwürdigkeit und damit die Wirkung der Nachricht (Halff, 1998, S. 129). In einer Vorbetrachtung des Sendematerials wurde ermittelt, dass Nachrichtenbeiträge entweder ohne Bild, mit Standbild oder/und Filmaufnahmen präsentiert werden. Diese Kategorien wurden in die Analyse aufgenommen. Für die journalistischen Darstellungsformen wurden die Kategorien Bericht und Kurzmeldung aufgenommen. Diese konnten ebenso durch die qualitative Vorbetrachtung generiert werden. Korrespondentenberichte oder Interviews wurden nicht einzeln aufgeführt, da diese lediglich als Teilelemente von Berichten identifiziert werden konnten. Eine zusätzliche Auflistung hätte die Kategorien unscharf werden lassen.

Die **Hypothese 2** fragt, ob AJ English von BBC World und CNN International als Informationsquelle für islamrelevante Themen genutzt wird. Dazu wurde die Kategorie *Quelle* aufgenommen. Unter der Prämisse, dass Quellen in Nachrichtensendungen genannt oder auch gezeigt werden können, wurden im Codebuch wichtige Hinweise zur Identifizierung erteilt. Neben der Vermutung, dass AJ English als Quelle für Informationen aus muslimischen Ländern genutzt wird, sollten generelle Quellen der Islamberichterstattung erfragt werden. Dazu wurde zwischen sendereigenen Quellen, Nachrichtenagenturen und anderen

Nachrichtensendern als Quelle unterschieden. Zum Erkennen von Nachrichtenagenturen wurde den Codierern eine Liste von weltweit agierenden Nachrichtenagenturen zur Verfügung gestellt, die vor allem durch das agentureigene Kürzel deutlich werden (z.B. Agence France Presse, AFP). Für die Analyse der Nachrichtensender als Quelle wurde neben CNN International, BBC World, AJ Arabisch und AJ English aufgenommen, um zu überprüfen, welches Informationsmaterial von welchem Sender verwendet wird. Als Unterscheidungskriterium für AJ English und AJ Arabisch wurde auf die arabische Schrift unter dem Senderlogo verwiesen, die nur AJ Arabisch verwendet. Da innerhalb eines Nachrichtenbeitrages eine Vielzahl von Quellen angeführt werden können, erfolgte die Verschlüsselung für jede aufgeführte Quelle nominal (kommt vor/kommt nicht vor).

Hypothese 3 verlangt eine Analyse der Themenbereiche für den Islam. Dazu wurden die Kategorien *Sachgebiet*, *Islam-Themen, Art der Berichterstattung* und *Anlass* in das Codebuch aufgenommen.
Die Kategorie *Sachgebiet* ordnet den Beitrag einem dominierenden thematischen Bereich zu (z.B. Krieg, Wirtschaft, Kultur usw.). Da im Vergleich zur Printanalyse Nachrichtensendungen keine genaue Zuteilung zu einzelnen Ressorts erkennbar machen, sollte das Sachgebiet einen generellen Überblick über die Thematisierungsbereiche des Islam, islamischen Ländern und/oder Muslimen geben. Diese Kategorie war demnach bewusst allgemein gehalten und sollte einen ersten Eindruck vermitteln.
Für die Kategorie *Islam-Themen* wurden einzelne Themendimensionen gefunden, die sich als eine Synopse der bisher untersuchten Themenbereiche zum Islam (Vgl. Kapitel 3) verstehen. Da bisherige Analysen ihren Fokus vor allem auf politische Erscheinungen des Islam legten und kulturelle oder intrareligiöse Thematiken kaum Beachtung fanden (Vgl. Kapitel 3), sollten theologische Betrachtungen zum Islam und zum Religionsbegriff im Allgemeinen Ausgangspunkt für weitere Themendimensionen sein (Kehrer, 1998, S. 418ff.; King, 1995, S. 282ff.; Antes, 2001; Khoury, 1995, Bihl, 2003). Zusammen mit den Erkenntnissen aus dem bisherigen Forschungsstand konnten sechs Themenbereiche für den Islam aufgestellt werden: 1. *ethisch-normative Themen,* 2. *kulturelle Themen,* 3. *Religionsgeschichte*, 4. *politische Themen,* 5. *intrareligiöse Themen* und 6. *interreligiöse Themen.* Da im Codebuch ausführliche Erklärungen und Beispiele zum Erkennen der einzelnen Dimensionen enthalten sind, soll an dieser Stelle lediglich auf wesentliche Merkmale hingewiesen werden.
Jede Religion fußt auf Werten und Normen, die für das Leben der Gläubigen wichtig sind. *Ethisch-normative Themen* sind demnach ein wichtiger Schlüssel

für das Verständnis einer fremden Religion, da diese eine Vielzahl von Alltagsbereichen sowie die individuelle Erziehung und Bildung beeinflussen.
Unter *kulturelle Themen des Islam* fallen alle physischen Erscheinungen, mit Hilfe derer der Islam ästhetisiert und damit sichtbar wird. Das sind beispielsweise Moscheen und Koranschulen (islamische Architektur), religiöse Gebetssprüche auf Teppichen und Vasen (islamische Kunst) oder religiöse Literatur in Form von Belletristik und Gedichten (islamische Literatur). Kultur wird in diesem Zusammenhang als künstlerischer Ausdruck subsumiert und verleiht der Religion die entsprechende Sichtbarkeit.
Unter dem Themenbereich *Religionsgeschichte* sollen im Rahmen dieser Arbeit alle Bereiche verstanden werden, die einen historischen Bezugsrahmen zum Islam und seiner Entstehungs- oder Entwicklungsgeschichte besitzen. Beiträge dieser Art würden ein gegenseitiges interkulturelles Verständnis betonen, da sie Hintergründe und Entstehungsbedingungen offerieren.
Die Relevanz von *politischen Themen des Islam* ist in bisherigen Ausführungen mehr als deutlich geworden. In diese Analysekategorie fallen alle Bereiche, die die Beziehung zwischen einem muslimischen Staat und dem Islam sowie Unruhen, Proteste und gewalttätige Auseinandersetzungen zwischen religiösen Gruppen und muslimischen Staaten thematisieren. Diese Kategorien sind einzeln aufgeführt und können dementsprechend einzeln codiert werden. Alle Berichte über Selbstmordanschläge islamischer Extremisten, Geiselnahmen oder den Aufruf zum Kampf gegen westliche Nationen (Dschihad[65]) sind ebenso in die politisch-religiöse Thematik einzuordnen. Da der Jahrestag der Zerstörung des World Trade Centers am 11. September 2001 in den Untersuchungszeitraum fällt, soll auch dieses Ereignis in der Kategorie verschlüsselt werden.
Intrareligiöse Themen sind bisher kaum untersucht worden, obwohl sie vor allem für den Islam wichtig sind. Unter intrareligiösen Themen sind alle thematischen Zusammenhänge zu verschlüsseln, die innerislamische Beziehungen thematisieren. Da der islamische Glauben zum einen mehrere konfessionelle Richtungen vereint (z.B. Schiiten, Sunniten) und zum anderen viele unterschiedliche religiöse Gruppen existieren, die den Islam modernisieren und reformieren wollen (z.B. muslimische Frauen, die dafür kämpfen ohne Kopftuch öffentlich aufzutreten), erscheinen intrareligiöse Betrachtungen durchaus relevant.

[65] Anmerkung: Das arabische Wort *jihad* [zu dt. Dschihad] hat eigentlich die Bedeutung Anstrengung, Einsatz, innerer Kampf (Karim, 2000, S. 42). Im islamischen Glauben unterscheidet man u.a. den *jihad* des Gottes, welcher Selbstkontrolle und den Kampf gegen das innere Böse verlangt, den *jihad* der Zunge, der zur Verbreitung der Worte Gottes durch Wort und Schrift auffordert und den *jihad* des Schwertes, welcher zum Kampf gegen die Ungläubigen auffordert (Karim, 2000, S. 42f.). Die Medien berichten zumeist nur über *jihad* des Schwertes (ebd.).

In Anlehnung daran interessieren für *interreligiöse Themen* die dargestellten Beziehungen zwischen dem Islam und den drei anderen Weltreligionen – Buddhismus, Judentum, Christentum. Da dem Islam oft eine Intoleranz gegenüber Andersgläubigen und/oder Nichtgläubigen unterstellt wird (Vgl. Umfrage Allensbach 2006 in: Noelle-Neumann & Peterson 2006), soll anhand dieser Kategorie analysiert werden, ob das gegenseitige Verhältnis der Religionen thematisiert und wie dieses beschrieben wird. Dazu wurde eine zusätzliche Filterkategorie aufgenommen, die ein mögliches Dialog- oder Abgrenzungsverhalten der Weltreligionen misst.[66]

Die folgende Abbildung verdeutlicht die operationalisierten Islam-Themen im Überblick:

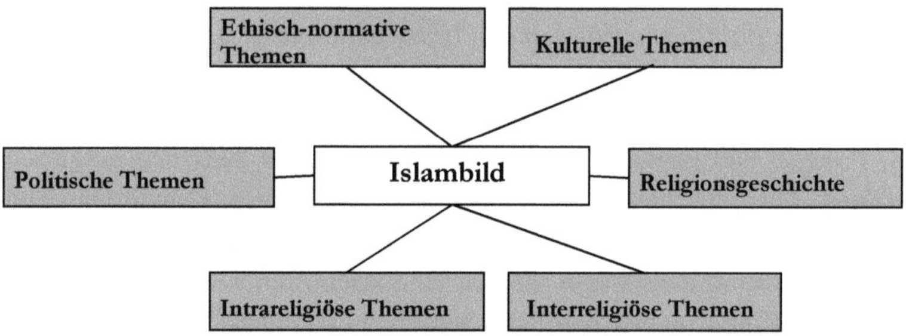

Abb. 3 Operationalisierung des Islambildes – Themenbereiche der Religion
Quelle: eigene Darstellung

Themen in der Berichterstattung können entweder ereignisorientiert oder themenspezifisch aufbereitet sein. Im Gegensatz zu ereignisorientierten Berichten verlangt eine themenspezifische Berichterstattung kein aktuelles Ereignis. Dies wäre z.B. der Fall, wenn über den Einsatz von Medien zur politischen Aufklärung im Libanon berichtet wird oder der Bau eines modernen Einkaufszentrums in Kairo filmisch begleitet wird (Vgl. BBC World, August 2007). Ohne dass ein konkretes Ereignis der Berichterstattung vorausgeht, werden Themen aufgegriffen, Hintergründe und Zusammenhänge offeriert. Diese Differenzierung sollte durch die Kategorie der *Art der Berichterstattung*

[66] Anmerkung: Die aufgeführten Themenbereiche für den Islam wurden mit dem Seniordirektor des Zentralinstituts Islam-Archiv Deutschland e.V. (Armina-Abdullah-Stiftung) sowie mit einer an der Technischen Universität Dresden arbeitenden muslimischen Dozentin besprochen und diskutiert. Damit sollte eine zusätzliche Autorisierung stattfinden, die bestätigt, dass der Islam als Religion ‚umfassend' untersucht wird. Diese Diskussion erschien der Autorin wichtig, da sie nur durch theoretisches Lektürewissen ein Bild vom Islam aufgebaut hat, welches durch die Diskussion praktische Bestätigung und Korrektur erfahren konnte.

erfasst werden. Sie erscheint wichtig, da der Vermutung nachgegangen wird, dass AJ English durch die Fokussierung von bestimmten ereignisunabhängigen Themen eine Differenzierung zu BBC World und CNN International herstellt.

Neben Sachgebiet, den Islamthemen und der Art der Berichterstattung interessierte für die Beschreibung des Themas der *Anlass* der Berichterstattung. Um konkrete Anlässe mit Islambezug für den Untersuchungszeitraum zu erfassen, wurden die überregionalen deutschen Tageszeitungen „Die Welt“ sowie die „Frankfurter Allgemeine Zeitung“ nach Berichten zum Islam und den Muslimen untersucht.[67] Dabei sollten alle Beiträge im Untersuchungszeitraum generiert werden, die einen Anlass für eine Berichterstattung im Kontext des Islam zeigten. Mit Hilfe der Online-Suchdatenbanken der jeweiligen Zeitungen wurden durch die Suchbegriffe „*Muslim*“ oder „*Islam*“ über 400 Artikel angezeigt, die nach dem Anlass des Ereignisses untersucht wurden. Die Suchbegriffe orientierten sich dabei an der Studie von Sheikh, Price & Oshagan (1995), die diese für ihre quantitative Inhaltsanalyse amerikanischer und britischer Zeitungen zum Islam testeten (ebd., S. 144). Es konnten 36 unterschiedliche Anlässe in das Codebuch aufgenommen werden. Diese genaue Auflistung sollte eine bessere Ergebnisinterpretation möglich machen, da von Bedeutung ist, ob ein Attentat (Anlass) eher unter Verweis auf politische Intentionen der muslimischen Täter (politisch religiöse Themen) diskutiert wird oder Gründe aufgeführt werden, die in ethisch-normativen Bereichen des Glaubens liegen (z.B. er folgte dem Willen Allahs).

Für die Prüfung der **Hypothese 4** zur Valenz der Berichterstattung wurde die gleichnamige Kategorie *Valenz* und *Prognose* eingeführt. Diese wurden beide über eine 5-stufige Ordinalsskala verschlüsselt. Die Valenz erschließt dabei den Grundtenor der Berichterstattung, während die Prognose Aussagen über die Tendenz zukünftiger Entwicklungen im Beitrag erfasst.

Hypothese 5 geht der Vermutung nach, dass AJ English einen Dialog zwischen dem Westen und der islamischen Welt häufiger betont als seine westlichen Konkurrenten. Diese Behauptung wird durch die Kategorie *Islamische Welt und der Westen* überprüfbar gemacht. Es wird untersucht, ob ein Dialog- oder ein Abgrenzungsverhalten thematisiert wird.[68]

---

[67] Anmerkung: Die beiden Zeitungen wurden zufällig gewählt. Sie bilden jedoch durchaus eine anerkannte Quelle, da sie als überregionale Tageszeitungen über Weltereignisse berichten und in Deutschland als Qualitätszeitungen fungieren (Vgl. Hafez, 2002b).

[68] Anmerkung: Die Termini ‚islamische Welt' und der ‚Westen' sind bereits auf S.71 und 72 für die vorliegende Untersuchung definiert.

Die Frage nach muslimischen Ländern in der Berichterstattung – **Hypothese 6** – verlangt eine Auflistung der Staaten, deren Bevölkerung mehrheitlich dem Islam folgen. Für die Kategorie *Länder* wurden Informationen der Bundeszentrale für politische Bildung genutzt (Bundeszentrale für politische Bildung, 2005). Um die Codierung zu erleichtern, wurde dem Codebuch eine Weltkarte angehangen, die die Verteilung des islamischen Glaubens unterstützend visualisiert. Die Liste der Länder umfasst 62 mögliche Nennungen. Dabei konnten bis zu drei Länder codiert werden, die als Schauplatz innerhalb der Berichterstattung auftraten. Zusätzlich wurde eine Liste von westlichen Ländern aufgestellt, die sich an der Studie von Kagemann (2004) orientiert. Oberkategorien wie Europa, USA oder Süd-Ost-Asien boten eine breitere geographische Verschlüsselung.

Um die beiden **Hypothesen 7a und 7b** zu betrachten, wurden die Kategorien *muslimische Akteure* und *nicht-muslimische Akteure* geschaffen. Diese sollten erfassen, ob in einem Beitrag mit Islambezug muslimische Akteure vorkommen, diese gegebenenfalls *zu Wort* kommen und als *Opfer* oder *Täter* in den Bericht eingehen. Da eine interpretatorische Aussage zum Vorkommen muslimischer Akteure nur möglich ist, wenn man einen adäquaten Vergleichsmaßstab heranziehen kann, wurden ebenso nicht-muslimische Akteure betrachtet. Eine Identifizierung muslimischer oder nicht-muslimischer Akteure war nur dann gestattet, wenn diese im Beitrag tatsächlich als solche kenntlich gemacht wurden. Wenn beispielsweise über die Tradition des Drachenfliegens der Koranschüler in Afghanistan (AJ English, 30.10.2007) oder über eine neue Videobotschaft von Osama bin Laden (AJ English, BBC World, CNN International, 11.9.2007) berichtet wurde, so konnten und mussten diese Akteure als muslimisch identifiziert werden. Wenn im Gegenzug dazu über die Rede von Tony Blair zur Bekämpfung des internationalen Terrorismus in New York oder über das Eintreffen von Condolezza Rice im Nahen Osten (CNN, 2.11.2007) berichtet wurde, so galten diese als nicht-muslimisch.

Um den Vorwurf, dass AJ English ein „Sprachrohr des internationalen Terrorismus" (Vgl. Scholtys, 2006) ist, empirisch zu überprüfen, wurde die Kategorie *O-Ton islamischer Extremisten* geschaffen. Diese Kategorie hilft der Betrachtung von **Hypothese 8**. Islamische Extremisten sind dabei alle Gruppen oder Einzelpersonen, die als fundamentalistisch, islamistisch und/oder terroristisch im Beitrag beschrieben werden. Sie konnten dann als solche identifiziert werden, wenn sie in der Berichterstattung durch eine explizite Bezeichnung *extremistic*, *fundamentalistic*, *islamistic* oder *terroristic* als solche kenntlich gemacht wurden. Mutmaßungen der Codierer, ob ein Handeln fundamentalistische, terroristische oder islamistische Intentionen besitzt, waren nicht erlaubt.

6.6.2 Analyseeinheit Stereotyp

In einem zweiten Analyseschritt soll die Aufmerksamkeit auf die Stereotypisierung innerhalb des Nachrichtenbeitrages gerichtet werden.
Wie im Theorieteil deutlich gemacht wurde, umfasst eine Stereotypisierung eine Generalisierung und damit eine Vereinfachung von komplexen Realitäten (Vgl. Kapitel 2). Da der Islam in der Berichterstattung hauptsächlich als eine homogene Religion erscheint, sollte durch die Kategorie *Vielfalt des Islam* die **Hypothese 9** geprüft werden. Diese Kategorie erfasst, ob im Beitrag auf die Vielfalt des muslimischen Glaubens verwiesen wird oder der Islam als ein einheitliches ‚Ganzes' erscheint. Der Verweis auf muslimische Eigenheiten, spezifische Sitten und Bräuche einzelner Länder oder Glaubensgruppen würde eine Heterogenität des Glaubens bezeugen, während verallgemeinernde Aussagen wie „Islam is a threat and its people extremists" (Poole, 2000, S. 157) eine Homogenisierung darstellen.

Da durch die Assimilation von ‚Islam = Terrorismus' ebenso hochgradig stereotypisiert wird, sollte durch die Kategorie *Verbindung von Islam und Terrorismus* die **Hypothese 10** analysiert werden. Dabei wird untersucht, ob im Beitrag eine explizite Verbindung zwischen Islam und Terrorismus benannt ist. Neben der direkten Benennung waren Umschreibungen, wie z.B. „Terror im Namen Allahs" oder „Wir brauchen einen heiligen Krieg, den Dschihad!" ebenso gültige Kriterien für eine Verschlüsselung.

Für eine Betrachtung der **Hypothesen 11a, 11b** und **12** bedarf es einer Auflistung konkreter stereotyper Elemente. Dafür kam eine Liste von 4 zentralen Stereotypen zum Einsatz, die aus den bisherigen Forschungsergebnissen abgeleitet wurde (Vgl. Kapitel 3, 3.3 *Zentrale Ergebnisse im Bereich Stereotype*, S. 47ff.). Dazu zählen das *Stereotyp der Gewaltbereitschaft, das Stereotyp der Bedrohung des Westens, das Stereotyp der Unterdrückung der Frau* und *das Stereotyp der Rückständigkeit.* Da eine ausführliche Beschreibung der einzelnen Stereotype bereits im Kapitel zum Forschungsstand stattgefunden hat, soll an dieser Stelle auf eine nochmalige Erläuterung verzichtet werden. Die Beschreibungen der einzelnen Stereotype sind an den Forschungsstand angelehnt und können im Codebuch nachvollzogen werden. Da in einem Beitrag mehrere Stereotype vorkommen können, konnte jedes einzelne Merkmal nominal codiert werden (kommt vor/kommt nicht vor).

Es wurde zunächst erhoben, welche Stereotype im Beitrag vorkommen. Dabei wurde unterschieden, ob stereotype Zuschreibungen explizit erwähnt werden (z.B. der brutale Palästinenser) oder im Beitrag visualisiert werden (z.B. durch einen bewaffneten Palästinenser oder einen vermummten palästinensischen Geiselnehmer). Da Stereotype bisher durch Textanalysen untersucht wurden, sollten in Anlehnung an Röder (2007) mögliche Visualisierungstendenzen aufgezeigt werden.
Es interessierte weiterhin, ob das identifizierte Stereotyp im Beitrag dominant war oder nicht. Hierfür wurde die Kategorie der *Dominanz* geschaffen, die auf einer 4-stufigen Ordinalsskala (dominant – eher dominant – weniger dominant – nicht dominant) verschlüsselt werden konnte. Neben der Häufigkeit der einzelnen Stereotype kann im Auswertungsprozess somit eine zusätzliche Gewichtung stattfinden, die die Präsenz der Konzepte in der Nachrichtenberichterstattung zusätzlich verdeutlicht.

Obwohl Stereotype sowohl negative als auch positive Eigenschaftszuschreibungen enthalten können, manifestieren sich für den Islam und die Muslime vor allem negative Darstellungsweisen (Vgl. Kapitel 3). Da mit den bereits angeführten Konzepten lediglich Negativeigenschaften untersucht werden, sollten diese durch eine Abfrage von positiven Adjektiven ergänzt werden. Die Auflistung der Wörter *fortschrittlich, tolerant, friedlich, sozial, diszipliniert/fleißig/engagiert* sollte eine zusätzliche Codierung möglich machen, in der auch positive Darstellungen Beachtung finden. Die Adjektive entstammen dabei der Studie von Kagemann (2004), die eine ähnliche Vorgehensweise wählte. Sie wurden nominal (kommt vor/kommt nicht vor) abgefragt.
Um weitere positive Beschreibungen des Islam in einem Nachrichtenbeitrag zu beachten, wurde eine offene Kategorie eingeführt, die von jedem Codierer eigenständig durch ein Adjektiv ergänzt werden konnte. Dies ermöglicht eine zusätzliche Exploration und sollte der Analyse von negativen Stereotypen einen Gegenpol setzen.

6.6.3 Analyseeinheit visuelle Bildberichterstattung

Als ein letzter Analyseschritt soll eine Betrachtung der *visuellen Bildberichterstattung* innerhalb des Beitrages stattfinden.[69] Diese Untersuchung ist wegen mangelnder Vorstudien weitgehend explorativ angelegt und unterliegt keiner konkreten Hypothese. Die Bedeutung der Visualisierung ist aus der Medienwirkungsforschung bekannt. „Seeing is remembering" formulierte die Kommunikationswissenschaftlerin Doris Graber 1990 (zit. in: Kamps, 1998, S. 45) und verweist auf die schon oft bestätigte Wirkung visueller Bildmotive auf die Glaubwürdigkeit und die Erinnerungsleistung der Rezipienten, so dass deren Analyse in der vorliegenden Untersuchung nicht vernachlässigt werden soll.
Um dafür mögliche Bildmotive identifizieren zu können, fand eine qualitative Vorbetrachtung des Untersuchungsmaterials statt. Es wurden 8 Bildmotive ins Codebuch aufgenommen, die mittels einer Nominalskala (kommt vor/kommt nicht vor) verschlüsselt werden konnten. Dazu zählen Motive der Gewalt, des Krieges und der Ländlichkeit. Diese wurden durch *Symbole des Islam* ergänzt. Hierfür waren die Betrachtungen von Schiffer (2005) und Link & Gerhard (1995) nützlich, die u.a. die Moschee, die verschleierte Muslimin, den Halbmond und den Stern als solche identifizierten (Vgl. Kapitel 3, 3.3.1. *Stereotype und Symbole in der visuellen Bildberichterstattung*, S. 53ff.). Um einen zusätzlichen Erkenntnisgewinn einzuräumen, wurde eine offene Kategorie geschaffen, in der auffällige, immer wiederkehrende Bildelemente erfasst werden konnten.

6.7 Pretest und Reliabilität

Bevor in diesem Abschnitt der Ablauf des *Pretests* beschrieben und der *Intercoderreliabilitätskoeffizient* als Maß einer verlässlichen Kodierung diskutiert wird, sollen zwei Anmerkungen zu den Codierern vorangehen.
Aufgrund der Untersuchung englischer Nachrichtenbeiträge wurden Codierer ausgesucht, die durch den Erwerb praktischer Spracherkenntnisse im englischsprachigen Ausland die dafür notwendige Qualifizierung mitbrachten. Drei der fünf Codierer haben ein Auslandssemester in den USA absolviert. Der vierte Codierer konnte sich wie auch die Untersuchungsleiterin durch seine Englischerfahrungen als Tutor von englischsprachigen Lehrveranstaltungen an der Technischen Universität Dresden qualifizieren. Das Auswahlkriterium der

[69] Anmerkung: In die Bildanalyse werden bewegte Bilder (Filmaufnahmen) und Standbilder (Fotos, Karikaturen) einbezogen. Graphische Darstellungen und Tabellen werden nicht als Bild codiert. In der Analyseeinheit *Bildberichterstattung* wird das gesamte Bildmaterial eines Beitrags betrachtet. Es findet keine Unterteilung in einzelne Bildarten (Standbild, bewegtes Bild, Karikatur usw.) oder einzelnen Bildsequenzen bei Filmaufnahmen statt.

Sprache erschien wichtig, da nur ein vollständiges Verstehen der einzelnen Nachrichtenbeiträge eine Voraussetzung für eine gute Codierung darstellt.
Da die vorliegende Arbeit eine religiöse Thematik untersucht, wurden alle Codierer im Vorfeld zu ihrer *religiösen Überzeugung* befragt. Diese Frage war der Untersuchungsleiterin wichtig, da eigene konfessionelle Richtungen als eine intervenierende Variable bei der Auswertung der einzelnen Codiererleistungen beachtet hätten werden müssen. Da alle Codierer Atheisten sind, konnte dieser Aspekt vernachlässigt werden. Im Folgenden soll nun die Funktion des Pretests und dessen Ergebnis beschrieben werden.

Mit Hilfe eines *Pretests* sollen sowohl die Praktikabilität des Codebuchs, d.h. dessen Vollständigkeit, Eindeutigkeit, Verständlichkeit und Widerspruchsfreiheit als auch die praktische Codierarbeit getestet werden (Merten, 1995, S. 325). Der Pretest ist im Rahmen einer Inhaltsanalyse somit unerlässlich, da er dem/der Untersuchungsleiter/in hilft, mögliche Schwachstellen des Codebuchs zu erkennen, im Nachgang zu beheben und damit die Güte der Analyse erhöht. Durch einen Pretest können Aussagen über Gütekriterien der Analyse getroffen werden. Ein wichtiges Gütekriterium ist dabei die *Reliabilität*, womit die Verlässlichkeit des Messinstrumentes – im vorliegenden Fall des Codebuchs – gemeint ist (Merten, 1995, S. 302).
Die Reliabilität kann z.B. gemessen werden, in dem geprüft wird, ob alle an der Untersuchung teilnehmenden Codierer in einer Beispielcodierung des Untersuchungsmaterials vergleichbare Messwerte erzielen. Durch diese Messung ergibt sich der *Intercoderreliabilitätskoeffizient*. Dabei ist es sinnvoll, eine Unterscheidung der formalen und semantisch-inhaltlichen Kriterien vorzunehmen und den Intercoderreliabilitätskoeffizienten für diese Bereiche separat aufzuzeigen. Für den Bereich der formalen Kriterien (Länge des Beitrags, journalistische Darstellungsform, Datum usw.) sollte nach Früh mindestens 90% Übereinstimmung erzielt werden, wobei für den semantisch-thematischen Bereich in einer Inhaltsanalyse mindestens 75% übereinstimmende Codierungen wichtig sind (Diekmann, 2002, S. 493).

Im Vorfeld des Pretests fand eine ausführliche *Codiererschulung* statt. Jeder Codierer erhielt dafür das Codebuch, das zusammen mit der Untersuchungsleiterin durchgelesen und erklärt wurde. Vor allem die auf den Islam hindeutenden Begriffe bedurften ausführlichen Erläuterungen.
Nach der Präsentation des Codebuches zeigte die Untersuchungsleiterin einen Beispielbeitrag aus der Sendung von AJ English am 13.8.2007, der zusammen mit allen Codierern analysiert wurde. Der Beitrag wurde ausgewählt, da er nicht in den Untersuchungszeitraum fällt und die spätere Codierung damit nicht

beeinflusst hat. Die Beispielanalyse sollte ein zusätzliches Verständnis für einzelne Kategorien schaffen, den Ablauf der Verschlüsselung verdeutlichen sowie eventuelle Schwierigkeiten bei der Codierung aufdecken. Besondere Aufmerksamkeit wurde auf die Verschlüsselung der speziellen *Islam-Themen* und der *Stereotype* gelegt, da hier der größte Interpretationsspielraum existiert. Für die Islam-Themen ergaben sich keine Verständnisprobleme. Es zeigte sich jedoch, dass unterschiedliche Ansichten über das Vorkommen von Stereotypen auf Wort- und visueller Ebene existierten, so dass weitere Beispiele ins Codebuch aufgenommen wurden, die eine zusätzliche Verdeutlichung der Kategorien möglich machen sollte.
Im Anschluss der Codiererschulung fand der Pretest statt. Dabei wurden *sechs* weitere *Nachrichtenbeiträge* von jedem Codierer selbstständig verschlüsselt. Die Forschungsleiterin wählte die Pretestbeiträge dabei so, dass jeder Sender der Untersuchungseinheiten zweimal vorhanden war. Auch die berichteten Themen und das Vorkommen von Stereotypen wurden variiert. Auf Basis dieser Codierung kann der Intercoderreliabilitätskoeffizient in Anlehnung an Früh (2001) ausgerechnet werden (ebd., S. 179).

Intercoderreliabilitätsberechnung nach Früh (2001):

$$CR = \frac{2\,Ü}{C_1 + C_2}$$

CR = Codierreliabilität; Ü = Anzahl der übereinstimmenden Codierungen;
C_1 = Anzahl der Codierungen von Codierer 1; C_2 = Anzahl der Codierungen von Codierer 2

Der Intercoderreliabilitätstest wurde zuerst für alle Kategorien und im Anschluss getrennt für die *formalen Kriterien*, *Themen* und *Stereotype* durchgeführt, um eventuelle Problembereiche besser identifizieren zu können.
Für die sechs Pretestbeiträge ergab sich in der Codierung aller Variablen eine Übereinstimmung zwischen den Codierern von 63% bis 87%. Dabei konnten fünf der sechs Probebeiträge eine Übereinstimmung von 74% bis 87% erzielen. Ein Beitrag wies jedoch eine geringere Intercoderreliablität auf, die zwischen 0.63 und 0.70 lag. Dieser Beitrag behandelte das Thema des Darfur-Konfliktes im Sudan.

Für die *formalen Analyseeinheiten* (Sender, Sendedatum, Titel, Ankündigung, Journalistische Darstellungsform, Länge, Bilder, Quelle) konnte eine Übereinstimmung von 88% bis 100% erbracht werden. Dabei ergab sich der Koeffizient von 0.88 in zwei Fällen durch eine unterschiedliche Angabe der Quelle, so dass das Codebuch durch eine zusätzliche Beschreibung für das Erkennen der Quellen ergänzt wurde.

Für den Bereich *Themen* (Valenz, Sachgebiet, Islam-Themen, Islamische Welt und der Westen, Anlass, Prognosen, Länder, Akteure) lagen die Übereinstimmungen bei 64% bis 96%. Auch hier ist der Beitrag über den Darfur-Konflikt im Ergebnis kritisch zu betrachten. Bis auf ihn lag der Intercoderkoeffizient pro Beitrag im Bereich Themen zwischen 0.78 und 0.96. Eine genaue Betrachtung der Problembereiche in der Codierung des Beitrags über den Darfur-Konflikt zeigte, dass vor allem die Akteursanalyse unterschiedlich durchgeführt wurde. Während für die restlichen Kategorien eine Übereinstimmung aller Codierer von 86% abzulesen war, wurden im Bereich Akteure (muslimische und nicht-muslimische Akteure) nur wenige Übereinstimmungen gezählt. Über mögliche Ursachen sollte daher in einer Nachschulung der Codierer diskutiert werden.

Für den Bereich *Stereotype* (Vielfalt, Terrorismus, konkrete stereotype Elemente, Dominanz, andere Charakterisierungen) hat die Codierung eine Übereinstimmung von 58% bis 95 % erbracht. Der Darfur-Beitrag hat im Bereich Stereotype 58% bis 60% übereinstimmende Codierungen erhalten, alle anderen Beiträge liegen bei einem Intercoderreliabilitätskoeffizienten von 0.73 bis 0.95.

Die Nachschulung der Codierer zeigte, dass die Akteure im Darfur-Konflikt, nicht wie im Codebuch angegeben, im Beitrag eindeutig als muslimisch identifiziert worden sind. Trotz vorangegangener Codiererschulung haben Spekulationen über das Vorkommen muslimischer Akteure stattgefunden. Dieser Fehler im Bereich Akteure hat sich damit auch im Bereich Stereotype manifestiert, da sudanesische Rebellen von einigen Codierern als muslimisch identifiziert wurden, obwohl sie im Beitrag nicht explizit als solche benannt waren. Da sich die Analyse der stereotypen Elemente ebenso auf muslimische Akteure bezieht, haben sich somit weitere ‚Fehlkodierungen' ergeben, die den Intercoderreliabilitätskoeffizienten für den Darfur-Beitrag beeinflussten.
In der Nachschulung der Codierer wurde auf diesen Aspekt nochmals hingewiesen. Da dadurch das Verständnis für einzelne Kategorien erneut geschult werden konnte, sollte auf einen zweiten Pretest verzichtet werden.

Die für die empirische Untersuchung zu analysierenden Beiträge wurden so aufgeteilt, dass alle 5 Codierer die gleiche Anzahl an Nachrichtensendungen von BBC World, Al Jazeera English und CNN International bekamen. Die Sendungen wurden – so weit es möglich war – zeitlich unchronologisch verteilt, so dass Kontext- oder Lerneffekte, die durch das Analysieren eines thematisch gleichen Beitrags bei BBC World, Al Jazeera English und bei CNN International entstehen können, vermieden werden sollten.

7 Ergebnisse

In diesem Kapitel werden die wichtigsten Ergebnisse zur Beantwortung der Forschungsfragen und Hypothesen vorgestellt. Die Datenauswertung erfolgte dabei mit dem Programm SPSS *(Statistical Package for the Social Sciences).*
In Abhängigkeit des Skalenniveaus wurden unterschiedliche statistische Verfahren angewandt. Da die untersuchten Variablen vor allem ordinal und nominal skaliert sind, waren nichtparametrische Testverfahren wichtig, weil sie im Vergleich zu multivariaten Analysen (z.B. T-Test, Varianzanalyse) weniger starke Anforderungen an das Skalenniveau stellen (Vgl. Brosius, 2006, S. 833ff.). Um die gemeinsame Häufigkeitsverteilung zweier Variablen aufzudecken, wurden Kreuztabellen gerechnet, deren Signifikanz durch den Chi-Quadrat-Test geprüft wurde. Dieser lies sich jedoch nur berechnen, wenn die erwartbare Häufigkeit der einzelnen Ausprägungen >5 ist, so dass für einige Fälle mit geringer Fallzahl n keine Signifikanzen, sondern lediglich deskriptive Häufigkeiten angegeben werden können (Vgl. Brosius, 2006, S. 427ff.). Das Korrelationsmaß wurde je nach Skalenniveau durch den Koeffizienten Cramers V (Zusammenhang von nominalskalierten Daten) oder den Kontingenzkoeffizienten (Zusammenhang von nominal- und ordinalskalierten Daten) ausgedrückt (ebd., 428ff.). Im Falle metrischer und normalverteilter Daten wurde zusätzlich der T-Test für unabhängige Stichproben gerechnet.
Trotz der in der Untersuchung durchgeführten *Vollerhebung* im Untersuchungszeitraum werden dabei für einen Variablen-Zusammenhang Signifikanzen angegeben. Die Autorin ist sich bewusst, dass die Angabe von Signifikanzen vor allem im Falle einer Stichprobenziehung sinnvoll ist, da damit Aussagen getroffen werden, mit welcher Wahrscheinlichkeit ein Variablen-Zusammenhang in der Stichprobe auch für die Grundgesamtheit zulässig ist. Da Signifikanzen auch darüber Auskunft geben, ob ein Ergebnis rein zufällig zustande kommt oder systematisch ist und damit größere Gültigkeit erfährt, ist es legitim Signifikanzen auch bei Vollerhebungen in Betracht zu ziehen. Unterschiede zwischen den einzelnen Variablen können somit besser eingeschätzt und evaluiert werden (Westermann, 2000, S. 337).
Die offen codierten String-Variablen wurden systematisiert und kategorisiert. Auffälligkeiten wurden zusammengefasst und durch einen numerischen Code verschlüsselt, so dass die Ergebnisse der explorativen Datenanalyse ebenso in den Datensatz eingingen und in der Auswertung beachtet werden konnten.
Die Ergebnispräsentation orientiert sich an der Unterteilung *Themen* und *Stereotype.* Der letzte Abschnitt legt die Resultate zur *Analyse der visuellen Bildberichterstattung* dar.

7.1 Themen

Insgesamt wurden **201 Sendungen** untersucht, wobei durch die Zugriffskriterien *islamische Länder, muslimische Akteure, Islam* **707 Nachrichtenbeiträge** mit einer Gesamtdauer von **25,3 Stunden** in die Analyse eingingen. 37,5% (n = 265) der Analyseeinheiten fallen dabei auf AJ English, 34,2% (n = 242) auf BBC World und 28,3% (n = 200) auf CNN International. Im Untersuchungszeitraum hat AJ English somit am häufigsten einen Bezug zu islamischen Ländern, muslimischen Akteuren und/oder dem Islam hergestellt. CNN International berichtete quantitativ am seltensten.
Während durch die genannten Zugriffskriterien 707 Beiträge ausgewählt werden konnten, stellten **311 Beiträge** (44%) einen **expliziten Bezug zum Islam** als Religion her. Dabei berichtete AJ English mit 116 Beiträgen ebenso am häufigsten, während BBC World den Islam in 104 und CNN International in 91 Beiträgen thematisierte. Der Islam als Themenbereich, der im Folgenden noch genauer betrachtet und analysiert wird, fand in mindestens jedem dritten Beitrag (n=707) Erwähnung.

Die Annahme der **ersten Hypothese** bezieht sich auf den **Stellenwert der Beiträge** mit Islambezug. Es wird davon ausgegangen, dass sie in den Nachrichtensendungen von AJ English einen höheren Stellenwert haben als bei BBC World und CNN International. Dazu werden im Folgenden die Variablen *Sendezeit* (Länge), *Ankündigung* als Top-Ereignis des Tages, *Visualisierung* (durch Nachrichtenfilme und/oder Standbilder) und *Journalistische Darstellungsform* als Vergleichsmaßstab herangezogen. Es ist jedoch zu beachten, dass sich die Hypothese nicht konkret auf die Thematisierung des Islam als Religion bezieht, sondern eine Vermutung über das generelle Vorkommen muslimischer Länder, muslimischer Akteure und/oder des Islam in der Berichterstattung internationaler Nachrichtensender aufgestellt wird.

Auf den ersten Blick zeigt sich, dass von 201 analysierten Sendungen 94,5% (190 Beiträge) einen Bezug zu den aufgeführten Zugriffskriterien aufweisen. Lediglich 11 Sendungen innerhalb des dreimonatigen Betrachtungszeitraums nahmen keine der genannten Thematisierungen vor. Die untersuchten Themen haben demnach eine hohe Relevanz für die Berichterstattung internationaler Nachrichtensender, da sie nahezu täglich auf der Medienagenda stehen.[70]
Bei AJ English wurden pro Sendung rund 4 Beiträge, bei BBC World 3,5 und bei CNN International rund 3,2 Beiträge analysiert. Die Zahlen verdeutlichen

[70] Anmerkung: AJ English und BBC World haben an drei Tagen, CNN International an fünf Tagen nicht über Themen mit Islambezug berichtet.

weiterhin die Präsenz der untersuchten Nachrichtenbeiträge im Untersuchungszeitraums, da nicht nur nahezu täglich über muslimische Länder, muslimische Akteure und/oder den Islam berichtet wird, sondern innerhalb einer Nachrichtensendung auch mehrere relevante Beiträge ausgestrahlt werden. Der Mittelwertvergleich zeigt, dass AJ English nicht signifikant häufiger als seine westlichen Konkurrenten über Themen mit Islambezug berichtet (T-Test unabhängige Stichproben, $p>0.05$, nicht signifikant). Die internationalen Nachrichtensender scheinen demnach für Themen aus der islamischen Welt gleichermaßen sensibilisiert, ohne dass ein signifikant höherer Stellenwert für den Sender aus dem Nahen Osten abgeleitet werden kann.

Im nächsten Analyseschritt steht die **Sendezeit (Länge)** der einzelnen Beiträge im Vordergrund. Dabei ist auffällig, dass AJ English im Untersuchungszeitraum mit insgesamt 11'15 Stunden am längsten berichtete (T-Test für unabhängige Stichproben, $p\leq0.01$, sehr signifikant). CNN International berichtete im Untersuchungszeitraum 7'30 Stunden und BBC World nur rund 6 Stunden. Obwohl die Sender den untersuchten Themen gleichermaßen viel Aufmerksamkeit widmeten, informiert AJ English signifikant länger über die muslimische Welt und/oder den Islam.[71]

Das Ergebnis wird weiterhin durch die **durchschnittliche Sendezeit** bestätigt, die den analysierten Informationen pro Sendung eingeräumt wurden.

	AJ English	BBC World	CNN International
August	12'45 min	5'30 min	7'30 min
September	11'00 min	6'15 min	8'00 min
Oktober	9'15 min	5'15 min	6'00 min
November	10'30 min	5'30 min	9'15 min
Durchschnittliche Sendezeit pro Sendung	**10'45 min**	**5'30 min**	**7'30 min**

Tab. 1 Durchschnittliche Sendezeit der analysierten Beiträge pro Sendung
(Dauer pro Sendung jeweils 30 Minuten)

Bei AJ English ist das Maß am eindringlichsten. Innerhalb der 30minütigen Sendezeit werden in den untersuchten Monaten durchschnittlich 10'45 min für Beiträge mit Islambezug genutzt. Dies entspricht rund 1/3 der gesamten

[71] Anmerkung: Dieses Ergebnis muss jedoch kritisch betrachtet werden, da BBC World durch das sendungseigene Format *News in Brief* die meisten Kurzmeldungen im Untersuchungszeitraum ausstrahlte (47,5%, n=242). Die *News in Brief* erscheinen als ein Block von Kurzmeldungen mehrmals in einer Sendung. Da diese durchschnittlich nicht länger als 20 Sekunden dauern, findet eine Verzerrung der Ergebnisse statt. Die durchschnittliche Länge der Beiträge wird durch das vermehrte Vorkommen der Kurzmeldungen reduziert. Dieser Aspekt sollte bei der Interpretation der Ergebnisse bedacht werden.

Sendezeit. Bei CNN International sind es pro Sendung rund 26% (mehr als 1/4 der Nachrichtensendung) und bei BBC World rund 15%. BBC World berichtete im Untersuchungszeitraum am kürzesten und hebt sich dabei von AJ English und CNN International signifikant ab (T-Test für unabhängige Stichproben, $p \leq 0.01$, sehr signifikant).[72]

Als nächster Vergleichsmaßstab wird die Ankündigung als **Top-Ereignis des Tages** betrachtet. Dafür ist die Analyse des Nachrichtenüberblicks zu Beginn einer jeden Sendung ausschlaggebend, da angekündigte Nachrichtenbeiträge im Vergleich zu anderen Ereignissen des Tages eine größere Relevanz und Bedeutung erhalten. Das Korrelationsmaß weist auf einen signifikanten Zusammenhang zwischen dem Sender und der Ankündigung eines für die Untersuchung relevanten Themas hin (Cramers V r=0.4, Chi Quadrat (χ^2) p=0.01, sehr signifikant), so dass folgende Ergebnisse durchaus aussagekräftig sind. AJ English kündigt Informationen mit Islambezug durchschnittlich aller zwei Tage an. 64,1% (n=64)[73] der untersuchten Nachrichtensendungen wiesen eine relevante Thematisierung im Nachrichtenüberblick auf. Bei CNN International sind es 71% (n=62) und bei BBC World sogar rund 81% (n=64). Beiträge über muslimische Länder, muslimische Akteure und/oder den Islam werden folglich mehrheitlich als Top-Ereignis des Tages präsentiert, so dass sie im Vergleich zu anderen Geschehnissen einen hohen Stellenwert innerhalb der Nachrichtensendung bekommen.
Der Blick auf den Sendervergleich zeigt, dass AJ English signifikant seltener als BBC World und CNN International Themen mit Islambezug ankündigt. Dennoch erscheinen sie an mindestens jedem zweiten Tag im Nachrichtenüberblick. Gemessen an der Variable *Ankündigung im Nachrichtenüberblick* besitzen die untersuchten Beiträge demnach sowohl bei AJ English als auch bei CNN International und BBC World einen hohen Stellenwert.

Die Prominenz der relevanten Themen wird weiterhin durch die signifikant hohe Anzahl von **visualisierten Beiträgen** bestätigt, da 95% aller Analyseeinheiten Filmaufnahmen und/oder Standbilder verwendeten (χ^2 $p<0.01$, sehr signifikant). Dieses Ergebnis überrascht nicht, da *„Nachrichten einem weitgehenden Visualisierungszwang“* (Meckel & Kamps, 1998, S. 28) unterliegen. Wenn Bildmaterial zu bestimmten Ereignissen vorliegt, dann wird es auch eingesetzt, *„häufig unabhängig von der Frage, ob sie aussagekräftig sind oder eher als*

[72] Anmerkung: Die durchschnittliche Länge pro Beitrag konnte lediglich im Verhältnis zur Gesamtsendezeit von 30 Minuten gesetzt werden. Werbepausen oder Programmankündigungen wurden nicht beachtet, da das Codebuch diese Angaben nicht erfasst. Der prozentuale Anteil islamrelevanter Nachrichten pro Nachrichtensendung wäre gemessen an der reinen Nachrichtenberichterstattungszeit noch größer.

[73] Anmerkung: Untersuchungszeitraum 67 Tage, da AJ English an drei Tagen nicht berichtete, bezieht sich die Analyse auf n=64. Analog gestaltet sich die Analyse zu CNN International und BBC World.

Ritualbilder bestimmte Themen symbolisieren“ (ebd.). Da die qualitative Vorbetrachtung des Sendematerials jedoch gezeigt hatte, dass es durchaus auch Nachrichtenbeiträge gibt, die weder durch Filmaufnahmen noch durch Standbilder unterstützt werden, ist die Berichterstattung mit Islambezug demnach hochgradig visualisiert und dadurch in ihrer Glaubwürdigkeit und Eindringlichkeit gestärkt.
AJ English visualisiert 92% aller Beiträge durch Filmaufnahmen und rund 2% durch Standbilder. Die Ergebnisse zu BBC World zeigen eine ähnliche Verteilung. Der britische Sender nutzt in 93% Filmaufnahmen und in rund 3% Standbilder. CNN International unterstützt 90% aller Beiträge durch Filmaufnahmen und 4,5% durch Standbilder. Obwohl die prozentualen Unterschiede zwischen den Sendern klein sind, sind sie auf einem Signifikanzniveau von $p<0.05$ signifikant und können als systematisch für die Islamberichterstattung internationaler Nachrichtensender interpretiert werden. Der Stellenwert der Beiträge mit Islambezug ist – gemessen an der zusätzlichen Visualisierung – in allen drei Sendern nahezu gleich hoch.

Um weitere Aussagen über den Stellenwert eines untersuchten Themas treffen zu können, dient die **journalistische Darstellungsform** als ein zusätzlicher Indikator. Im Untersuchungszeitraum wurde in allen drei Nachrichtensendern mehrheitlich die Form des Berichtes (58%, n=707) verwendet, um über muslimische Länder, deren Akteure und/oder den Islam zu informieren. AJ English wählte dabei mit 66% (n=265) quantitativ am häufigsten diese Darstellungsart, während CNN International den Bericht in 57% (n=200) und BBC World in 52% (n=242) der Fälle nutzten (χ^2 $p<0.05$, signifikant). Dieses Ergebnis zeigt, dass die untersuchten Themen in den meisten Fällen ausführlich und umfangreich behandelt werden, da die Berichtform das Aufzeigen von Hintergründen und das Analysieren von Ereignissen möglich macht. Im Vergleich zur Kurzmeldung ist der Bericht in der Regel mit einem höheren Rechercheaufwand verbunden und kann daher als ein Hinweis für die Bedeutsamkeit eines Themas angesehen werden (Röder, 2007, S. 77). AJ English unterscheidet sich dabei lediglich von der Berichterstattung des britischen Senders (χ^2 $p<0.05$, signifikant). Im Vergleich zu CNN International können keine signifikanten Unterschiede aufgeführt werden, so dass der Stellenwert der Beiträge mit Islambezug – gemessen an der journalistischen Darstellungsform – bei AJ English nicht eindeutig höher ist.

Mit Blick auf die aufgeführten Ergebnisse wird deutlich, dass Beiträge über muslimische Länder, muslimische Akteure und/oder den Islam in allen drei Sendern nahezu täglich mit mehreren Beiträgen in die Berichterstattung

eingehen und ihnen prozentual ein hoher Anteil an Sendeminuten in den Morgennachrichten eingeräumt wird. Sie werden vorwiegend als Top-Ereignis des Tages angekündigt, sind hochgradig visualisiert und mehrheitlich in Form des Berichtes angeboten. Damit gehen die Ergebnisse mit denen von Printanalysen zum Islam einher. So konnten u.a. Hafez (2002b), Röder (2007) und Glück (2007) ebenso einen hohen Beachtungsgrad der Beiträge über den Islam und/oder muslimische Länder herausstellen.
Der Sendervergleich zeigt, dass sich AJ English lediglich in der Analyse der Variable *Länge* signifikant von BBC World und CNN International unterscheidet. Alle anderen Variablen zeigen keine einheitlichen Unterschiede zwischen AJ English und der westlichen Berichterstattung, so dass **Hypothese 1** nicht eindeutig angenommen werden kann. Die Nachrichtenbeiträge mit Islambezug haben bei AJ English keinen signifikant höheren Stellenwert als bei BBC World und CNN International.

Hypothese 2 fragt nach den verwendeten **Quellen** in der analysierten Berichterstattung, speziell nach **Beitragsinformationen von AJ English**. Dazu kann angeführt werden, dass die internationalen Nachrichtensender vorwiegend eigenes Quellenmaterial (92%, n=707) nutzen und auf Fremdinformationen weitgehend verzichten (χ^2 p>0.05, nicht signifikant). Es dominieren Korrespondentenberichte, die über die Geschehnisse vor Ort Auskunft geben. Auf die Informationen von Nachrichtenagenturen wird in lediglich 8,3% der Fälle zugegriffen (χ^2 p<0.01, sehr signifikant). Informationen der jeweils anderen internationalen Nachrichtensender werden kaum als Quelle genutzt (1,3%). Die in der Hypothese angenommenen intermedialen Bezüge finden demnach selten statt (χ^2 p<0.05, signifikant).[74]
AJ English wird in lediglich drei Sendungen von CNN International als Quelle angeführt, während BBC World diesen intermedialen Bezug im Untersuchungszeitraum nicht herstellt. Auch auf Informationen des arabischen Muttersenders AJ Arabisch wird im Untersuchungszeitraum nur wenig zurückgegriffen. CNN International nutzte den Sender zweimal, BBC World einmal als Quelle. Dieses Ergebnis überrascht, da vor allem Krüger (2003) und Schatz (2007) auf die Bedeutung des arabischen Kanals als Informationslieferant für nationale Nachrichtensender hinweisen. Ein möglicher Erklärungsgrund kann zum einen der kurze Untersuchungszeitraum sein, da der Medien Tenor (Schatz, 2007) die Nachrichtenberichterstattung deutscher TV- und Printmedien für das gesamte Jahr 2005 auf Quellenverweise untersuchte und dabei AJ Arabisch als eine der

[74] Anmerkung: Es soll kritisch angemerkt werden, dass auch die Möglichkeit besteht, dass Fremdquellen nicht adäquat angegeben werden. Leider liegt keine wissenschaftliche Betrachtung über die Informationsbeschaffung internationaler Nachrichten vor, so dass keine validen Aussagen dazu möglich sind.

meistzitierten ausländischen Quellen identifizierte (Schatz, 2007, S. 35). Krüger (2003) dagegen untersuchte die deutsche Berichterstattung (ARD, ZDF, RTL, SAT1, N24, n-tv) zu Beginn des Irakkrieges 2003 und analysiert demnach ein konkretes Schlüsselereignis, bei dem die Medien vor Ort anfangs einen bestimmten Standortvorteil gegenüber ausländischen Medien genossen (Krüger, 2003, S. 411). Da der vorliegende Betrachtungszeitraum kein vergleichbares Ereignis enthält, kann auch dieser Aspekt ein Grund für die fehlenden intermedialen Bezüge sein. Der Theorieteil hat ferner deutlich gemacht, dass BBC World und CNN International über weltweit ausgebaute Korrespondentennetze verfügen. Auch im Nahen Osten sind Journalisten ausländischer Medien ansässig, so dass im Untersuchungszeitraum weder AJ Arabisch noch AJ English als Quelle für Beitragsinformationen angeführt werden musste. Mit Blick auf die fehlenden intermedialen Bezüge muss **Hypothese 2** abgelehnt werden.

Hypothese 3 geht der Vermutung nach, dass AJ English im Vergleich zu CNN International und BBC World eine größere Themenvielfalt in der Islamberichterstattung anbietet. Dafür ist eine detaillierte Analyse der **Sachgebiete**, des **Anlasses** und der konkreten **Islam-Themen** in der Berichterstattung nötig. Die codierten Sachgebiete (Politik, Krieg, Religion usw.) geben einen ersten Überblick darüber, in welchen thematischen Bereichen muslimische Länder, muslimische Akteure und/oder der Islam behandelt werden.

Die Abbildung verdeutlicht die Verteilung der Sachgebiete im Sendervergleich:

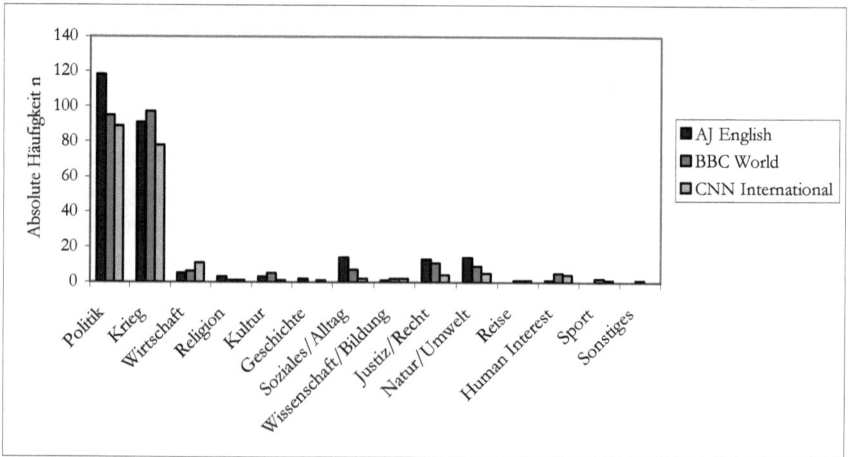

Abb. 4 Sachgebiete der analysierten Beiträge im Sendervergleich, n = 707

Der auffälligste Befund des Balkendiagramms besteht in der dominanten Stellung des Sachgebietes *Politik* (42,7%) und *Krieg* (37,6%). Im Untersuchungszeitraum sind 568 von insgesamt 707 Beiträgen und damit 80% der Berichterstattung über muslimische Länder, muslimische Akteure und/oder dem Islam kriegs- und politikzentriert. Sachgebiete aus dem Bereich Kultur, Reise, Wissenschaft, Soziales usw. dienen kaum als Thematisierungsrahmen.[75]
Im Vergleich der Sender grenzt sich AJ English dabei nicht von der westlichen Berichterstattung ab. Die prozentualen Anteile der jeweiligen Sachgebiete innerhalb der Berichterstattung von AJ English, CNN International und BBC World ähneln sich. Es können keine signifikanten Unterschiede zwischen den Sender aufgezeigt werden (χ^2 im Sendervergleich $p>0.05$, nicht signifikant).
Die internationalen Nachrichtensender reihen sich folglich in das bisher untersuchte Medienspektrum ein. Quantitative Analysen von Hafez (2002b) oder des Medien Tenors (2008) haben die Konzentration auf Kriege und Politik innerhalb der Berichterstattung über muslimische Länder und den Islam ebenso nachgewiesen.

Im zweiten Analyseschritt sollen nun nur die Beiträge herausgefiltert werden, die einen *expliziten Bezug zum Islam als Religion* herstellten. Im Untersuchungszeitraum konnten dazu insgesamt 311 Beiträge generiert werden. Dies entspricht rund 44% der analysierten Berichterstattung. AJ English, BBC World und CNN International thematisierten den Islam dabei gleich frequentiert in nahezu jedem zweiten bis dritten Beitrag.

Der bisherige Forschungsstand zeigt, dass der Islam vor allem durch Krisen, Kriege und Konflikte zum Medienthema wird. Dieser Aspekt sollte durch die Analyse des **Anlasses** untersucht werden. Diese erfolgte zum einen durch die quantitative Auswertung der geschlossen codierten Anlass-Variable und zum anderen durch eine Systematisierung und Kategorisierung der offen codierten Anlass-Variable. Der Anlass wurde in den Fällen zusätzlich offen codiert, in denen durch die geschlossene Codierung *Sonstiges* keine validen Aussagen zum Anlass der Berichterstattung getroffen hätten können. Die Antworten wurden ausgewertet und in fünf Anlassdimensionen sortiert, die im folgenden Diagramm ablesbar sind.

[75] Anmerkung: Eine genaue Auflistung der absoluten und relativen Häufigkeiten der einzelnen Sachgebiete befindet sich als Tabelle im Anhang der Arbeit (Anhang 2, Tab.4, S. 161).

Anlassdimensionen der Islamberichterstattung:

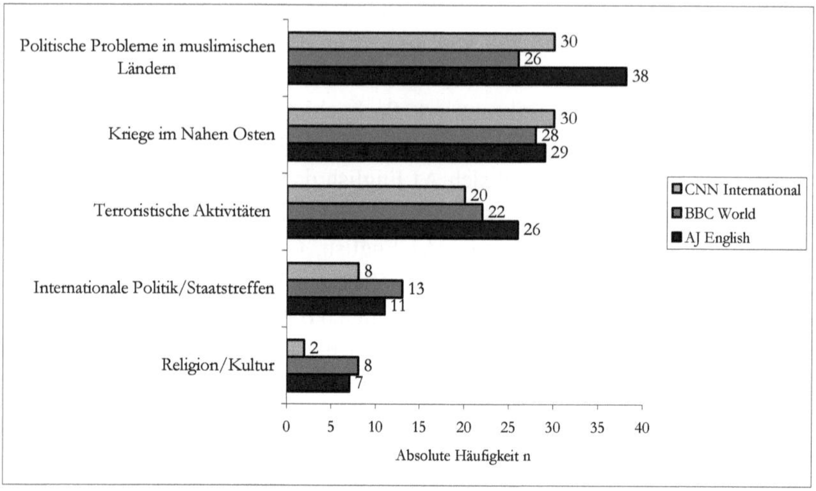

Abb. 5 Anlass der Berichterstattung über den Islam im Sendervergleich, n = 311[76]

Die Analyse des Anlasses zeigt, dass der Islam in allen drei Sendern vor allem in Beiträgen über *politische Probleme in muslimischen Ländern* (30,2%, n=311), *Kriege im Nahen Osten* (28%) und aufgrund *terroristischer Aktivitäten* (21,9%) thematisiert wird. Dabei zeigt der Variablen-Zusammenhang zwischen *Anlass* und *Sender* kein signifikantes Ergebnis, so dass die aufgeführten Resultate nur für die vorliegende Analyse gelten und nicht systematisch sind (χ^2 p>0.05, nicht signifikant). Im Untersuchungszeitraum waren insbesondere die Themen rund um die Kurdenproblematik im Irak und in der Türkei sowie die politische Wahl in Pakistan wichtige Anlässe, die die politische Problemsituation in muslimischen Ländern widerspiegeln. In den Bereich terroristische Aktivitäten fallen alle Anschläge, Geiselnahmen und Attentate auf westliche Personen oder Institutionen. Dazu zählen im Untersuchungszeitraum die Jahrestage der Attentate in New York 2001 und Bali 2002, die Vereitelung von Terroranschlägen in Deutschland und Frankreich sowie die Gefangenschaft der südkoreanischen Geiseln in Afghanistan. Unter die Kategorie Kriege im Nahen Osten können insbesondere die bürgerkriegsähnlichen Zustände im Irak sowie die kämpferischen Auseinandersetzungen der Palästinenser und der Israelis im Gazastreifen eingeordnet werden. [77] Die internationalen Nachrichtensender unterscheiden sich dabei in ihren Anlässen der Islamberichterstattung kaum.

[76] Anmerkung: Insgesamt konnten 298 Beiträge in eine Anlass-Dimension eingeordnet werden. 13 Beiträge verbleiben im Bereich Sonstiges.
[77] Anmerkung: Zum Verständnis ‚Naher Osten' Vgl. S. 72.

Mehrheitlich sind es *politische Krisen, Kriege und Terrorismus*, die zu einer Thematisierung des Islam führen. Interessanterweise ist es sogar AJ English, der den Islam im Untersuchungszeitraum stärker als CNN International und BBC World in den Bereichen politische Probleme und Terrorismus verortet.

Der Blick auf die Anlasskategorie legt die Vermutung nahe, dass alle drei Sender vordergründig **ereignisorientiert** berichten. Dieser Aspekt würde die Anlasssynchronität erklären, da für alle drei Sender die aktuelle Ereignislage über eine Thematisierung des Islam entscheiden würde. Die Analyse der Kategorie *Art der Berichterstattung* zeigt, dass 63,5% (n=311) der Nachrichtenbeiträge tatsächlich ereignisorientiert informierten. 36,5% der Beiträge wurden als themenspezifisch identifiziert, wobei davon jedoch weitere 63 Beiträge (55,8% der themenspezifischen Beiträge) aufgrund aktueller Ereignisse zustande gekommen sind. Für die ereignisorientierte Berichterstattung ergibt sich summa summarum ein signifikanter Prozentwert von rund 84%, so dass der Großteil der Berichterstattung demnach in der Ereignisstruktur des Tages wurzelt (χ^2 $p \leq 0.01$, sehr signifikant). Die getroffene Annahme, dass AJ English durch eine dominant themenspezifische Berichterstattung über ausgewählte Problematiken in der muslimischen Welt eine Differenzierung zu BBC World und CNN International herstellt, muss demnach abgelehnt werden. In allen drei Sendern dominieren ereignisorientierte Nachrichten, die vorwiegend aufgrund von Krisen und Konflikten in die Berichterstattung Einzug halten.

Während sich AJ English in den analysierten Bereichen *Sachgebiet* und *Anlass* nicht von der westlichen Berichterstattung abhebt, soll nun ein Blick auf die **Islam-Themen** stattfinden. Dazu wurden sechs Themendimensionen analysiert:

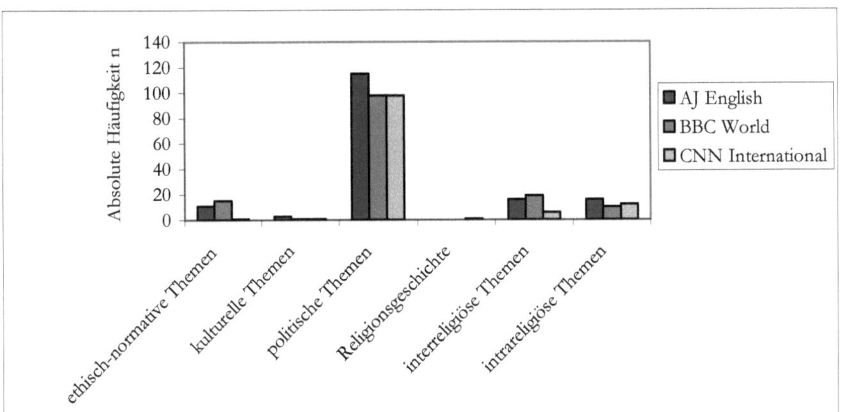

Abb. 6 Absolute Häufigkeiten der Islam-Themen im Sendervergleich, n = 424 (Mehrfachantworten, pro Beitrag konnten bis zu 3 Islam-Themen verschlüsselt werden, 311 Beiträge hatten dabei mindestens einen Islam-Bezug)

Die Abbildung zeigt eine deutliche *Dominanz des politischen Bereiches*. Insgesamt sind 73,4% (n=424) der Islam-Themen im politischen Sektor verhaftet, während andere Bereiche im Vergleich deutlich unterrepräsentiert sind. Lediglich 27 Islam-Themen im Untersuchungszeitraum thematisierten ethisch-normative Grundzüge (6,4%) und nur 5 Mal wird auf kulturelles Geschehen (1,2%) verwiesen. Religionsgeschichte wird nur in einem Fall zu einem Nachrichtenthema (0,1%). Intrareligiöse (9%) und interreligiöse Bezüge (9,9%) verweisen ebenso eher auf politisch-religiöse Auseinandersetzungen. Im intrareligiösen Bereich fokussiert die Hälfte aller Themen den Konflikt der Schiiten und Sunniten im Irak und im Libanon und auf interreligiöser Ebene berichten 42,9% der Beiträge (n=41) über die Auseinandersetzungen des jüdischen Israels und des muslimischen Palästinas.

Der *politische Islam* dominiert folglich die Medienagenda der drei internationalen Nachrichtensender. Die Signifikanzüberprüfung zeigt, dass lediglich die Ergebnisse zum politischen Bereich signifikant sind (χ^2 $p<0.05$, signifikant). Für alle anderen Bereiche ist das Signifikanzniveau größer als 0.05, so dass die Ergebnisse nicht generalisiert werden dürfen. AJ English hebt sich im Sendervergleich nicht signifikant ab.

Die Zusammenhangsanalyse bestätigt, dass die Islam-Themen in den Nachrichten nicht vom Sender, jedoch vom *Sachgebiet* (Cramers V r=0.4, $p \leq 0.01$, sehr signifikant) und vom *Anlass* der Berichterstattung (Cramers V r=0.4, $p \leq 0.01$, sehr signifikant) bestimmt werden. Demnach sind Islam-Themen nicht senderspezifisch, sondern werden durch die aktuelle Ereignissituation bestimmt. **Hypothese 3** muss demnach abgelehnt werden.[78]

Eine genaue Analyse der einzelnen **Unterthemen im politischen Themenbereich** des Islam zeigt eine thematische Konzentration auf die *Probleme und Unruhen islamischer Staaten mit politisch-religiösen Gruppierungen* (31,5%, n=311).[79] Dazu zählen im Untersuchungszeitraum vor allem die Auseinandersetzungen des pakistanischen Volkes mit der Regierung Musharrafs. Der politische Wahlkampf, in dessen Verlauf der Mord an der Demokratin Benazir Bhutto verübt wurde, ist im Analysezeitraum eines der wichtigsten Themen im politischen Sektor.

13,5% der restlichen Beiträge (n=311) thematisieren *islamische Extremisten*, wobei weitere 22,5% über *Anschläge* und *Attentate* in der islamischen Welt berichten. 11,6% beinhalten eine explizite Bedrohung westlicher Nationen, in

[78] Anmerkung: Im Anhang findet sich eine genaue Auflistung mit allen absoluten und relativen Häufigkeiten der einzelnen Themen im Vergleich der Sender (Anhang 2, Tab. 5, S. 135f.).

[79] Anmerkung: Im Untersuchungszeitraum enthielten 311 Beiträge von 707 einen expliziten Verweis auf den Islam. Da bis zu 3 Islam-Themen pro Beitrag verschlüsselt werden konnten, können insgesamt 424 Islam-Themen analysiert werden. Davon fallen wiederum 311 auf den politisch-religiösen Bereich.

dem von *Geiselnahmen* westlicher Akteure sowie über einen *Aufruf* islamischer Gruppen *zum gemeinsamen Kampf gegen den Westen* berichtet wird. Der islamische Terrorismus ist demnach medial präsent und wird in jedem zweiten Beitrag über politische Themen angesprochen.
Diese Ergebnisse gehen mit dem bisherigen Forschungsstand einher. Sowohl die Langzeituntersuchung der deutschen überregionalen Presse von Hafez (2002b) als auch die von Thofern (1998), Kagemann (2004), Poole (2002) oder Silberschmidt (2006) unterstreichen die Dominanz politisch-islamischer Themen in der Berichterstattung.

Neben Themen und Anlässen ist die **Valenz** ein weiterer wichtiger Indikator zur Beschreibung der Medienberichterstattung. Damit kann der Grundtenor der Nachrichtenbeiträge erfasst werden. **Hypothese 4** geht der Annahme nach, dass AJ English aufgrund seines Selbstverständnisses positiver über den Islam und die islamische Welt berichtet als CNN International und BBC World. Dazu soll im Folgenden zuerst die Berichterstattung über muslimische Länder untersucht werden, bevor im Anschluss eine genaue Betrachtung zur Berichterstattung zum Islam stattfindet.
Die Valenz der Beiträge über muslimische Länder gestaltet sich im Untersuchungszeitraum wie folgt:

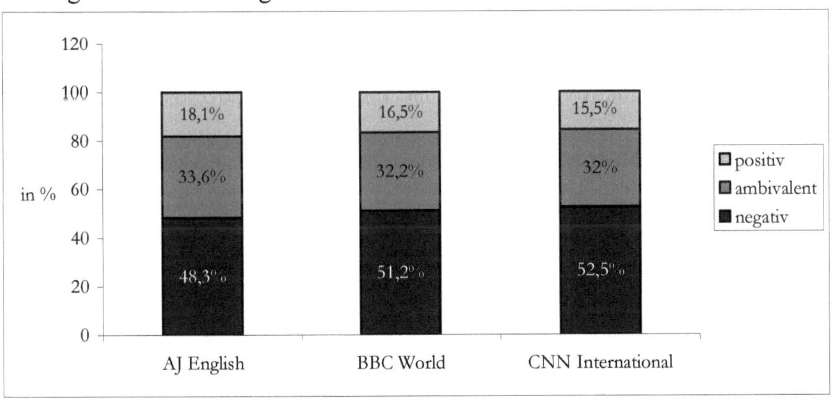

Abb.7 Valenz der Beiträge über muslimische Länder im Sendervergleich, n = 640

Die Darstellung legt nahe, dass *muslimische Länder* vor allem *in negativen Kontexten* präsentiert werden, während nur jeder fünfte bis sechste Beitrag einen positiven Tenor besitzt (Kontingenzkoeffizient zwischen den Variablen muslimische Länder und Valenz r=0.3, p≤0.01 sehr signifikant). Dieses Ergebnis geht ebenso mit dem bereits beschriebenen Forschungsstand einher und kann vor allem durch die Anlässe im Untersuchungszeitraum erklärt werden.

Den Kriegen im Nahen Osten, den politischen Krisen in der islamischen Welt sowie den terroristischen Aktivitäten ist eine Negativvalenz schließlich immanent. AJ English nimmt auch in diesem Teil der Analyse keine Sonderrolle ein. Die einzelnen Gruppenvergleiche der Sender zeigen keine signifikanten Unterschiede (χ^2 im Sendervergleich p>0.05, nicht signifikant). Doch wie berichtet der Sender über den Islam?

Die folgende Abbildung zeigt das Ergebnis:

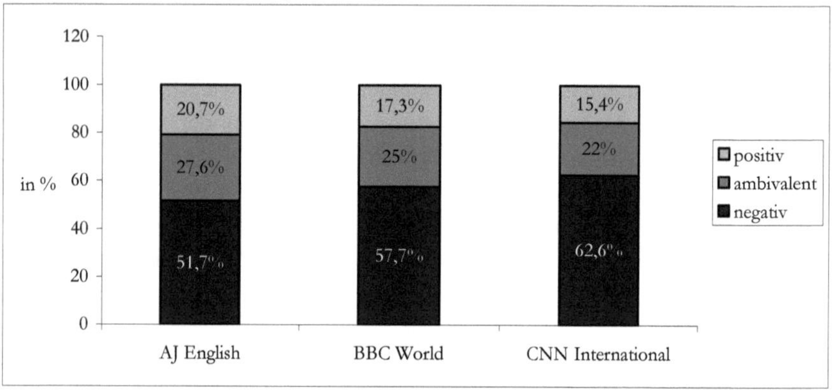

Abb. 8 Valenz der Beiträge über den Islam im Sendervergleich, n = 311

Die Darstellung geht mit dem beschriebenen Ergebnis für muslimische Länder einher. Der Islam wird bei AJ English, CNN International und BBC World *vorwiegend in negativen Kontexten* präsentiert (Kontingenzkoeffizient der zwischen Islam-Thema und der Valenz r=0.5, p≤0.01, sehr signifikant). CNN International berichtet dabei mit 62,6% seiner Gesamtberichterstattung (n=91) am negativsten, obwohl die Unterschiede zwischen den Sendern verhältnismäßig gering und nicht signifikant ausfallen (χ^2 im Sendervergleich p>0.05, nicht signifikant). Der Vergleich der statistischen Mittelwerte der Valenz ergibt bei den Sendern einen Wert zwischen 3,43 (AJ English) und 3,56 (CNN International), so dass von einem tendenziell negativen Grundton der Berichterstattung gesprochen werden kann.[80] In der Nachrichtensendung von AJ English besitzt jeder fünfte Beitrag einen positiven Grundton, bei BBC World ist es jeder sechste und bei CNN International nur jeder siebte Beitrag.

Betrachtet man die konkreten **Islam-Themen und ihre Valenz**, so ergibt sich eine signifikante Korrelation zwischen den beiden Variablen (Kontingenz-

[80] Anmerkung: Skala Valenz 1 (uneingeschränkt positiv), 2 (eher positiv), 3 (ambivalent), 4 (eher negativ), 5 (uneingeschränkt negativ) → Valenz *Mittelwert* AJ English 3,43 (*Standardabweichung* 1,064), *Mittelwert* BBC World 3,49 (*Standardabweichung* 1,011), *Mittelwert* CNN International 3,56 (*Standardabweichung* 1,39).

koeffizient r=0.7, $p \leq 0.01$, sehr signifikant). Man kann folglich davon ausgehen, dass der Grundton eines Beitrages vom Thema bedingt wird. Die Analyse zeigt, dass im *politischen Bereich am negativsten* berichtet wird. 63,3% (n=311) aller Beiträge in diesem Sektor sind negativ, während nur jeder neunte bis zehnte Beitrag einen positiven Tenor besitzt. Im ethisch-normativen sowie im kulturell-religiösen Bereich finden sich die positivsten Beiträge, die jedoch gemessen an ihrem absoluten Vorkommen nur einen kleinen Teil ausmachen. Die Negativvalenz in der Islamberichterstattung ist in jedem der drei Nachrichtensender dominant.[81]

Neben der Valenz sollen zur Überprüfung der Hypothese 4 Aussagen über **Prognosen** innerhalb der Islamberichterstattung getroffen werden. Diese fungieren als ein zusätzlicher Indikator zur Überprüfung des Grundtenors. Dabei ist auffällig, dass mehrheitlich keine prognostischen Angaben gemacht werden (57,1%, n=311). Die restlichen Fälle verhalten sich ähnlich wie die Valenz. Es dominieren *negative Prognosen* (22,4%), die vorwiegend im *politischen Kontext* geäußert werden. Nur jeder zehnte Beitrag enthält eine positive Zukunftsaussage (9,9%). Dieses Ergebnis ist für $p>0.05$ nicht signifikant, sollte demnach nicht generalisiert werden.

Im Sendervergleich zeigt sich, dass AJ English nicht wie angenommen positive Prognosen häufiger erteilt als CNN International und BBC World. In allen drei Sendern überwiegen die negativen Prognosen mit einheitlich rund 22%. Die Kreuztabellierung und Signifikanzüberprüfung zeigt keine Unterschiede zwischen den Sendern. Die Islamberichterstattung der internationalen Nachrichtensender ist demnach nicht nur negativ, sondern auch pessimistisch. **Hypothese 4** muss demnach abgelehnt werden.[82]

Im nächsten Analyseschritt soll das **Dialogverhalten der islamischen Welt und des Westens** untersucht werden. Ein Aspekt, der vor allem in der Untersuchung des Medien Tenors (2008) fokussiert wurde, da die bisherige Medienberichterstattung den Eindruck unüberwindbarer Unterschiede zwischen den beiden Kulturkreisen vermittelt. Auch hierbei interessiert, ob AJ English einen Dialog – und damit ein Aufeinanderzugehen – der islamischen Welt und des Westens eher zum Medienthema macht. Dies entspräche der Annahme in **Hypothese 5.**

Das folgende Balkendiagramm zeigt die Verteilung der Beiträge, in denen auf ein Dialog- bzw. ein Abgrenzungsverhalten zwischen dem Westen und der islamischen Welt explizit verwiesen wurde.

---

[81] Anmerkung: Eine genaue Auflistung der Islam-Themen und deren Valenzen befindet sich im Anhang (Anhang 2, Abb. 20, S. 134).

[82] Anmerkung: Eine graphische Verdeutlichung der Prognosen in der Islamberichterstattung findet sich im Anhang (Anhang 2, Abb. 21, S. 137).

Dialog zwischen der westlichen und der islamischen Welt:

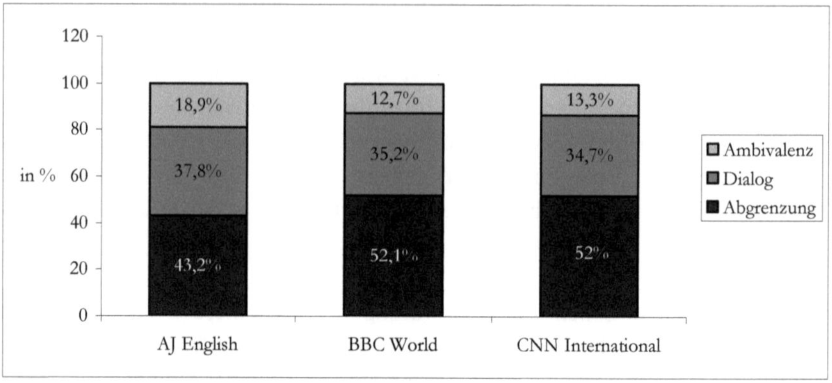

Abb. 9 Dialog islamische Welt und der Westen im Sendervergleich, n = 220

Die Abbildung verdeutlicht, dass in lediglich 220 von 707 analysierten Beiträgen das Verhältnis zwischen der islamischen Welt und des Westens thematisiert wird. Im Großteil der Beiträge finden sich demnach keine Aussagen zur Relation der beiden ‚Kulturkreise'. Wenn jedoch über die Art des Verhältnisses berichtet wird, dominieren die Abgrenzung und der Konflikt (49,1%, n=220) (χ^2 p>0.05, nicht signifikant).
Der Sendervergleich zeigt zwar, dass AJ English quantitativ häufiger einen Dialog zwischen der islamischen Welt und dem Westen thematisiert, jedoch sind die Unterschiede zwischen den Sendern gering und die Ausprägungen der Variable im Verhältnis gleich. Der Gruppenvergleich zeigt, dass AJ English nicht signifikant häufiger über einen Dialog berichtet, so dass **Hypothese 5** folglich abgelehnt werden muss.

Die zusätzliche Analyse des **Sachgebietes, des Anlasses** und der Kategorie **Länder** zeigt, dass das *Dialog-Verhältnis* vor allem im Bereich *internationale Politik/Staatstreffen* konkretisiert wurde. Als wichtige Akteure im Dialog-Prozess können die Türkei und der Irak auf muslimischer Seite sowie die USA auf westlicher Seite angeführt werden. Die Kategorie Sachgebiet zeigt, dass ein Dialog vor allem auf *politischer Ebene* statt fand und zu Themen des Irakkrieges und der Kurdenproblematik in der Türkei (Anlass) verschlüsselt wurde.
Ein *Abgrenzungsverhalten* wird vor allem zwischen dem Irak, Afghanistan und der USA deutlich. 26,8% (n=220) berichten über einen Konflikt bzw. über eine Abgrenzung zwischen den genannten Staaten. Dabei dominiert das *Sachgebiet des Krieges*, das zu einem expliziten Verweis auf unterschiedliche Ansichten, Zielsetzungen und Problemlösungen führt.

Bisherigen Studien zum Islam in den Medien zeigen, dass **muslimische Länder** vorwiegend in negativen Kontexten präsentiert werden, so dass die Annahme einer Fokussierung auf Krisen- und Kriegsgebiete der islamischen Welt nahe liegt. **Hypothese 6** verlangt eine Auflistung der einzelnen thematisierten Länder. Die folgende Darstellung zeigt daher die 10 häufigsten Schauplätze der Berichterstattung internationaler Nachrichtensender.

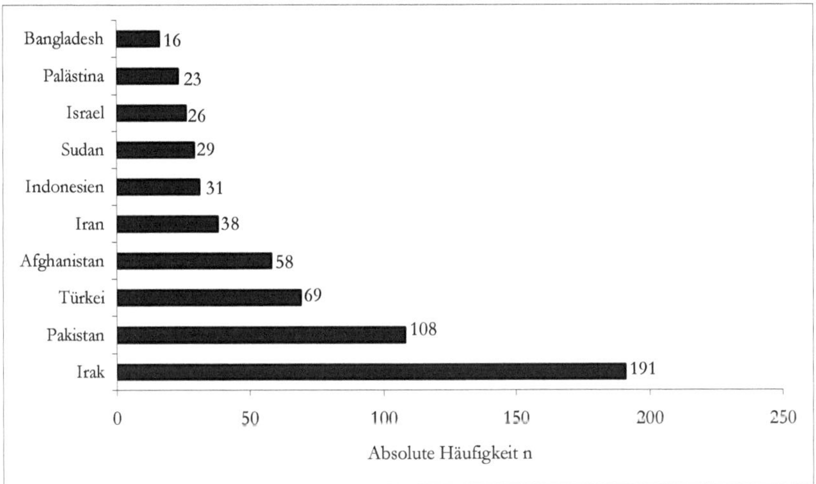

Abb. 10 Die 10 häufigsten muslimischen Länder als Schauplätze in der Berichterstattung, n = 589 (Mehrfachantworten, pro Beitrag konnten bis zu 3 Schauplätze verschlüsselt werden) [83]

Die Verteilung der zehn häufigsten Schauplätze bestätigt die Annahme, die durch die Analyse des *Anlasses*, des *Sachgebietes* und der *Islam-Themen* vorangegangen ist. Im Untersuchungszeitraum sind es vor allem Berichte aus dem Irak (32,4%, n=589) und Pakistan (18,3%), die die Medienagenda prägen. Der Irakkrieg sowie die politische Ausnahmesituation in Pakistan sind zwei wesentliche Anlässe im Betrachtungszeitraum, die sich auch in dieser Analyse widerspiegeln. Ferner wurde über die Kurdenproblematik in der Türkei sowie über den Afghanistankrieg berichtet. Der Iran ist vor allem durch die Atomwaffendebatte zum Schauplatz aufgestiegen.

Die Zusammenhangsberechnung der **Schauplätze und der Valenz** der Berichterstattung verdeutlicht erneut, dass muslimische Länder mehrheitlich in negativen Kontexten präsentiert werden. 54,2% (n=589) der Beiträge über die zehn häufigsten muslimischen Länder in der Berichterstattung sind negativ und

[83] Anmerkung: Im Untersuchungszeitraum wurden für die Berichterstattung insgesamt 674 muslimische Länder verschlüsselt. Die Darstellung der 10häufigsten Länder bezieht sich auch eine Gesamtmenge von 589.

nur 14,4% weisen einen positiven Grundtenor auf. Die Signifikanz dieses Ergebnisses wurde bereits aufgeführt.

Hypothese 6 stellt die Annahme auf, dass AJ English nicht nur über die Länder des Nahen Ostens berichtet, sondern auch andere muslimische Regionen auf seine Agenda setzt. Fasst man alle Länder dieser Region zusammen, ergibt sich für die einzelnen Sender folgendes Bild[84]:

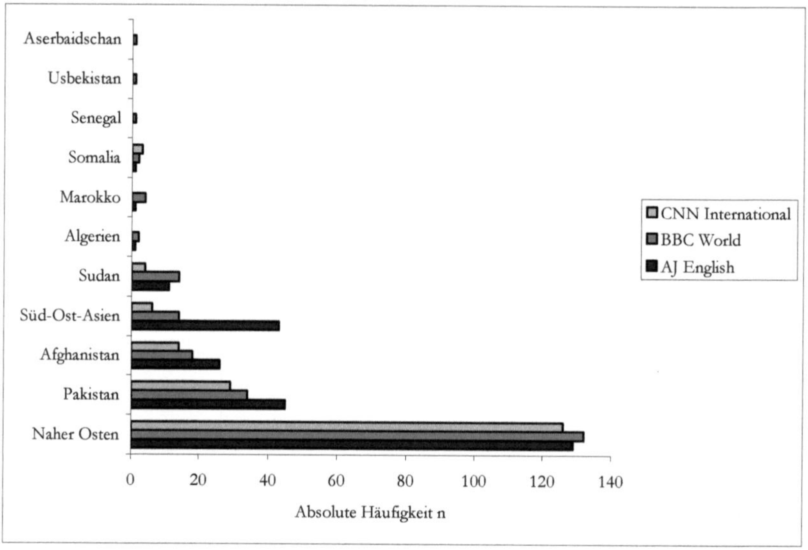

Abb. 11 Muslimische Staaten als Schauplatz im Vergleich der Sender, n = 674 (Mehrfachantworten, pro Beitrag konnten bis zu drei Schauplätze verschlüsselt werden)

Der Vergleich der Sender zeigt eine signifikante *Dominanz* der Berichterstattung über die geographischen Regionen *des Nahen Ostens* (Cramers V r=0.3, p≤0.01, sehr signifikant). 57,4% (n=674) der Gesamtberichterstattung handelt in dieser Region, ohne dass sich Unterschiede zwischen den Sendern erkennen lassen. Auffällig ist lediglich das Ergebnis für die Region Süd-Ost-Asien, da AJ English mit 43 Beiträgen siebenmal öfter als CNN International (6 Beiträge) und rund dreimal öfter als BBC World (14 Beiträge) über diese Region berichtete.[85] Die detaillierte Länderübersicht für den südostasiatischen Raum legt offen, dass AJ English insbesondere Ereignisse aus Indonesien und Malaysia thematisierte (67,4% der 43 Beiträge). Dabei dominieren Berichte über ein Erdbeben, über dessen Auswirkungen AJ English deutlich häufiger informierte als seine

[84] Anmerkung: Zum Verständnis ‚Naher Osten' Vgl. S. 72.

[85] Anmerkung: Zu dem geographischen Bereich Süd-Ost-Asien zählen die Länder Indonesien, Malaysia, Bangladesh und die Philippinen.

westlichen Konkurrenten. Da dieser Aspekt der einzig offensichtliche Unterschied der Sender in der Berichterstattung über muslimische Länder ist, muss **Hypothese 6** ebenso abgelehnt werden. AJ English berichtet nicht häufiger über andere muslimische Länder als über die des Nahen Ostens.

Ein zusätzlicher Blick auf **westliche Staaten in der Berichterstattung** mit Islambezug offenbart eine Vorherrschaft der USA (134 Nennungen, 19%, n=707) gefolgt von Großbritannien (22 Nennungen, 3,1%), Deutschland (14 Beiträge, 2%) und Frankreich (13 Beiträge, 1,8%). Dieses Ergebnis kann anhand der *Anlasskategorie* interpretiert werden, weil die USA vor allem im Bereich *Kriege im Nahen Osten* auftreten. Da sie zu den wichtigen Akteuren vor Ort gehören, stehen sie ebenso im Zentrum der Berichterstattung. Großbritannien wird vor allem im Bereich *internationale Politik/Staatstreffen* zum Protagonisten. Deutschland und Frankreich treten am häufigsten im Bereich *terroristische Aktivitäten* auf. Hierbei spielt die im Untersuchungszeitraum thematisierte Vereitelung von Terroranschlägen islamischer Extremisten auf französischen bzw. deutschen Boden eine wichtige Rolle.

Der nächste Auswertungsbereich beschäftigt sich mit der **Akteursstruktur** in Beiträgen über den Islam. Dabei sollen muslimische im Verhältnis zu nicht-muslimischen Akteuren betrachtet werden. Neben der absoluten Häufigkeit ihres Vorkommens interessiert, wie oft muslimische Akteure in den jeweiligen Nachrichtensendern zu Wort kommen und in welcher Rolle – als Opfer oder Täter – sie vorwiegend erscheinen. Es wird der Annahme nachgegangen, dass in der westlichen Berichterstattung 1. nicht-muslimische über muslimische Akteure dominieren und auch häufiger zu Wort kommen und 2. Muslime mehrheitlich als kriminelle Täter erscheinen. Diese Aspekte betrachten **Hypothese 7a** und **7b.** Generell kann festgehalten werden, dass entgegen der geäußerten Vermutung muslimische Akteure die Islam-Berichterstattung der internationalen Nachrichtensender im Betrachtungszeitraum dominieren. Islamische Gläubige treten in 82,3% (n = 311) der Beiträge auf, während nicht-muslimische Akteure in 55,3% (n = 311) aller Beiträge als Personen identifiziert werden konnten. Die Islamberichterstattung ist folglich von religionseigenen Protagonisten bestimmt. Der Zusammenhang zwischen dem Sender und dem Auftreten der aufgeführten Akteure ist jedoch nicht signifikant (χ^2 p>0.05, nicht signifikant), so dass weitere Analysen zur Akteursstruktur in internationalen Nachrichtensendern nötig sind um aussagekräftige Ergebnisse zu erhalten.

Im Vergleich der Sender verhält sich die Akteursstruktur wie folgt:

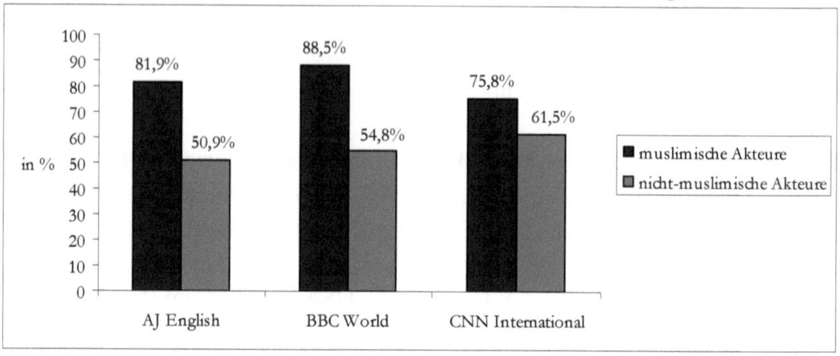

Abb. 12 Verteilung der Akteure in der Islamberichterstattung im Sendervergleich, n = 311

Entgegen der Annahme von Hypothese 7a treten in allen drei Sendern im Untersuchungszeitraum muslimische Akteure häufiger auf. Bei CNN International ist der verhältnismäßige Anteil von Muslimen und Nicht-Muslimen jedoch am geringsten, so dass vermutet werden kann, dass nicht-muslimische Akteure in der Berichterstattung des amerikanischen Nachrichtensenders eine wichtige Rolle einnehmen. AJ English und BBC World thematisieren häufiger Muslime, obwohl dieses Ergebnis wie bereits angeführt nicht signifikant ist. **Hypothese 7a** muss demnach vorerst abgelehnt werden.

Da das Vorkommen eines Akteurs noch nichts darüber aussagt, ob seine Meinung oder sein Standpunkt in die Medienberichterstattung eingeflossen ist, sollen im Folgenden die **O-Töne der Akteure** analysiert werden. Sie sind ein stilistisches Mittel, welches einem Akteur eine zusätzliche Präsenz in der Nachrichtenberichterstattung verschafft.

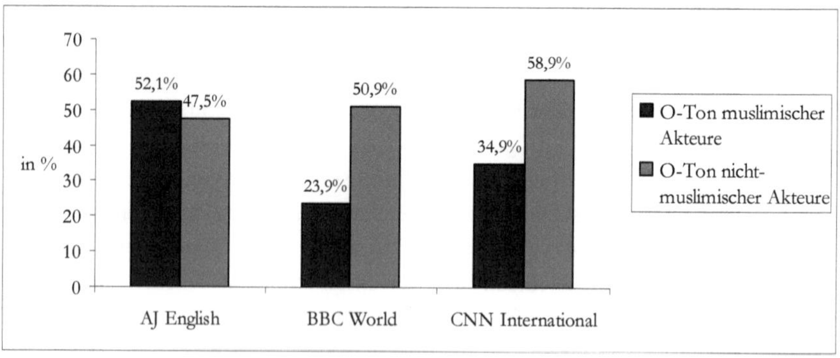

Abb. 13 O-Töne der Akteure in der Islamberichterstattung im Sendervergleich, n = 311

Die Abbildung offeriert ein interessantes Ergebnis. Während bei BBC World im Untersuchungszeitraum muslimische Akteure am häufigsten auftreten, kommen sie jedoch am seltensten zu Wort. Nicht-muslimische Akteure werden in mehr als doppelt so vielen Beiträgen zitiert. Ihnen wird in nahezu jedem zweiten Beitrag Raum für Meinungsäußerung gegeben, während muslimische Akteure in nur jedem vierten Beitrag zu Wort kommen. Bei CNN International sieht die Verteilung nicht anders aus. Auch hier *dominieren nicht-muslimische Standpunkte, Meinungen und Äußerungen.* Mehr als jeder zweite Beitrag enthält mindestens eine nicht-muslimische Stimme, so dass Ereignisse, die einen Bezug zur Religion herstellen, mehrheitlich durch Nicht-Gläubige kommentiert werden. Ein anderes Bild zeigt sich bei AJ English. Er ist der einzige Nachrichtensender, der mehrheitlich Muslime mit O-Tönen sendet, auch wenn nicht-muslimische Akteure prozentual genauso häufig zu Wort kommen. In jedem zweiten Beitrag über Islam-Themen können sich Muslime äußern und werden in der Nachrichtensendung ausgestrahlt. Im Sendervergleich grenzt sich AJ English dabei signifikant von CNN International und BBC World ab, so dass die *Kategorie O-Töne* die erste Kategorie ist, die deutliche Unterschiede zwischen der westlichen Berichterstattung und AJ English erkennen lässt. Die Zusammenhangsanalyse zeigt eine signifikante Korrelation zwischen dem *Sender* und den *O-Tönen muslimischer Akteure* (Cramers V $r=0.3$, $p\leq 0.01$, sehr signifikant), jedoch keinen für die *O-Töne nicht-muslimischer Akteure* (χ^2 $p>0.05$, nicht signifikant). Der Nachrichtensender aus dem Nahen Osten wird seinem Selbstverständnis gerecht und erteilt den Muslimen häufiger das Wort als seine westlichen Konkurrenten.

Hypothese 7b geht der Vermutung nach, dass muslimische Akteure frequentiert in der Rolle eines Delinquenten bzw. Täters in Erscheinung treten. Die folgende Darstellung zeigt daher die **Opfer-Täter-Struktur** der Berichterstattung.

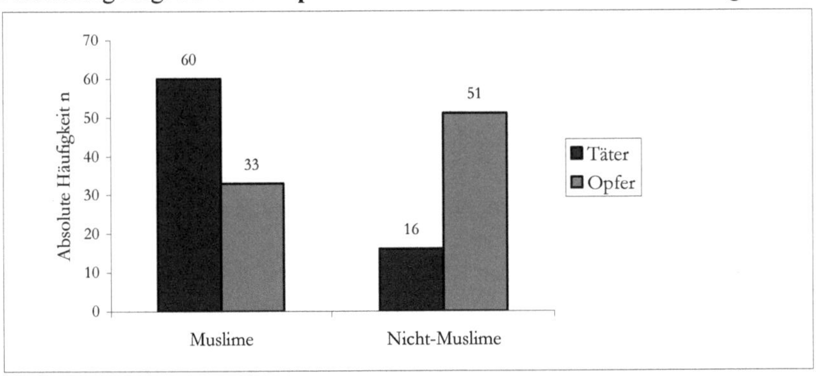

Abb. 14 Opfer-Täter-Akteursstruktur in der Islamberichterstattung, n = 311

Abbildung 14 verdeutlicht die *Dominanz des muslimischen Täters und des nicht-muslimischen Opfers* in der Islamberichterstattung (χ^2 $p<0.05$, signifikant). Obwohl die Fallzahlen für die jeweilige Ausprägung nicht groß sind, verdeutlichen sie, dass der islamische Gläubige vor allem in der Rolle eines delinquenten Täters präsentiert wird, während Nicht-Muslime bevorzugt als Opfer erscheinen. Der Zusammenhang beider Variablen ist dabei hoch (Cramers V $r=0.7$, $p\leq0.01$, sehr signifikant). Muslimische Akteure wurden demnach vor allem dann als Täter identifiziert, wenn gleichzeitig Nicht-Muslime als Opfer galten. Der Sendervergleich bringt folgendes Ergebnis zum Vorschein:

	AJ English	BBC World	CNN International
Muslime als Täter			
absolute Häufigkeit des Vorkommens	13	27	20
relative Häufigkeit in %	43,3%	69,2%	83,3%
Muslime als Opfer			
absolute Häufigkeit des Vorkommens	17	12	4
relative Häufigkeit in %	56,7%	30,8%	16,7%
Total	**30**	**39**	**24**
	100%	**100%**	**100%**

Tab. 2 Opfer-Täter-Struktur der muslimischen Akteure im Sendervergleich, n = 93

Betrachtet man lediglich die Beiträge, die eine Opfer-Täter-Unterscheidung muslimischer Akteure vornehmen (n=93), so erscheinen islamische Gläubige vor allem in der westlichen Berichterstattung häufiger in einer Täterrolle. Im Vergleich zu AJ English berichtet CNN International doppelt so häufig über den Muslimen als delinquenten Täter, während der amerikanische Sender muslimische Opfer dabei nahezu vollständig ausblendet. Diese Ergebnisse sind trotz der geringen Fallzahlen mit einem Signifikanzniveau von $p\leq0.01$ sehr signifikant und gehen daher mit dem bisherigen Forschungsstand zur Täterrolle islamischer Gläubigen in der westlichen Berichterstattung einher. Der Sendervergleich zeigt, dass sich AJ English signifikant von BBC World und CNN International abhebt.

Eine zusätzliche Betrachtung der **Islam-Themen** und **des Sachgebietes** zeigt, dass **muslimische Täter** am häufigsten im *Sachgebiet Krieg* (38 von 60 Beiträgen) und am häufigsten im Zusammenhang mit *politisch-religiösen Islam-Themen* (56 von 60 Beiträgen) erscheinen.

Die Analyse der Themen, in denen **Muslime in einer Opferrolle** erscheinen, zeigt ein ähnliches Ergebnis. Die meisten Beiträge sind in das *Sachgebiet Krieg* einzuordnen (16 von 30 Beiträgen), wobei AJ English dabei die Opfer des Krieges am häufigsten thematisiert.[86]
Obwohl die absoluten Häufigkeiten für die Variable klein sind, ist das Ergebnis des Sendervergleiches signifikant, so dass die **Hypothese 7b** vorerst angenommen werden kann. Weitere Forschung ist jedoch nötig, um das Ergebnis zu unterstreichen und weiterhin zu bekräftigen.

Eine zusätzliche Analyse der Akteure wirft einen Blick auf die Darstellung **islamischer Extremisten.** Dieser Aspekt erscheint besonders relevant, da internationale Befürchtungen bis heute groß sind, dass AJ English ein Sprachrohr des internationalen Terrorismus darstellt. Bisher fehlt es jedoch an empirischer Evidenz dieser Behauptung. Die folgende Auswertung der **Hypothese 8** verdeutlicht daher, wie oft islamische Extremisten in den untersuchten Nachrichtensendungen zu Wort gekommen sind.
Die Häufigkeitsanalyse zeigt, dass in lediglich 15 von 311 Beiträgen über den Islam islamische Extremisten zu Wort kommen (4,8%). Diese Zahl ist gering und zeigt, dass fundamentalistischen, islamistischen und/oder terroristischen Akteuren selten Raum für eigene Meinungsäußerungen eingeräumt wird. Während ihre politischen Aktivitäten und/oder Attentate zwar medial präsent sind, werden die einzelnen Gruppenmitglieder nur selten präsentiert. Sie arbeiten im Untergrund und schützen ihre Identität aufgrund erwartbarer Strafen, so dass die Ergebnisse für die Kategorie O-Ton islamischer Extremisten nicht verwunderlich sind. Bei AJ English kommen sie in 6 Fällen, bei BBC World in 7 und bei CNN International in 2 Beiträgen zu Wort. Da die absoluten Häufigkeiten dafür klein sind, können an dieser Stelle keine signifikanten Angaben gemacht werden. **Hypothese 8** kann demnach nicht eindeutig bestätigt werden. Sie muss für die Analyse im Untersuchungszeitraum abgelehnt werden.

Zwischenfazit

Die Ergebnisse im Bereich *Themen* zeigen, dass die Nachrichtenberichterstattung von AJ English mehrheitlich nicht signifikant von BBC World und CNN International abweicht. Zuvor getroffene Annahmen mussten bis auf **Hypothese 7b** abgelehnt werden. Die Präsentation der Ergebnisse zeigt sogar eine überraschende Synchronität der Berichterstattung, deren mögliche Gründe im Kapitel *Diskussion* ausführlich besprochen werden. Zuvor werden jedoch die wichtigsten Ergebnisse im Bereich Stereotype dargelegt.

---

[86] Anmerkung: Der Variablen-Zusammenhang zwischen *Sachgebiet* und der *Opfer-Täter-Rolle* muslimischer Akteure ist nur für CNN International signifikant (χ^2 p<0.05). Der Zusammenhang zwischen *Islam-Themen* und der *Opfer-Täter Rolle* muslimischer Akteure ist nur für BBC World signifikant (χ^2 p<0.05).

7.2 Stereotype

Die **Hypothesen 9a und 9b** stellen die Vermutung auf, dass der Islam in der westlichen Berichterstattung häufiger als einheitliche Religion dargestellt wird, während AJ English auf religiöse Eigenarten bestimmter Staaten sowie auf unterschiedliche islamische Sitten und Bräuche verweist und damit eine Heterogenität des Glaubens ausdrückt.

Die Auswertung der Kategorie **Vielfalt des Islam** gestaltet sich wie folgt:

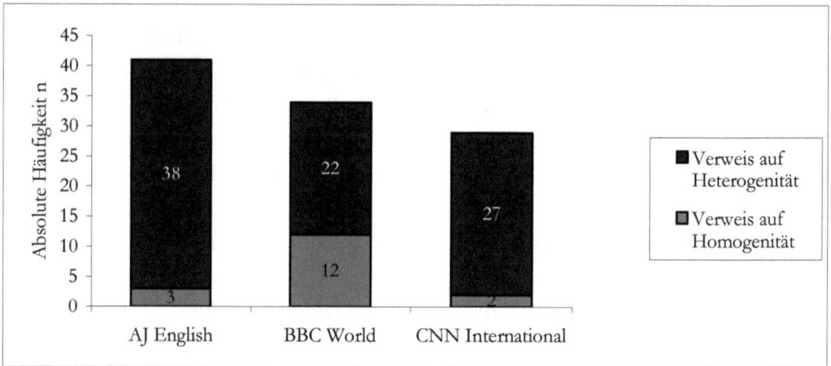

Abb. 15 Vielfalt des Islam im Sendervergleich, n = 104

Das Balkendiagramm zeigt, dass in lediglich 104 von 311 Beiträgen mit Islamthemen (33,4%) ein Verweis auf die analysierte Variable stattgefunden hat. In den meisten Fällen wird demnach nicht explizit auf eine Heterogenität oder Homogenität des Glaubens hingewiesen. Der Islam wird thematisiert, ohne dass auf spezifische Eigenarten bzw. Generalisierungen eingegangen wird.

Kommt es jedoch zu einer Konkretisierung, so wird in allen drei Sendern quantitativ häufiger auf die *Unterschiedlichkeit und Differenziertheit des islamischen Glaubens* hingewiesen, während eine Homogenität nur selten betont wird (χ^2 $p<0.05$ signifikant). **Hypothese 9a** muss demnach abgelehnt werden. BBC World und CNN International generalisieren die islamische Lebenskultur einzelner Menschen nicht für alle Religionsanhänger des Islam.

Dieses Ergebnis überrascht und widerspricht den bisherigen Studien von Sheikh u.a. (1995) und Christensen (2006), die beide eine Konzentration von verallgemeinernden Aussagen zum Islam in der Berichterstattung konstatierten. Die internationalen Nachrichtensender scheinen sich folglich von den Ergebnissen der Printanalysen abzugrenzen.[87]

[87] Anmerkung: BBC World nimmt im Untersuchungszeitraum signifikant häufiger generalisierende Äußerungen vor. Da die bisherige Analyse gezeigt hat, dass die Sender relativ themengleich berichten, nimmt die Autorin an, dass das BBC eigene Format *News in Brief* die Wahrscheinlichkeit einer verkürzten und eben auch generalisierenden Aufbereitung erhöht. Diese Annahme kann nicht bestätigt werden. Die meisten

Der Korrelationskoeffizient von 0.4 der Variablen **Vielfalt** und **Islam-Themen** zeigt einen signifikant mittleren Zusammenhang (χ^2 $p \leq 0.01$, sehr signifikant). Es wird folglich vorwiegend im politisch-religiösen Bereich insbesondere in Beiträgen über *Unruhen zwischen religiösen Gruppen und dem muslimischen Staat* auf die Heterogenität des Islam verwiesen. Die internationalen Nachrichtensender betonen demnach den Gruppencharakter solch militant-religiöser Bewegungen ohne generalisierende Aussagen zu treffen, was auf eine objektive Berichterstattung hindeuten könnte.
Entsprechend der Annahme in **Hypothese 9b** weist AJ English häufiger auf einen vielseitigen, heterogenen islamischen Glauben hin. Der Gruppenvergleich zeigt jedoch, dass AJ English sich lediglich von BBC World signifikant unterscheidet (χ^2 $p<0.05$, signifikant). Die Unterschiede zwischen dem amerikanischen Sender und AJ English sind dagegen nicht signifikant und dürfen nicht generalisiert werden (χ^2 $p>0.05$, nicht signifikant), so dass **Hypothese 9b** nicht zweifelsfrei bewiesen werden kann und demnach abgelehnt werden muss.

Als ein wichtiger Indikator für eine Stereotypisierung gilt die Assimilation von **‚Islam = Terrorismus'** nach deren Häufigkeit **Hypothese 10** fragt. Auch hierzu haben im Untersuchungszeitraum nur wenige Beiträge eine direkte Verknüpfung hergestellt. Insgesamt enthielten 110 von 707 untersuchten Beiträgen (15,6%) einen expliziten Verweis auf den islamischen Terrorismus. Daraus lässt sich eine Benennung in jedem sechsten bis siebten Beitrag ableiten. Die absolute Häufigkeit des Vorkommens ist demnach überraschend gering. AJ English stellt eine Verbindung in 30 Fällen (11,3%, n=265), BBC World in 31 Fällen (12,8%, n=242) und CNN International in lediglich 22 Beiträgen (11%, n=200) her. Dabei konnte kein signifikanter Zusammenhang zwischen der Variable Sender und der Verbindung ‚Islam=Terrorismus' nachgewiesen werden (χ^2 $p>0.05$, nicht signifikant).[88] **Hypothese 10** muss demnach abgelehnt werden. CNN International und BBC World bringen den Islam nicht signifikant häufiger mit Terrorismus in Verbindung als AJ English.
Diese Resultate widersprechen den Ergebnissen europäischer Bevölkerungsumfragen sowie dem bisherigen Forschungsstand zum Islam in den Medien. Sowohl Umfragen als auch Medieninhaltsanalysen gehen von einem starken Zusammenhang zwischen Islam und Terrorismus aus, der durch die vorliegende

generalisierenden Aussagen wurden in Berichten getroffen, so dass zwei Schlussfolgerungen gezogen werden müssen: (1) BBC World generalisiert tatsächlich häufiger oder (2) eine Fehlcodierung liegt vor. Da die Untersuchungsleiterin drei Codiererschulungen durchgeführt hat und auch der Intercoderreliabilitätskoeffizient ein gutes Ergebnis zeigte, liegt Vermutung (1) nahe, die durch weitere Forschung überprüft werden müsste.

[88] Anmerkung: Eine explizite Ablehnung der Verbindung ‚Islam=Terrorismus' findet in nur drei Beiträgen von AJ English (0.04%) statt.

Untersuchung nicht bestätigt werden kann. Es liegt jedoch die Vermutung nahe, dass die meisten Rezipienten Anschläge, Attentate und Geiselnahmen von Extremisten im Nahen Osten als terroristische, islamistische Aktivitäten identifizieren, obwohl die Beiträge keine explizite Verbindung zur Religion herstellen. Gewaltakte im Nahen Osten werden in die ‚kognitive Schublade' des islamischen Terrorismus gesteckt, obwohl gegebenenfalls nicht religiöse, sondern z.B. territoriale Bestrebungen dahinter stehen. Ein Beispiel wäre die aktuell diskutierte Kurdenproblematik in der Türkei und im Irak, da vielmehr Unabhängigkeitsbestrebungen als Gründe für die lokale Gewalt angeführt werden müssten. Religiöse Aspekte spielen lediglich eine untergeordnete Rolle, doch geht die Autorin der Vermutung nach, dass Medienbilder dieser Art als islamischer Terrorismus interpretiert werden könnten. Diese Annahme würde die durch Umfragen oft bestätigte Assoziation „Islam=Terrorismus" begründen. Da die Argumentation jedoch rein hypothetischer Natur ist, müsste sie durch ein Mehrmethodendesign aus Inhaltsanalyse und Rezipientenbefragung überprüft werden.

Da die untersuchte Kategorie *Islam und Terrorismus* eine Verschlüsselung nur dann erlaubte, wenn beide Begriffe direkt in Verbindung gebracht wurden, muss das Ergebnis unter dieser Maßgabe besprochen und interpretiert werden.

Im nächsten Analyseschritt sollen die konkreten **Stereotype der Gewaltbereitschaft, der Bedrohung des westlichen Kulturkreises, der Rückständigkeit** sowie **der Unterdrückung der Frau** untersucht werden. Insgesamt enthielten 372 von 707 analysierten Beiträgen mindestens einen der aufgeführten Stereotype, so dass in nahezu jedem zweiten Beitrag eine Stereotypisierung stattfand.

Der Sendervergleich zeigt, dass sich bei AJ English in 52% der Fälle (n=265), bei BBC World in 49% (n=242) und bei CNN International in 58% der Beiträge (n=200) Stereotype identifizieren ließen. Dies entspricht einer verhältnismäßig ausgewogenen Verteilung der Stereotypisierung, die jedoch nicht generalisiert werden darf. Es konnte keine signifikante Korrelation zwischen dem *Sender* und der *Stereotypisierung* ermittelt werden (χ^2 p>0.05, nicht signifikant). Die folgenden Resultate sind folglich lediglich für den Untersuchungszeitraum gültig.

Die Verteilung der einzelnen Stereotype gestaltet sich wie folgt:

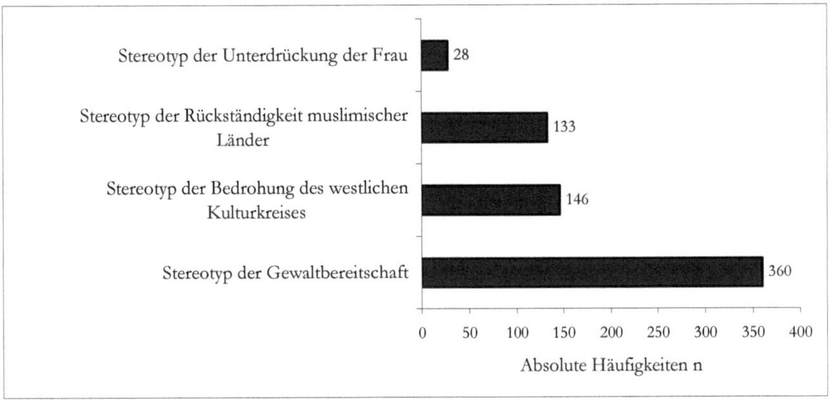

Abb. 16 Konkrete stereotype Elemente (visualisiert und verbalisiert), n=667 [89] (Mehrfachantworten, pro Beitrag konnten bis zu 4 Stereotype verschlüsselt werden)

Die Abbildung verdeutlicht, dass das *Stereotyp der Gewaltbereitschaft* in allen drei Sendern *am häufigsten* vorkommt (54%, n = 667), gefolgt von dem Stereotyp der Bedrohung des westlichen Kulturkreises (21,9%) und dem Stereotyp der Rückständigkeit muslimischer Länder (19,9%). Die Unterdrückung der Frau im Islam wurde kaum thematisiert. Lediglich 28 stereotype Elemente (4,2%) enthielten einen Verweis auf dieses Stereotyp.
Diese Ergebnisse gehen damit mit dem bereits gezeichneten Forschungsstand einher und verschaffen den bisherigen Befunden aus qualitativen Studien von u.a. Thofern (1998) und Schiffer (2005) eine zusätzliche empirische Bestätigung. Die Dominanz des *militanten, gewaltbereiten Muslims* in der Medienberichterstattung kann demnach auch durch die vorliegende Untersuchung bestätigt werden. Mit Blick auf die Gesamtberichterstattung (n=707) konnte in jedem zweiten bis dritten Beitrag ein Verweis auf die Gewaltbereitschaft der Muslime identifiziert werden.[90]

Eine zusätzliche Analyse der **Themenbereiche** zeigt, dass vor allem im *politischen Bereich* stereotypisiert wird (Cramers V 0.4, χ^2 $p \leq 0.01$, sehr signifikant). 79,7% (n=667) aller Stereotype lassen sich diesen Themenkomplex

[89] Anmerkung: In 372 von 707 Beiträgen ist mindestens ein Stereotyp enthalten gewesen. Da jedoch pro Beitrag bis zu 4 unterschiedliche Stereotype verschlüsselt werden konnten, ergibt sich eine absolute Häufigkeit der stereotypen Elemente von n=667. Diese Zahl erfasst sowohl die verbalisierten als auch die visualisierten Stereotype.

[90] Anmerkung: Für das Stereotyp der Gewaltbereitschaft konnten 360 stereotype Elemente gefunden werden. Darin sind visualisierte und verbalisierte Elemente enthalten, so dass man nicht von 360 Beiträgen mit einem Bezug zur Gewaltbereitschaft sprechen kann. Die Doppelcodierungen (verbal und visualisiert) müssen herausgerechnet werden, so dass man auf eine Beitragszahl von 246 kommt. Dies entspricht rund 35% der Gesamtberichterstattung (n =707).

zuordnen. Der Zusammenhangskoeffizient indiziert einen mittleren Zusammenhang der beiden Variablen *Islam-Thema* und *Stereotyp*, so dass davon ausgegangen werden kann, dass die aufgeführten Stereotype mehrheitlich mit dem politischen Islam in Verbindung gebracht werden.

Hypothesen 11a und 11b verlangen einen konkreten Vergleich der Stereotype pro Sender. Dafür werden im Folgenden die Beiträge betrachtet, in denen Stereotype vorgekommen sind:

	AJ English (n=265)	BBC World (n=242)	CNN International (n=200)	TOTAL (n=707)
Stereotyp der Gewaltbereitschaft				
absolute Häufigkeit der Beiträge	95	79	72	**246**
relative Häufigkeit in %	35,8%	32,6%	36%	**34,8%**
Stereotyp der Bedrohung des westlichen Kulturkreises				
absolute Häufigkeit der Beiträge	33	43	41	**117**
relative Häufigkeit in %	12,5%	17,8%	20,5%	**16,5%**
Stereotyp der Unterdrückung der Frau				
absolute Häufigkeit der Beiträge	8	8	7	**23**
relative Häufigkeit in %	3,1%	3,3%	3,5%	**3,3%**

Tab. 3 Stereotype in den Beiträgen im Vergleich der Sender
(Mehrfachantworten, pro Beitrag konnten 4 Stereotype verschlüsselt werden, die prozentualen Anteile errechnen sich aus der Gesamtanzahl der Beiträge pro Sender)

Es wird deutlich, dass AJ English nicht wie in Hypothese 11a und 11b vermutet wird, westliche Stereotype weniger thematisiert. Sowohl das *Stereotyp der Gewaltbereitschaft* als auch das der *Unterdrückung der Frau* ist in allen Sendern gleichermaßen präsent. CNN International spricht im Betrachtungszeitraum am häufigsten von einer den *westlichen Kulturkreis bedrohenden islamischen Macht*, während AJ English diese Zuschreibung seltener benutzt. Die *Rückständigkeit islamischer Länder* wird hauptsächlich in der Berichterstattung des britischen Nachrichtensenders thematisiert, obwohl die prozentualen Unterschiede zu den Konkurrenzsendern klein sind. Die Signifikanztests verdeutlichen jedoch, dass die aufgeführten Ergebnisse nicht generalisierbar sind und lediglich für den Untersuchungszeitraum gelten (χ^2 für alle aufgeführten Stereotype im Sendervergleich $p>0.05$, nicht signifikant). Weitere empirische Betrachtungen wären nötig, um eine signifikante Aussage zum Vorkommen stereotyper Elemente in den Nachrichtensendungen von AJ English, BBC World und CNN International treffen zu können. Die **Hypothesen 11a und 11b** müssen demnach vorerst abgelehnt werden. BBC World und CNN International charakterisieren den Islam und die Muslime nicht signifikant häufiger als gewalttätig, bedrohend und frauenfeindlich. Auch die Rückständigkeit muslimischer Länder wird in der Berichterstattung der westlichen Sender nicht signifikant häufiger thematisiert.[91]

Hypothese 12 geht davon aus, dass Stereotype frequenter **visualisiert** werden und weniger durch z.B. Nachrichtensprecher oder Korrespondenten explizit geäußert werden. Ergebnisse aus qualitativen Studien haben bereits dargelegt, dass bewaffnete Muslime, vermummte muslimische Geiselnehmer oder verschleierte Muslima in der Islamberichterstattung häufig verwendete Bildmotive sind, so dass die Vermutung nahe liegt, dass Stereotype eher über Bild- als über Textinformationen übermittelt werden.
Diese Annahme kann für die Berichterstattung der internationalen Nachrichtensender nicht belegt werden. Von 667 identifizierten stereotypen Elementen waren 362 (54,3%) in direkten verbalen Äußerungen und 305 (45,7%) in visuellen Informationen enthalten. Dieses Resultat zeigt einen leichten prozentuellen Überhang der verbal geäußerten Stereotype (χ^2 $p<0.05$, signifikant), so dass davon ausgegangen werden kann, dass der Islam und seine Anhänger bei AJ English, CNN International und BBC World eher durch Worte auf Negativeigenschaften reduziert werden. **Hypothese 12** muss abgelehnt werden.[92]

Zwischenfazit

Die Ergebnisse zum *Bereich Stereotype* verdeutlichen weiterhin die tendenzielle Homogenität der Berichterstattung der drei internationalen Nachrichtensender. Auch im Bereich Stereotype scheint AJ English keine Sonderrolle einzunehmen. Die Auswertung der *semantischen Differenziale*, die positive Attribuierungen (fortschrittlich, tolerant, friedlich usw.) zum Islam gemessen haben, bestätigt die

---

[91] Anmerkung: Die Auswertung der Dominanz der einzelnen Stereotype kann an dieser Stelle nicht erfolgen, da die absoluten Häufigkeiten der Variable Dominanz nicht mit den Häufigkeiten der einzelnen Stereotype übereinstimmen. Das Codebuch war an dieser Stelle ‚unpraktisch' gestaltet, da die Dominanz für einen Stereotyp erst nach der Erhebung aller Stereotype erfragt wurde. Somit war eine zu große Denkleistung erforderlich, die Codiererfehler mit sich gebracht hat. Für fortführende Untersuchungen empfiehlt es sich, die Dominanz eines Stereotyps direkt nach der Erhebung des konkreten Stereotyps zu erfragen. Der Pretest hatte diese Unpraktikabilität leider nicht zum Vorschein gebracht.

[92] Anmerkung: Eine konkrete Auflistung der Verteilung der einzelnen verbalisierten und/oder visualisierten Stereotype befindet sich im Anhang 2, Abb. 22 bis 25, S. 137f.. Die dort abgebildeten Kreisdiagramme zeigen, dass das Stereotyp der Rückständigkeit sowie das der Unterdrückung der Frau häufiger visualisiert wird, während das Stereotyp der Gewaltbereitschaft und das der Bedrohung des westlichen Kulturkreises eher durch direkte Äußerungen der Korrespondenten und/oder Nachrichtensprecher vermittelt wird. Dabei ist lediglich das Ergebnis für das Stereotyp der Bedrohung auf verbaler Ebene signifikant (χ^2 $p\leq 0.01$, sehr signifikant).

getroffene Annahme über die Differenzierung von AJ English ebenso nicht. Obwohl AJ English den Muslimen am häufigsten positive Eigenschaften zuschreibt, ist der prozentuale Anteil gemessen an der Negativstereotypisierung klein und mehrheitlich nicht signifikant. In lediglich 7,3% (n = 707) der Gesamtberichterstattung findet eine positive Merkmalszuschreibung statt. Auffällig ist lediglich, dass CNN International positive Zuschreibungen nahezu komplett vermeidet. Der amerikanische Sender berichtet gemessen an der Valenz und der häufigen Negativstereotypisierung im Untersuchungszeitraum am negativsten.[93]

7.3 Visuelle Bildberichterstattung

Als letzter Aspekt im Ergebnisteil wird die visuelle Bildberichterstattung der Beiträge betrachtet. Diese Analyse ist dabei vor allem explorativ angelegt und unterliegt keiner hypothetischen Annahme. Da die Bedeutung der Visualisierung durch bewegte Bilder aus der Medienwirkungsforschung bekannt ist (Vgl. Graber, 2002), soll die Analyse in der vorliegenden Arbeit nicht vernachlässigt werden. Die Ergebnispräsentation erfolgte dabei zum einen durch die quantitative Auswertung der geschlossen codierten Kategorien und zum anderen durch eine Systematisierung der offen codierten STRING-Variable. Die visuelle Bildberichterstattung wurde in den Fällen zusätzlich offen codiert, in denen durch die Codierung *Sonstiges* keine validen Aussagen zum bildlichen Inhalt getroffen hätten werden können. Die Ergebnisse können im Folgenden Diagramm abgelesen werden:

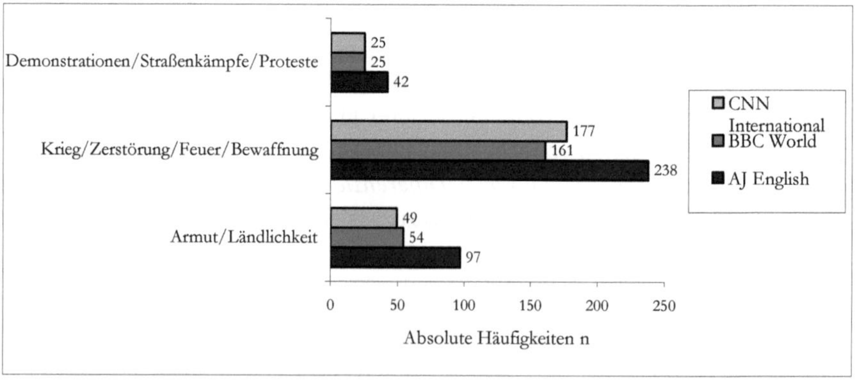

Abb. 17 Die häufigsten Motive der visuellen Bildberichterstattung im Sendervergleich, n=868 (Mehrfachantworten, pro Beitrag konnten bis zu 8 einzelne Bildmotive verschlüsselt werden)

[93] Anmerkung: Die genaue tabellarische Auswertung der positiven Attribuierungen und deren Signifikanzen befindet sich im Anhang (Anhang 2, Tab. 6, S. 138).

Die Resultate zeigen, dass die Nachrichtensender in der Berichterstattung über muslimische Länder, muslimische Akteure und/oder den Islam am häufigsten Motive des *Krieges* und der *Zerstörung* zeigen (χ^2 p<0.05, signifikant). 47,6% der untersuchten Beiträge (n=682) [94] berichten in den Kriegskulissen der muslimischen Welt, so dass nahezu jeder zweite Beitrag dem Rezipienten die Gewalt und den Krieg in islamischen Ländern vor Augen führt. Das Bildmotiv des bewaffneten Muslims ist dabei das dominanteste. 33,6% der Beiträge in der Kategorie *Krieg/Zerstörung/Bewaffnung/Feuer* zeigen einen islamischen Gläubigen mit seiner Waffe. Das Stereotyp der Gewaltbereitschaft wird durch diese Verbildlichung zusätzlich verstärkt. Die Zusammenhangsberechnungen der Variablen *Stereotyp* und *Bewaffnung* ergeben einen mittleren Zusammenhang (Cramers V 0,4) mit einem Signifikanzniveau von p≤0.01. Beiträge, in denen das Stereotyp der Gewaltbereitschaft identifiziert werden konnte, zeigen demnach mehrheitlich bewaffnete Muslime. Die Motive des *Protestes, der Demonstration und des Straßenkampfes* unterstützen den Eindruck der Kriegs- und Krisenzustände in der islamischen Welt. Weitere 92 Nachrichtenbeiträge im Untersuchungszeitraum demonstrierten diesen Zustand (χ^2 p>0.05, nicht signifikant).
Das Motiv der Rückständigkeit wird in 20,2% der Beiträge gezeigt (χ^2 p>0.05, nicht signifikant). Jeder vierte bis fünfte Beitrag ist von Bildern der Armut, der Not und der Mittellosigkeit muslimischer Länder geprägt. Die restlichen Beiträge sind mehrheitlich durch Szenen in öffentlichen bzw. politischen Räumen visualisiert. Dazu zählen im Untersuchungszeitraum z.B. politische Reden im UN-Sicherheitsrat, Verhandlungen über das Fehlverhalten der ‚Privatarmee' Blackwater in US-Justiz-Gebäuden oder Staatstreffen in Politsitzen des jeweiligen Gastlandes (9,8%, n=682).[95]
Der Sendervergleich zeigt, dass AJ English die aufgeführten Bildmotive am häufigsten nutzt, jedoch die Unterschiede zu den westlichen Konkurrenten im Gruppenvergleich nicht signifikant sind (χ^2 p>0.05, nicht signifikant).

Symbole des Islam (u.a. Moschee, Halbmond und Stern) treten überraschend selten auf. Eine Ausnahme bildet allerdings die verschleierte Muslimin, die in jedem dritten bis vierten Beitrag gezeigt wird. Sie tritt in 182 von 682 visualisierten Beiträgen auf. Interessanterweise thematisieren die meisten Beiträge dabei Themen aus dem *Sachgebiet des Krieges* oder der *Politik*

[94] Anmerkung: Die Grundgesamtheit beträgt weiterhin 707 Beiträge, doch wurden 25 Beiträge ohne zusätzliches Bildmaterial ausgestrahlt, so dass sich die Analyse auf 682 Beiträge bezieht, in denen 848 einzelne Bildmotive verschlüsselt werden konnten.
[95] Anmerkung: Neben den Motiven des Krieges (47,6%), des Protestes (13,5%), der Rückständigkeit (20,2%) und der öffentlichen/politischen Räumen (9,8%) treten Osama bin Laden in 12 Beiträgen (1,2%, n=682) und westliche Geiseln in 19 Beiträgen (2,8%) auf. Da das absolute Vorkommen der beiden letztgenannten Bildmotive gering ist, sind sie nicht extra aufgeführt und diskutiert.

(Cramers V zwischen Symbol der verschleierten Muslimin und dem Sachgebiet $r=0.3$ $p\leq0.01$, sehr signifikant), ohne dass ein expliziter Bezug zu muslimischen Frauen oder ethisch-normativen Grundsätzen gegeben ist. Es liegt demnach die Vermutung nahe, dass der Schleier als generelles Symbol für den Islam und die islamische Welt genutzt wird. Diese Annahme würde mit den theoretischen Besprechungen von Brosius 1998 einhergehen, der die Symbolhaftigkeit der visuellen Nachrichtenberichterstattung betont (ebd., S. 217). In wenigen Beitragsminuten kann dem Zuschauer somit ‚auf einen Blick' deutlich gemacht werden, um was es in der Berichterstattung geht. Die Abbildung einer verschleierten Muslimin muss demnach nicht auf einen Medienbeitrag über die Frau im Islam verweisen, sondern kann als generelles Symbol für den Islam angesehen werden – ganz gleich welches Thema im Beitrag behandelt wird. Eine ähnliche Annahme ist für die Motive der *Moschee*, den *betenden Muslimen* sowie dem *Halbmond und den Stern* vorangegangen. Sie wurden insbesondere von Schiffer (2005) als Symbole für den Islam identifiziert. Die Analyse zeigt jedoch nur geringe Fallzahlen n für das Vorkommen der Elemente, die im Sendervergleich nicht signifikant sind. Der Schleier der Muslima kristallisiert sich somit als deutlichstes Symbol heraus.[96]

7.4 Zusammenfassung

Bevor die Resultate der Studie im Anschluss diskutiert und besprochen werden sollen, erfolgt im letzten Abschnitt des vorliegenden Kapitels eine Zusammenfassung der wesentlichen Ergebnisse. Damit wird eine Basis für die sich anschließende Diskussion gegeben.

Für den Bereich **Themen** können folgende Aspekte festgehalten werden:

- Nachrichtenbeiträge über muslimische Länder, muslimische Akteure und/oder den Islam haben in der Berichterstattung internationaler Nachrichtensender einen ähnlich *hohen Stellenwert.* Sie werden mehrheitlich als wichtige Themen des Tages angekündigt und gehen nahezu täglich mit mehreren Beiträgen in die Morgennachrichten ein. AJ English berichtet dabei signifikant länger über Beiträge mit Islambezug als CNN International und BBC World.
- Nachrichten über muslimische Länder, muslimische Akteure und/oder den Islam werden vorwiegend im Bereich *Krieg und Politik* thematisiert. Die Nachrichtenberichte basieren dabei auf der *aktuellen Ereignislage* des Tages und sind weniger themenorientiert.

[96] Anmerkung: absolute Häufigkeit für Moschee n=27, betende Muslime n=12, Mond und Stern n=54.

- Der Islam wird im Untersuchungszeitraum vor allem aufgrund von *politischen Problemen in muslimischen Ländern, Kriegen* im Nahen Osten und *terroristischen Aktivitäten* islamischer Extremisten zum Medienthema.
- Die Berichterstattung über Islam-Themen ist dabei auf den *politischen Islam* fokussiert. Andere Themenbereiche der Religion werden nur marginal angesprochen.
- Die Valenz der Nachrichtenbeiträge über den Islam und muslimische Länder ist vorwiegend *negativ* und Prognosen zeichnen ein *pessimistisches* Bild.
- Die Darstellung muslimischer Länder ist auf die Gebiete des *Nahen Ostens* fokussiert. Andere ‚friedliche' Länder werden kaum auf der Medienagenda platziert.
- Die westliche Berichterstattung betont die *Rolle des muslimischen Täters,* der vor allem im Zusammenhang von Krieg und Terrorismus als solcher identifiziert wird. *Nicht-muslimische Akteure* sind dabei eher *Opfer* als Täter.
- Muslimen wird in der Berichterstattung von BBC World und CNN International wenig Raum für Meinungsäußerung eingeräumt. *O-Töne von Nicht-Muslimen dominieren.* Es werden deren Sichtweisen und Meinungen eher zitiert. AJ English distanziert sich dabei. Der Sender lässt Muslime häufiger zu Wort kommen und betont weniger die Rolle des militanten muslimischen Täters.
- Ein Dialog zwischen der *westlichen und der islamischen Welt* findet im Untersuchungszeitraum selten statt. Die Berichterstattung zeigt vielmehr ein *Abgrenzungs- und Konfliktverhalten* der beiden ‚Kulturkreise'.

Die wichtigsten Ergebnisse im Bereich **Stereotype** können wie folgt resümiert werden:

- Homogenisierende Tendenzen, die den Islam als einheitliche Religion beschreiben, finden sich in der Berichterstattung der internationalen Nachrichtensender kaum. Der Islam wird vor allem im politisch-religiösen Themenbereich als *heterogen* beschrieben.
- Eine explizite Verbindung von *‚Islam und Terrorismus'* findet *selten* statt.
- In jedem zweiten Beitrag der analysierten Nachrichtensendungen findet sich mindestens ein Stereotyp. Dabei *dominiert* das *Stereotyp der Gewaltbereitschaft.* Die Unterdrückung der Frau wird nur in den seltensten Fällen angesprochen.
- *Politische Themen des Islam* bilden den *Hort für Stereotypisierungen.* Dabei werden Stereotype eher verbalisiert als visualisiert.

- *Motive der Gewalt* und *der Rückständigkeit* dominieren die visuelle Islamberichterstattung. *Symbole* des Islam werden bis auf die verschleierte Muslimin kaum verwendet.

Entgegen der getroffenen Annahmen zeigt der Sendervergleich, dass AJ English keine Ausnahme und damit keine Sonderrolle in der Berichterstattung internationaler Nachrichtensender einnimmt. Vermutungen über eine thematisch größere Vielfalt oder einen positiveren Grundtenor in der Islamberichterstattung konnten im Vergleich zu BBC World und CNN International nicht bestätigt werden. Bis auf die **Hypothese 7b**, die die Opfer-Täter-Struktur islamischer Gläubiger in der Berichterstattung untersucht, mussten alle zuvor getroffenen Annahmen abgelehnt werden.

AJ English *unterscheidet* sich lediglich *in drei Punkten* von seinen westlichen Konkurrenten:
(1) AJ English berichtet länger über Themen mit Islambezug.
(2) AJ English thematisiert die Muslime weniger als Täter militanter Aktionen.
(3) AJ English lässt Muslimen mehr Raum für eigene Meinungsäußerungen und Sichtweisen. Diese Ergebnisse sind dabei signifikant.

Resümierend verdeutlicht die Abbildung die untersuchte Berichterstattung über die muslimische Welt. Mögliche Gründe werden im *Diskussionsteil* besprochen.

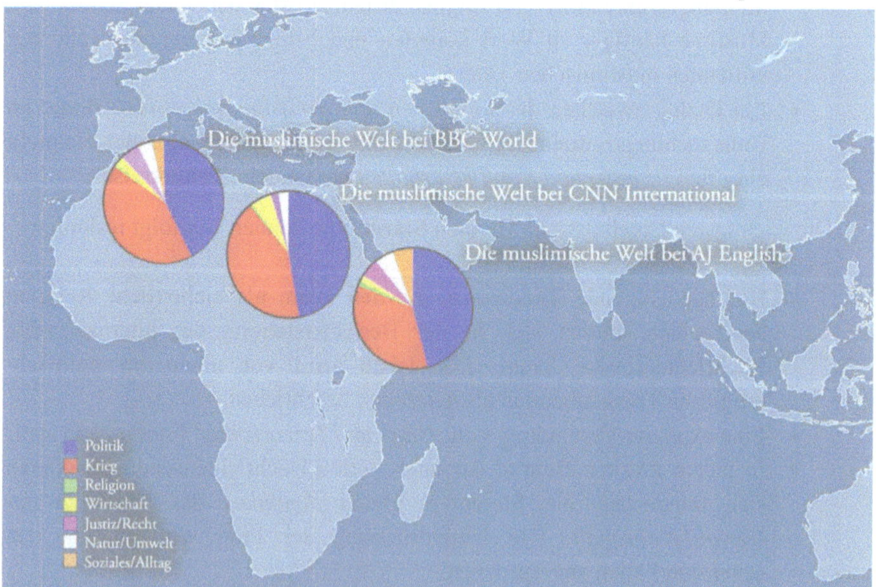

Abb. 18 Resümee: Die muslimische Welt bei BBC World, CNN International und AJ English, Quelle: eigene Darstellung

8 Diskussion und Ausblick

„The relationship between the West and the Muslim World is a critical dynamic of our time. The factors creating tension, doubt and misunderstanding are many and varied."
(Islam and the West: Annual Report on the State of Dialogue des Medien Tenors 2008, S. 11)

Die Ergebnisse zum *Islambild* in den untersuchten internationalen Nachrichtensendern AJ English, CNN International und BBC World gehen größtenteils mit dem bisherigen Forschungsstand einher. So hat z.B. Hafez (2002b) für die überregionale deutsche Presse ähnliche Ergebnisse aufgeführt und auch die momentan aktuellste Studie des Medien Tenors (2008) zum Islam in den Medien bestätigt die aufgeführten Resultate. Die vorliegende Studie zeigt, dass sich internationale Nachrichtensender nicht von den Inhalten nationaler Medien unterscheiden. Die Islamberichterstattung scheint in Anlehnung an die Annahme von Glück (2007) weltweit recht homogen (ebd., S. 90).

Aus der *Themenanalyse* geht hervor, dass die Islamberichterstattung weitgehend auf politischer Ebene verbleibt, während zivilgesellschaftliches Wissen durch die Marginalisierung anderer Themenbereiche kaum vermittelt wird. Der Islam wird vorwiegend als politischer Islam diskutiert. Er wird hauptsächlich auf Aktivitäten separatistischer muslimischer Bewegungen reduziert, ohne dass ein Verständnis für ethisch-normative Grundlagen der Religion gelegt wird. Ein Dialog zwischen der westlichen und der islamischen Welt wird nur selten thematisiert, obwohl dieser in Zeiten der Kriege im Nahen Osten oder der Debatte um die Integration muslimischer Mitbürger wichtig wäre. Stattdessen dominieren Berichte über Abgrenzungen und Konflikte über die des Dialoges.

Die Untersuchung der Länderschwerpunkte zeigt eine Nachrichtengeographie, die sich auf wenige muslimische Staaten konzentriert. Der Schwerpunkt liegt dabei auf den Ländern des Nahen Ostens, die durch Krisen, Konflikte und Kriege zu Medienthemen werden. Diese Ergebnisse werden durch die Analyse der visuellen Bildberichterstattung zusätzlich gestärkt. Nahezu täglich werden den Rezipienten internationaler Nachrichtensender Bilder aus den Kriegsgebieten des Nahen Ostens vor Augen gehalten. Andere Perspektiven werden nur selten eingeblendet.

Die Analyse der *Stereotype* lässt keine positivere Bilanzierung zu. In jedem zweiten Beitrag findet sich eine auf Negativeigenschaften reduzierte Darstellung des Islam und der islamischen Gläubigen. Positive Attribuierungen finden kaum statt. Das Stereotyp ‚Islam = Terrorismus' konnte nicht gefunden werden, jedoch erscheint der Muslime vorwiegend in der Rolle eines gewaltbereiten Religionsanhängers. Auch wenn internationale Nachrichtensender weniger auf die Homogenität des Glaubens verweisen und stattdessen Unterschiede der Glaubensgruppen hervorheben, sind die dazugehörigen Fallzahlen noch zu gering um optimistische Aussagen treffen zu können. Das *Islambild* ist negativ und Prognosen zeichnen eine pessimistische Zukunft. Darin unterscheidet sich die Berichterstattung internationaler Nachrichtensender nicht. Doch welche Konsequenzen können sich aufgrund dieser Berichterstattung ergeben?

Im Theorieteil wurde aufgezeigt, dass Medien – insbesondere für Europäer – oft die einzige Quelle für Informationen aus der islamischen Welt sind. Fehlende Primärerfahrungen durch Gespräche mit Muslimen oder Reisen in den Nahen Osten führen dazu, dass vor allem *Medienbilder* unsere Vorstellungen dazu prägen. Nachrichtensendungen sind dabei ein glaubwürdiges Programmformat, da ihnen Authentizität und Objektivität unterstellt werden (Kamps, 1998, S. 37). Doch wie sieht das *Bild eines Rezipienten* aus, welches durch tägliche Nachrichtenberichte über Krisen, Kriege und Konflikte geprägt wird? Die bereits zitierten Umfragen des Instituts für Demoskopie in Allensbach (2006) und des Gallup Institutes (2008) zeigen, dass Menschen vermehrt Furcht vor Muslimen und dem Islam haben und ihn vermehrt mit Fundamentalismus und Gewaltneigung in Verbindung bringen – Ängste, die alle Bildungsschichten gleichermaßen durchziehen (Bielefeldt, 2007, S. 6). Ohne die Macht der Medien an dieser Stelle zu überschätzen und die den Medienwirkungsprozess intervenierenden Variablen zu marginalisieren, zeigen die genannten Umfrageergebnisse und die aufgeführte Forschung zu Religionsbildern, dass Medien einen entscheidenden Einfluss auf die Vorstellungen zum Islam haben. Das negative *Islambild* der Medien erwächst zu einem wichtigen Faktor in der Ursachendiskussion um islamophobe Vorstellungen. Auch internationale Meinungsführer – als potenzielle Zielgruppe der internationalen Nachrichtensender – erhalten trotz ihrer Multiplikatorenfunktion kein anderes Bild.

Die Brisanz liegt nun darin, dass ein einmal etabliertes Vorstellungsbild zum Islam in seinem Wesen zwar modifizierbar ist, doch in seinen Grundstrukturen erhalten bleibt (Vgl. Theoretische Besprechungen zum Bildbegriff, Kapitel 2). So sind Stereotype, als Teilelemente kognitiver Bilder, nur schwer veränderbar und über Generationen hinweg konsistent. Wenn Medien folglich stereotyp berichten – und laut vorliegender Studie ist dies der Fall – dann erhöht sich die Wahrscheinlichkeit, dass stereotypes Denken ebenso verstärkt wird. Einseitige, auf negative Eigenschaften reduzierte Vorstellungen bleiben erhalten, werden interkulturell weitergegeben und somit in ihrem Bestehen gestärkt. Das Fremdbild Islam bleibt auf wenige Merkmale reduziert.

Individuelle Selektionsprozesse wirken dabei weiterhin unterstützend (Vgl. Kapitel 2). Unter der Maßgabe der Dissonanzvermeidung werden mehrheitlich die Informationen wahrgenommen, die mit den persönlichen Vorstellungen und

Meinungen einhergehen. Negative Informationen zum Islam sind uns vertraut und können in die bereits etablierten kognitiven Schemata abgespeichert werden. Positive Informationen dagegen rufen gegebenenfalls Dissonanz hervor und gehen im Selektionsprozess unter. Dieser Aspekt ist gefährlich, da kognitive Bilder nicht nur unser Denken und unser Fühlen bestimmen, sondern durch ihre konative Funktion Einfluss auf unser Handeln haben. Ihre Wirkung auf intra- und intergesellschaftliche Zusammenhänge sollte folglich nicht unterschätzt werden. Abweisungen, Ausgrenzungen und Diskriminierungen können als Ausläufer des *negativen Islambildes auf Medien- und Rezipientenbildebene* erklärt werden.
Silberschmidt spricht in diesem Zusammenhang von einem gefährlichen „Berichterstattungs-Trend“ (Silberschmidt, 2006, S.113), der für einige Orientwissenschaftler wie Kuske (1994) in der Etablierung eines *Feindbildes Islam* mündet. Demnach hat der Islam nach dem Ende des Kalten Krieges den Kommunismus ersetzt und ist zum Feindbild des Westens aufgestiegen. Als Gründe werden die Demokratiefeindlichkeit und der fehlende Säkularisierungswille islamischer Staaten angeführt, da diese die Werte westlicher Gesellschaften bedrohe. Der Islam erscheint dabei als homogenes Fremdbild, welches durch die Eigenschaften ‚fundamentalistisch', ‚gewaltbereit' oder ‚rückschrittlich' von westlichen Eigenschaften abgegrenzt wird. Den Annahmen einer ‚medialen Kreation eines Feindbildes' fehlt es jedoch bisher an empirischen Evidenzen aus der Kommunikationswissenschaft. Die weiterführende Forschung könnte an dieser Stelle ansetzen.

Die dargelegten Ergebnisse zeigen, dass auch internationale Nachrichtensender keine Ausnahme in der Islamberichterstattung bilden. Die getroffenen Annahmen, dass AJ English als der erste Nachrichtensender aus dem Nahen Osten, der für ein ‚westliches Publikum' Nachrichten aus der muslimischen Welt anbietet, einen differenzierteren Blick einnimmt, konnten für die *europäischen Morgennachrichten* nicht bestätigt werden. AJ English berichtet in nahezu allen untersuchten Bereichen ähnlich wie BBC World und CNN International. Die Berichterstattung ist dabei sogar überraschend deckungsgleich, da bis auf die *Akteursanalyse* keine auffällig signifikanten Unterschiede zwischen den Sendern generiert werden konnten. Dieses Ergebnis lässt folgende **Schlussfolgerung** zu:

Die Nachrichtenberichterstattung des jungen Senders AJ English ist mit der Berichterstattung von BBC World und CNN International durchaus vergleichbar und kann als *Äquivalent zur westlichen Berichterstattung* genutzt werden. Der Sender berichtet inhaltlich und formal wie seine westlichen Konkurrenten. Das *Islambild* differenziert sich kaum.

Die Resultate können durch *drei wesentliche Aspekte* begründet werden.

(1) Die Inhaltsanalyse hat gezeigt, dass alle drei Nachrichtensender vorwiegend ereignisorientiert berichten und demnach vom täglichen Weltgeschehen bedingt werden. Die Negativberichterstattung sowie die thematische Konzentration auf Kriege und Politik müssen demnach nicht unbedingt typische Merkmale der Islamberichterstattung sein, sondern können durch die *Mechanismen des internationalen Nachrichtenjournalismus* erklärt werden. Dabei wird insbesondere auf die Rolle der *Nachrichtenfaktoren* hingewiesen. Nachrichtenfaktoren werden als Eigenschaften von Ereignissen beschrieben, die den Journalisten in seiner Selektion beeinflussen. Sie bestimmen die Beachtungswürdigkeit eines Ereignisses und damit dessen Publikation (Nachrichtenwert-Theorie, Staab, 1998, S.49).
Für die internationale Berichterstattung gelten laut Meckel *Krisen, Konflikte* und *Katastrophen* als wichtige Nachrichtenfaktoren (ebd., 1998, S. 258). Sie identifiziert weiterhin den *Regionalismus* und den *Elitismus* als zwei wesentliche Ereignismerkmale. Demnach stammen internationale Nachrichten in erster Linie aus den Bezugsregionen eines Landes (*Regionalismus*) sowie von den wirtschaftlich und politisch mächtigsten Staaten der Welt (*Elitezentrierung,* vor allem USA) (ebd. S. 264f.). Die im Auftrag der UNESCO in den 1980er Jahren durchgeführte Foreign-News-Studie ergänzt den Regionalismus und den Elitismus um den Nachrichtenfaktor der *Nähe*. Danach wird ein Ereignis umso wahrscheinlicher zur Nachricht, wenn es durch politische/kulturelle/ räumliche *Nähe* eine *Relevanz* für die Rezipienten am Publikationsort besitzt (Vgl. Sreberny-Mohammadi, 1985). Hafez (2002a) hebt ferner hervor, dass sich die Vermittlung eines Auslandsbildes auf *Politik* zentriert (ebd., S. 58ff.).
Diese Auflistung der Nachrichtenfaktoren internationaler Nachrichtenberichterstattung lässt folgende Schlussfolgerung zu: Die Ergebnisse zur Islamdarstellung bei AJ English, BBC World und CNN International sind nicht nur islamspezifisch zu interpretieren. Die thematische Reduzierung auf *Konflikte* und *Kriege* der islamischen Welt kann ebenso mit dem Nachrichtenfaktor Krisen/Konflikt/Katastrophen erklärt werden, der die geographische Fokussierung auf die Länder des Nahen Ostens inkludiert. Auch die *Politikzentrierung* ist mit Blick auf die Nachrichtenfaktoren internationaler Ereignisse erklärbar. Obwohl die Länder des Nahen Ostens von den USA oder den europäischen Staaten geographisch weit entfernt sind, besitzt die Ausbildung der Talibankämpfer in Afghanistan oder die Atomwaffendebatte im Iran durchaus westliche Relevanz. Berichte über die Stationierung amerikanischer oder europäischer Truppen im Irak oder Afghanistan können ebenso durch den Nachrichtenfaktor der *Nähe* (*Relevanz)* erklärt werden. Eine Reduzierung auf

Politik und Krieg darf damit nicht allein als islamtypisch verstanden werden, sondern kann als ein generelles Moment der Auslandsberichterstattung gelten, das unabhängig vom berichteten Gegenstand die Ereigniseigenschaften *Konflikt, Politik* und *Eliten* betont. Damit wäre eine Erklärung für die Synchronität der Berichterstattung der drei Nachrichtensender gegeben.

(2) Ein weiterer möglicher Erklärungsgrund könnte in der *Struktur des Senders AJ English* liegen. Das Kapitel zum Senderprofil (Vgl. Kapitel 4, S. 56ff.) hat deutlich gemacht, dass bei der Gründung von AJ English ‚westliche Maßstäbe' angelegt wurden. Der Scheich von Qatar als Gründungsinitiator ließ sich nicht nur von westlichen Journalisten zum Senderprogramm beraten, sondern berief ein Journalistenteam, das mehrheitlich westlich sozialisiert wurde. Die Liste der Mitarbeiter zeigt eine Dominanz von ehemaligen Fernsehjournalisten der Sender BBC, CNN, ABC (American Broadcasting Company) und NBC (National Broadcasting Company), so dass deren Arbeitsweise das Programmangebot des Senders beeinflusst. Die Informationen werden im Vergleich zu BBC World und CNN International in ähnlicher Weise aufbereitet und dargeboten, so dass auch in der Mitarbeiterstruktur eine Erklärung für die sich gleichende Berichterstattung liegen kann.

(3) Einen dritten Grund sieht die Autorin in der begrenzten Kompetenz des Nachrichtenformates *Strukturprobleme* sichtbar zu machen. Fernsehnachrichten sind aufgrund ihrer Kürze und ihrem Hang zur Visualisierung prädestiniert, Politik und gesellschaftliche Probleme reduziert darzustellen (Kamps, 1998, S.37) Einzelne Bildmotive verweisen auf Problemzustände, die in ihrer Vielfalt und Mehrdimensionalität nicht dargestellt werden können. Dem Publikum *„wird eine medial[e] (...) politische Wirklichkeit angeboten, die der Umwelt ihre Ambiguität und Komplexität raubt"* (ebd.). Politische Zusammenhänge können nicht in aller Ausführlichkeit dargestellt werden. Sie werden auf Bekanntes reduziert (ebd.).

Da sich auch AJ English diesem nachrichtenimmanenten Problem nicht entziehen kann, könnte hierin ein weiterer Grund für die sich ähnelnde Berichterstattung liegen. Es entsteht jedoch die Frage, ob AJ English eine inhaltliche Differenzierung zu BBC World und CNN International durch das Gesamtangebot schafft. Themenorientierte Reportagen zu Islambelangen könnten ein anderes Bild zeichnen. Die weitere Forschung sollte deshalb an weiteren Programmpunkten im Angebot von AJ English ansetzen. Vielleicht schafft es der Sender durch andere Sendungsformate einen *anderen Blick* auf die islamische Welt zu präsentieren.

9 Schlusswort

Mit den Worten *„Wir brauchen eine andere Interpretation des Islams"* der Friedensnobelpreisträgerin von 2003 hat die vorliegende Arbeit begonnen. Ziel war zu untersuchen, ob AJ English, als der erste englischsprachige internationale Nachrichtensender aus dem Nahen Osten ein anderes Islambild in die Welt trägt und damit Grundlage für *eine andere Interpretation* sein kann – ein Bild, welches sich weniger auf die reduzierte Darstellung des gewaltbereiten Muslimen konzentriert und auch mal andere Facetten islamischer Gesellschaften betont.

Um diese Frage beantworten zu können, wurde mittels einer quantitativen Inhaltsanalyse das Medienbild zum Islam von AJ English mit dem von BBC World und CNN International verglichen. Dazu wurde zu Beginn das theoretische Konstrukt des Bildes vorgestellt, um (1) deutlich zu machen, warum Medienbilder zum Islam untersucht werden sollten und (2) eine empirisch greifbare Definition für das Islambild der vorliegenden Arbeit aufzustellen. Dabei ist deutlich geworden, dass Medienbilder mehr als visuelle Abbildungen sind. Sie beschreiben die Berichterstattung zu einem Gegenstand, die durch die Analyse von kommunikativen Teilelementen erfasst werden kann. Für die vorliegende Arbeit wurden die Elemente *Themen* und *Stereotype* herausgegriffen, um einen ersten Blick auf die Islamberichterstattung internationaler Nachrichtensender zu werfen.

Da es bisher an Studien zur Islamberichterstattung von BBC World, CNN International und AJ English fehlt, sollte der bisherige Forschungsstand zum Islam in den Medien sowie das Senderportrait von AJ English Ausgangspunkt für erste Forschungsfragen sein. Es wurden Studien aus verschiedenen Ländern präsentiert, die den Islam auf unterschiedlichen methodischen Wegen untersucht haben. Dabei konnte herausgearbeitet werden, dass die Islamforschung sowohl auf dem Gebiet ihrer quantitativen Erforschung als auch in der Betrachtung von Rundfunkbeiträgen Forschungslücken aufweist, so dass die vorliegende Arbeit an diesen angesetzt hat.

Das Senderportrait offenbarte, dass AJ English ein Nachrichtensender mit ‚Mission' ist. Er hat sich zur Aufgabe gemacht, *„a different perspective on news"* (Parsons, Geschäftsführer von AJ English, 2005) anzubieten. Westliche Sichtweisen sollen ergänzt und durch neue Perspektiven angereichert werden. „The channel gives voice to untold stories, promotes debate, and challenges established perceptions"[97] steht als ein Kernsatz im Corporate Profile des Senders. Der empirische Teil der Arbeit hat untersucht, ob und wie dieses Selbstverständnis Auswirkungen auf die Islamberichterstattung hat.

Um die Hypothesen zu untersuchen, wurden die europäischen Morgennachrichten (8 Uhr p.m. MEZ) analysiert, die gleichzeitig die Nachtnachrichten in Amerika und die Nachmittagsnachrichten in Asien sind. Die betrachteten Sendeformate AJ English News, CNN Today und BBC News verbinden dabei alle Informationen der jeweiligen Sendezentralen. Insgesamt konnten dadurch 201 Sendungen und 707 Nachrichtenbeiträge analysiert werden.

Eine besondere Herausforderung bestand zum einen in der Analyse von Fernsehbeiträgen, da diese bis auf wenige Ausnahmen in der Islamforschung noch unbeachtet sind und zum anderen in der Operationalisierung der Islam-Themen. Der Islam ist eine heterogene Religion, die in jedem muslimischen Land in unterschiedlicher Weise in politische und gesellschaftliche Bereiche inkorporiert ist und auf individueller Ebene ebenso unterschiedlich gelebt wird. Für eine quantitative Erfassung mussten folglich Kategorien geschaffen werden, die diese Heterogenitäten umfassen. Dazu wurde theologische Basisliteratur zum Islam und zum Religionsbegriff im Allgemeinen herangezogen. Durch diese sollte ein Verständnis für eine der Autorin ‚fremde' Religion geschaffen werden, das über eigene, wohlmöglich ebenso reduzierte Vorstellungen hinausgeht. Zusammen in Gesprächen mit dem Seniordirektor des Zentralinstituts Islam-Archiv Deutschland e.V. (Armina-Abdullah Stiftung) konnten zusätzliche Anreize geschaffen und Verständnisprobleme gelöst werden, so dass der Islam durch unterschiedliche und vielseitige Themendimensionen untersucht wurde.

Die Ergebnisse zeigen, dass sich das Islambild von AJ English kaum zu dem von CNN International und BBC World unterscheidet. Bis auf die Akteursstruktur kann AJ English seinem Selbstverständnis in den untersuchten Nachrichten nicht gerecht werden: Kriege und Politik bestimmen die Medienagenda der internationalen Nachrichtensender. Der Islam tritt vor allem als politischer Islam auf, in dem Berichte über Auseinandersetzungen islamischer Extremisten mit muslimischen Staaten überwiegen. Die muslimische Welt erscheint voll von Krisen und Konflikten. Die meisten Berichte stammen dabei aus den Regionen des Nahen Ostens. Süd-Ost-Asiatische Länder, in denen die meisten Muslime leben, werden kaum zum Medienthema. Die

[97] Quelle: Corporate Profile von AJ English: http://english.aljazeera.net/NR/exeres/DE03467F-C15A-4FF9-BAB0-1B0E6B59EC8F.htm, 18.11.2008.

Berichterstattung ist negativ. Dialoge der beiden ‚Kulturkreise' finden selten statt. Das Verhältnis des Westens und der islamischen Welt ist eher von Konflikt und Abgrenzung gezeichnet. Stereotype Präsentationen durchziehen jeden zweiten Beitrag – auch in der Berichterstattung von AJ English sind sie gleichermaßen frequent.
Diese Resultate haben Fragen aufgeworfen, da sie den zuvor getroffenen Annahmen widersprechen. Den wichtigsten Grund für die Ähnlichkeit der Berichterstattung der Sender sieht die Autorin in den Mechanismen des internationalen Nachrichtenjournalismus. Nachrichtenfaktoren beeinflussen die Ereignisselektion eines Journalisten – darin unterscheidet sich die Arbeit der westlich sozialisierten Journalisten von AJ English und der Journalisten von BBC World und CNN International nicht. Politik, Krisen und Konflikte bestimmen demnach eher über das, was AJ English als ‚Nachricht' sendet.

Neben den aufgeführten Ergebnissen hat die Studie in einem Resultat überrascht: Der Islam wird nur in wenigen Fällen direkt mit dem Wort Terrorismus in Verbindung gebracht. Obwohl Medienanalysen zeigen, dass die Verbindung ‚Islam = Terrorismus' vorherrschend ist, unterstützen die internationalen Nachrichtensender dieses Bild nicht. Es bleibt jedoch die Frage, inwieweit Rezipienten Gewalttaten im Nahen Osten losgelöst von religiösen Assoziationen interpretieren. Werden Anschläge oder Attentate im Nahen Osten als islamischer Terrorismus interpretiert, obwohl gegebenenfalls religionsfremde Gründe dahinter stehen? Die weitere Forschung könnte an diesem Punkt ansetzen, Medienbilder und Rezipientenbilder miteinander verbinden und überprüfen, ob die Gewalt im Nahen Osten in die ‚kognitive Schublade' des islamischen Terrorismus eingeordnet wird. Interessant wäre ferner die intervenierende Variable der religiösen Zugehörigkeit einzubringen. Nimmt ein christlicher Mensch die Islamberichterstattung anders wahr als ein Muslim? Welche Rolle spielen religiöse Überzeugungen in der Medienwahrnehmung und wie wirkt sich das auf die Vorstellungen zum Islam aus?
Ein Blick auf die Berichterstattung arabischer Medien wäre ebenso interessant. Wie wird der Westen dargestellt? Gibt es Parallelen zwischen der Berichterstattung über den Islam im Westen und dem Westen in muslimischen Ländern? Fragen, die die zukünftige Forschung beantworten könnte.
Die vorliegende Analyse hat Nachrichtensendungen untersucht und keine Unterschiede zwischen den Sendern herausfinden können. Vielleicht schafft es AJ English, sich in anderen Programmpunkten zu differenzieren. Die Antwort dieser Frage bleibt der zukünftigen Forschung ebenso überlassen. Für die vorliegende Analyse der Nachrichten gelingt dem Sender die *„andere Interpretation des Islams"* nicht.

10 Anhang

Anhangsverzeichnis

Anhang 1: Landkarte muslimischer Länder – Die Verbreitung des Islam

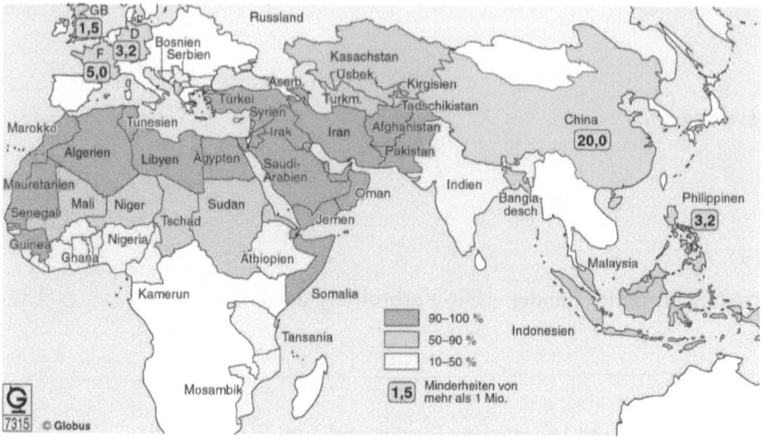

Abb. 19 Die Verbreitung des islamischen Glaubens - Länderkarte
Quelle: Bundeszentrale für politische Bildung 2005, S. 46

Anhang 2: Zusätzliche Tabellen und Diagramme

2.1 Sachgebiete in der Berichterstattung über muslimische Länder, muslimische Akteure und/oder den Islam im Sendervergleich

Sachgebiet	AJ English	BBC World	CNN International
Politik	**118** 44,5 %	**95** 39,3%	**89** 44,5%
Krieg	**91** 34,3%	**97** 40,1%	**78** 39,0%
Religion	**3** 1,1%	**1** 0,4%	**1** 0,5%
Wirtschaft	**5** 1,9%	**6** 2,5%	**11** 5,5%
Kultur	**3** 1,1%	**5** 2,1%	**1** 0,5%
Geschichte	**2** 0,8%	**0**	**1** 0,5%
Soziales Alltag	**14** 5,3%	**7** 2,9%	**2** 1,0%
Reise	**0**	**1** 0,4%	**1** 0,5%
Human Interest	**1** 0,4%	**5** 2,1%	**4** 2,0%
Sport	**0**	**2** 0,8%	**1** 0,5%

Sachgebiet	AJ English	BBC World	CNN International
Wissenschaft/Bildung	**1** 0,4%	**2** 0,8%	**2** 1,0%
Justiz/Recht	**13** 4,9%	**11** 4,5%	**4** 2,0%
Sonstiges	**0**	**1** 0,4%	**0**
Total	**265** **100%**	**245** **100%**	**200** **100%**

Tab.4 Sachgebiete im Sendervergleich - absolute und relative Häufigkeiten,
n = 707

2.2 Islamthemen im Sendervergleich

Islam-Themen		AJ English	BBC World	CNN International
ethisch-normativ	Glaube und Lehre	6 3,7%	7 5,0%	0
	Muslimischer Alltag	3 1,8%	5 3,5%	1 0,8%
	Erziehung/Bildung	1 0,6%	2 1,4%	0
	Scharia	1 0,6%	0	0
	Koran	0	1 0,7%	0
	TOTAL	**11**	**15**	**1**
kulturell	Islamische Musik	1 0,6%	1 0,7%	0
	Islamische Kunst	1 0,6%	0	0
	Kulturelle Themen allgemein	1 0,6%	1 0,7%	0
	TOTAL	**3**	**2**	**0**
Religions-geschichte	**TOTAL**	**0**	**0**	**1**

		AJ English	BBC World	CNN International
politisch	Probleme/Unruhen zwischen einem muslimischen Staat & religiösen Gruppen	37 22,7%	30 21,3%	31 25,8%
	Islamische Extremisten Allgemein/Portrait der Gruppen	12 7,4%	15 10,6%	15 12,5%
	Anschläge islamischer Extremisten	19 11,7%	19 13,5%	32 26,7%
	Westliche Geiselnahmen	10 6,1%	7 5,0%	5 4,2%
	Aufruf zum Kampf gegen den Westen	5 3,1%	6 4,3%	3 2,5%
	Politisch allgemein	32 19,6%	21 14,9%	12 10%
	TOTAL	**115**	**98**	**98**
interreligiös	Islam/ Judentum	5 3,1%	8 5,7%	5 4,2%
	Islam/ Christentum	7 4,3%	6 4,3%	3 2,5%
	Islam/ Buddhismus	1 0,6%	0	0
	Islam/ Weltreligionen	5 3,1%	2 1,4%	0
	TOTAL	**18**	**16**	**8**
intrareligiös	Schiiten/Sunniten	8 4,9%	3 2,1%	5 4,2%
	Reformistische Gruppen	4 2,5%	0	1 0,8%
	Intrareligiös allgemein	4 2,5%	7 5,0%	6 5,0%
	TOTAL	**16**	**10**	**12**
TOTAL		**163** **100%**	**141** **100%**	**120** **100%**

Tab.5 Islam-Themen im Sendervergleich – absolute Häufigkeiten, n = 424 (Mehrfachantworten, pro Beitrag konnten bis zu drei Islam-Themen verschlüsselt werden)

2.3 Islam-Themen und ihre Valenzen

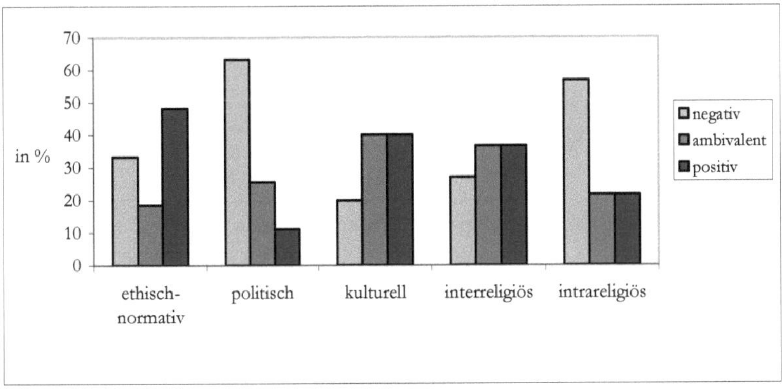

Abb. 20 Islam-Themen und ihre Valenzen, n = 424 (Mehrfachantworten, pro Beitrag konnten bis zu drei Islam-Themen verschlüsselt werden)

Anmerkung: Die Themendimension Religionsgeschichte fehlt in dieser Darstellung, da lediglich 1 Beitrag einen Verweis darauf enthielt. Dieser war negativ.

2.4 Prognosen in der Islamberichterstattung

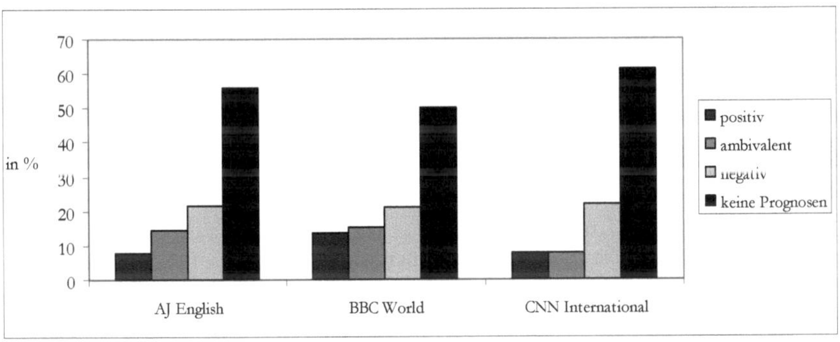

Abb. 21 Prognosen in der Islamberichterstattung im Sendervergleich, n = 311

2.5 Verbalisierung und Visualisierung der Stereotype im Vergleich

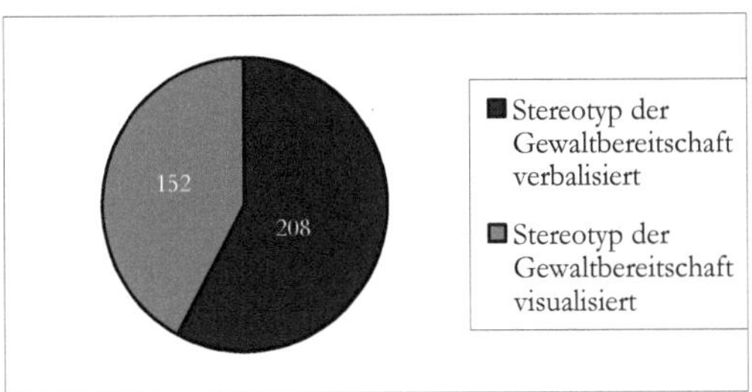

Die eingetragenen Zahlen sind die absoluten Häufigkeiten der stereotypen Elemente.
Abb. 22 Das Stereotyp der Gewaltbereitschaft, n = 360

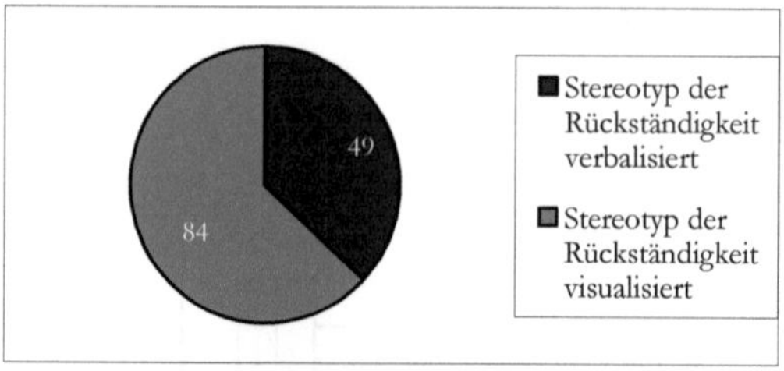

Abb. 23 Das Stereotyp der Rückständigkeit, n = 133

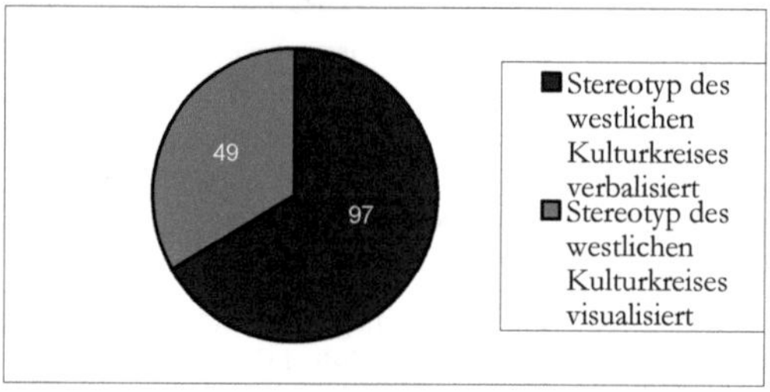

Abb. 24 Das Stereotyp der Bedrohung des westlichen Kulturkreises, n = 146

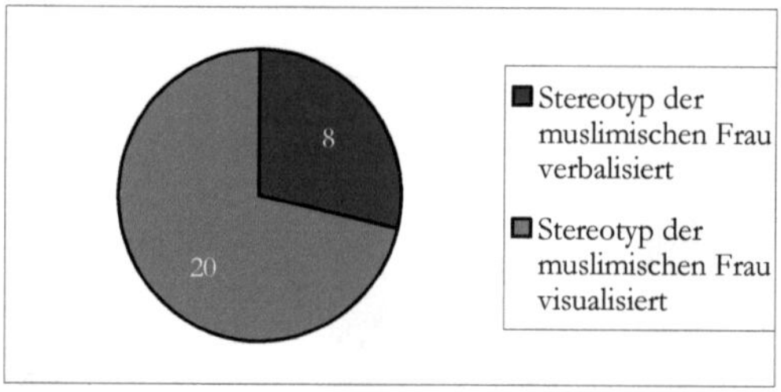

Abb. 25 Das Stereotyp der Unterdrückung der Frau, n = 28

2.6 Positive Merkmalszuschreibungen zu Muslimen und dem Islam

Positive Merkmalszuweisungen	**AJ English**	**BBC World**	**CNN International**
fortschrittlich	11	12	4
tolerant	9	7	4
friedlich	21	12	9
sozial	9	9	0
diszipliniert/fleißig/engagiert	10	4	2
TOTAL	**60**	**44**	**19**

Tab. 6 Positive Merkmale der Muslime und des Islam – absolute Häufigkeiten (Mehrfachantworten, pro Beitrag konnten 5 positive Merkmale verschlüsselt werden, n = 123, χ^2 $p<0.05$ für die Merkmale *tolerant* und *sozial* für alle Sender signifikant)

Anhang 3: Codebuch

1 Untersuchungsgegenstand

Die vorliegende Untersuchung befasst sich mit der Darstellung des Islam in den Nachrichten von Al Jazeera English, BBC World und CNN International. Dabei werden: *Themen* der Berichterstattung, deren Darstellung und *Stereotype* zum Islam, den Muslimen und islamischen Ländern in den Medien untersucht.

2 Untersuchungseinheiten

Untersuchungseinheiten sind die europäischen Morgennachrichten der Sender Al Jazeera English, CNN International und BBC World. Diese umfassen jeweils eine halbe Stunde Sendezeit. In die Untersuchung einbezogen werden alle Beiträge, die sich der Nachrichtenberichterstattung widmen. Der Nachrichtenüberblick, der jeder Nachrichtensendung vorangeht, wird ebenso beachtet. Dieser wird jedoch nicht einzeln, sondern zusammen mit dem Beitrag codiert. Werbung, das Wetter oder Programmankündigungen bleiben von der Analyse ausgeschlossen.

3 Untersuchungszeitraum

In die Untersuchung gehen alle Beiträge der europäischen Morgennachrichten von Al Jazeera English, BBC World und CNN International vom 16. August 2007 bis zum 16. November 2007 ein. Dabei werden jeweils die Sendungen von Montag bis Freitag berücksichtigt. Innerhalb des Untersuchungszeitraums findet eine *Vollerhebung* statt.

4 Analyseeinheiten

Das Codebuch ist in drei Analyseabschnitte unterteilt. Zunächst werden Variablen auf der Ebene des gesamten Beitrages untersucht (*Analyseeinheit Beitrag)*. Dabei geht es darum, einen Gesamteindruck des Beitrags zu ermitteln und allgemeine Kategorien zu analysieren. Im Anschluss findet eine genaue Betrachtung zu Stereotypen im Nachrichtenbeitrag statt *(Analyseeinheit Stereotyp)*. Abschließend soll eine zusätzliche gesonderte Analyse des visuellen Bildmaterials eines Beitrags erfolgen *(Analyseeinheit visuelle Bildberichterstattung)*.

(1) Analyseeinheit Beitrag: Ein Beitrag wird als thematisch einheitlich und abgeschlossen definiert. Ein Beitrag besteht dabei aus gesprochenen, geschriebenen und durch Standbilder und/oder Nachrichtenfilme visualisierten Informationen, die in ihrer Gesamtdarstellung codiert werden. Der Nachrichtenticker, der unter den Nachrichten durchläuft, wird nicht beachtet.

(2) Analyseeinheit Stereotyp: Der Stereotyp gilt als eine dem Islam, islamischen Ländern und den Muslimen zugeordnete generalisierende Eigenschaft. Diese kann sowohl positive als auch negative Werturteile enthalten. Für diese Analyseeinheit interessiert, ob Stereotype *explizit erwähnt* (z.B. der brutale Palästinenser, der unmoderne Islam, die Rückständigkeit der muslimischen Welt) und/oder im Beitrag *visualisiert* werden (z.B. durch das Verbrennen von US-amerikanischen Flaggen durch islamische Extremisten, die Darstellung eines bewaffneten Muslims).

(3) Analyseeinheit visuelle Bildberichterstattung: In die Bildanalyse werden bewegte Bilder (Filme) und Standbilder (Fotos, Karikaturen) einbezogen. Graphische Darstellungen und Tabellen werden nicht als Bild codiert. In der Analyseeinheit *visuelle Bildberichterstattung* wird das gesamte Bildmaterial eines Beitrags betrachtet. Es findet keine Unterteilung in einzelne Bildarten (Standbild, bewegtes Bild, Karikatur usw.) oder einzelnen Bildsequenzen bei Filmaufnahmen statt.

5 Zugriffskriterien

Generell werden alle Beiträge ausgewählt, die in der ersten Beitragsminute einen islamischen Bezug aufweisen. Darunter fallen alle Beiträge, in denen *auf den Islam hindeutende Begriffe*, *islamische Länder* und/oder *islamische Akteure* vorkommen.

(1) auf den Islam hindeutende Begriffe: alle Wörter mit dem Wortstamm Islam (z.B. islamisch, islamistisch, Islamist), alle Wörter mit dem Wortstamm Muslim (z.B. Muslime, muslimisch)[98], alle auf den Islam hindeutenden Begriffe (z.B. Ramadan, Koran, Taliban, Schiiten, Sunniten, Mohammed, Osama bin Laden, al-Qaida, usw.)

(2) islamische Länder: Es werden alle Beiträge ausgewählt, in denen islamische Länder vorkommen. Ein Land ist dann als islamisch zu identifizieren, wenn die Mehrheit der Bewohner (≥50%) islamischen Glaubens ist. Zur Identifizierung der einzelnen Länder wurde eine Weltkarte ins Codebuch aufgenommen, die die Verteilung des Islam verdeutlicht (hier Seite 134).

Ein islamisches Land kann dabei *Ort der Handlung* (z.B. Krieg im Libanon, Bericht über eine Frauenschule in Abu Dhabi) oder auch *Gegenstand der Berichterstattung* (z.B. Debatte im US-Senat über den Rückzug der amerikanischen Truppen im Irak) sein. In beiden Fällen gilt das Land als

98 Anmerkung: Da das englische Wort für Muslime der englischen Übersetzung von Moslem gleich ist, muss hier keine weitere Unterscheidung getroffen werden.

Zugriffskriterium. Zum Zugriffskriterium islamische Länder gehören auch alle auf muslimische Länder hinweisenden Beschreibungen wie der Nahe Osten, die arabische oder die muslimische Welt.

(3) islamische Akteure: Islamische Akteure sind nur dann ein Zugriffskriterium, wenn sie eindeutig als solche identifiziert werden können. Dazu sind die auf den Islam hindeutenden Begriffe sowie die Nationalität eines Menschen hilfreich. Ein Akteur gilt nur dann als Zugriffskriterium, wenn er explizit als solcher benannt wird. Wenn beispielsweise über die Tradition des Drachenfliegens der Koranschüler in Afghanistan (AJ English, 30.10.2007) oder über eine neue Videobotschaft von Osama bin Laden (AJ English, BBC World, CNN International, 11.9.2007) berichtet wird, gelten diese Akteure als Zugriffskriterium. Mutmaßungen, ob in einem Beitrag ein islamischer Akteur vorkommt, ohne dass dieser eindeutig als solcher deutlich wird, sind nicht erlaubt.

Bilder sind kein Zugriffskriterium.

6 Allgemeine Codieranweisungen

Vor Beginn der ersten Codierung muss sich der Codierer das Codebuch mindestens einmal durchlesen. Dabei sind vor allem die Erläuterungen zu den einzelnen Kategorien nachzuvollziehen.

Danach wird folgendermaßen vorgegangen:

Jede Nachrichtensendung wird *mindestens eine Minute* lang angesehen. Wenn ein Nachrichtenbeitrag durch die Zugriffskriterien als relevant gilt, werden zunächst die formalen Kriterien analysiert.

Anschließend wird der Beitrag neu gestartet und ein zweites Mal angesehen. Dabei werden die inhaltlichen Kriterien untersucht.

Die Daten sind dabei in die vorgegebene SPSS-Schablone einzugeben. Für jedes Kriterium wurde eine Variable vergeben, die sich sowohl im Codebuch als auch in der SPSS-Schablone befindet (z.B. Kategorie *Valenz* wird als *val* identifiziert).

Mehrfachnennungen sind nur zulässig, wenn eindeutig darauf hingewiesen wird.

<u>Wichtige Hinweise/Wortbedeutungen:</u>

Islamisch ist das Adjektiv zum Wort Islam. Dieses ist nicht gleichzusetzen mit dem Adjektiv *islamistisch.* Islamistische Gruppen sind islamische Extremisten. Sie werden oft mit Fundamentalisten und/oder Terroristen gleichgesetzt.

Das Codebuch arbeitet mit den Begriffen des *Westens*, des *westlichen Kulturkreises* und der *islamischen Welt*. Obwohl damit recht heterogene ‚Gebilde' gemeint sind, haben sie sich in der Alltagssprache und auch in der Wissenschaft etabliert.

Der Begriff des *Westens* und des *westlichen Kulturkreises* umfasst einen durch Kolonialisierung gewachsenen geographischen Raum, der sich auf die Länder Europas sowie die USA bezieht.

Die *islamische Welt* wird synonym zur muslimischen Welt verwendet und subsumiert alle muslimischen Länder.

7 Das Kategoriensystem

7.1 Analyseeinheit Beitrag - formale Kriterien

7.1.1 Codierer (cod)

Jeder Codierer erhält zur Identifikation eine einstellige Nummer.

Mandy Pampel	1
Matthias Kuhlmeier	2
Martin Herlt	3
Sophia Looß	4
Susan Schenk	5

7.1.2 Sender (sen)

Jedem der zu analysierenden Sender wird eine Nummer gegeben.

Al Jazeera English	1
BBC World	2
CNN International	3

7.1.3 Sendedatum (dat)

Das Sendedatum wird in der Reihenfolge Tag (*tag*) Monat (*mon*) codiert. Tag und Monat werden dabei jeweils *zweistellig* codiert. Das Jahr wird nicht codiert.
Beispiel: 8.10. → *tag* 08 und *mon* 10

7.1.4 Beitragstitel (tit)

Da Nachrichtensendungen im Vergleich zu Zeitungsartikeln keine Überschrift haben, kann der Beitragstitel wie folgt abgeleitet werden: 1. durch die *eingeblendete Beitragsunterschrift*, 2. der *Beitragsankündigung der Nachrichtenmoderatoren* oder 3. dem *ersten Satz* des Nachrichtenbeitrags. Der Titel ist offen in das SPSS-Feld *tit* einzutragen.

7.1.5 Ankündigung des Beitrags (akü)

Hier wird codiert, ob der Beitrag im Nachrichtenüberblick zu Beginn der Sendung angekündigt wird oder nicht. Dabei ist lediglich die erste Ankündigung der *‚Topereignisse'* des Tages ausschlaggebend.

Beitrag wird im Nachrichtenüberblick angekündigt	1
Beitrag wird im Nachrichtenüberblick nicht angekündigt	0

7.1.6 Länge des Beitrages (lae)

Die Länge des Beitrages wird in Sekunden s angegeben und offen codiert. Die Ankündigung eines Beitrages wird zeitlich nicht mit erfasst. Es wird *dreistellig* codiert.
Beispiel: Die Beitragslänge beträgt 3 Minuten, so wird 180 codiert. Umfasst der Beitrag 1 Minute, so wird 060 codiert.

7.1.7 Journalistische Darstellungsform (dar)

Hier wird die journalistische Darstellungsform codiert, die dem Beitrag zugeordnet werden kann. Beiträge, die einer nicht genannten Darstellungsform entsprechen, werden mit 99 codiert.

Erläuterung:

Kurzmeldung wird dann codiert, wenn ein Sachverhalt oder ein Ereignis in wenigen Sätzen dargestellt und kurz präsentiert wird. Im Wesentlichen werden die Dimensionen WER, WAS, WIE, WARUM geklärt, ohne dass eine ausführliche Hintergrundberichterstattung stattfindet.

Bericht wird dann codiert, wenn über die Meldung hinaus Zusammenhänge und Hintergründe aufgezeigt werden. Der Bericht ist länger und ausführlicher als die Kurzmeldung. Im Bericht können beispielsweise Korrespondenten vor der Kamera eine Situation schildern oder Interviews geführt werden.

Kurzmeldung	1
Bericht	2
Sonstiges	99

7.1.8 Bilder (bild)

Unter Bilder wird codiert, ob der Beitrag unter Verwendung von Bildmaterial ausgestrahlt wird. Bilder können dabei Filmaufnahmen (bewegte Bilder) oder Standbilder (Fotos oder Karikaturen) sein. Graphische Darstellungen oder Tabellen werden nicht als Bild codiert.

Beitrag mit Filmaufnahmen	1
Beitrag mit Standbild	2

Beitrag mit Standbild und Filmaufnahmen	3
Beitrag ohne bildliche Unterstützung	0

7.1.9 Quelle von Beitragsinformationen

Hier wird codiert, welcher Quelle Beitragsinformationen entstammen. Quellen können in einem Nachrichtenbeitrag durch den Nachrichtensprecher benannt oder durch eine Kurzform am oberen oder unteren Bildschirmrand gezeigt werden. Es soll codiert werden, ob Beitragsinformationen aus *sendereigenen Quellen*, *Nachrichtenagenturen* oder von *anderen Nachrichtensendern* stammen.

Erläuterung:

Sendereigenen Quellen sind Beitragsinformationen, die vor allem durch den Verweis auf Korrespondenten deutlich werden.

Nachrichtenagenturen als Quelle werden oft die Kurzform der Agentur deutlich. Wichtige internationale Nachrichtenagenturen sind z.B. Reuters, AP (Associated Press), AFP (Agence France Presse), UPI (United Press International).

Auf einen ***Nachrichtensender*** als Quelle verweist neben der Nennung des Senders durch die Nachrichtensprecher das Bildlogo des Senders. Hierbei interessieren vor allem die internationalen Nachrichtensender *Al Jazeera Arabisch* und *Al Jazeera English, BBC World* und *CNN International.* Beim Codieren ist auf die Unterscheidung von Al Jazeera English und Al Jazeera Arabisch zu achten. Unterscheidungskriterium ist die arabische Schrift über dem Senderlogo von Al Jazeera, die auf Al Jazeera Arabisch hindeutet. Al Jazeera English verwendet keine arabischen Schriftzeichen.

Die aufgeführten Quellen können mit 1 für kommt vor und 0 für kommt nicht vor codiert werden.

eigenes Material des Senders **(eigene_qu)**	1/0
CNN **(cnn_qu)**	1/0
BBC **(bbc_qu)**	1/0
Al Jazeera Arabisch **(aja_qu)**	1/0
Al Jazeera English **(aje_qu)**	1/0
Nachrichtenagentur **(age_qu)**	1/0

Inhaltliche Kategorien

7.1.10 Valenz des Beitrages (val)

Bei der Beurteilung der Valenz des Beitrages geht es um den Grundtenor der Berichterstattung. Es wird codiert, welcher Gesamteindruck nach einmaligem Schauen des Beitrags entsteht. Der Gesamteindruck kann dabei auf einer Skala von 1 (*uneingeschränkt positiv*) bis 5 (*uneingeschränkt negativ*) erfasst werden. Falls ein Beitrag insgesamt neutral, d.h. weder positiv noch negativ oder ausgewogen berichtet, wird *ambivalent* codiert.

uneingeschränkt positiv	1
eher positiv	2
ambivalent	3
eher negativ	4
uneingeschränkt negativ	5

7.1.11 Sachgebiet (geb)

Hier wird das Sachgebiet codiert, in das der Bericht eingeordnet werden kann. Mit Sachgebiet ist der thematisch dominierende Aspekt des Beitrages gemeint. Diese Kategorie ist bewusst allgemein gehalten, da sie in erster Linie einen Überblick über Sachgebiete der Berichterstattung geben soll, in denen der Islam, islamische Länder oder muslimische Akteure generell thematisiert wird. Wichtig ist, dass das Sachgebiet ausgewählt wird, in das das dominierende Thema des Beitrags eingeordnet werden kann. Assoziationen oder eigene Gedanken darüber, ob eine kriegerische Auseinandersetzung einen politischen und/oder religiösen Hintergrund haben könnte und damit in unterschiedliche Sachgebiete eingeordnet werden müsste, sind nicht erlaubt. Es zählt der faktische Inhalt der Berichterstattung. Mehrfachantworten sind nicht möglich.

Sachgebiet Politik umfasst innenpolitische Themen (Wahlen, Parteitage, Parteipolitik usw.) und außenpolitische Themen (zwischenstaatliche Beziehungen, Staatstreffen, -bündnisse, Auswärtige Kulturpolitik usw.). Es werden alle politischen Themen außer kriegerische Auseinandersetzungen in dieser Kategorie codiert.

Sachgebiet Krieg umfasst alle Beiträge, die über eine kriegerische Auseinandersetzung berichten; sei es der Libanonkrieg, der Afghanistan- oder der Irakkrieg. Alle Beiträge, in denen gewaltreiche Auseinandersetzungen, Selbstmordanschläge, Geiselnahmen, Angriffe auf die US-Truppen im Irak usw. thematisch dominant behandelt werden, sind in das *Sachgebiet Krieg* einzuordnen.

Sachgebiet Religion bezieht sich ausschließlich auf eine religiöse Thematik (z.B. Bericht über den Ramadan). Die Berichterstattung zu religiösen Riten, Feiertagen oder Festen ist in dieses Sachgebiet einzuordnen.

Sachgebiet Wirtschaft subsumiert Themen zu wirtschaftlichen Vorgängen aus Handel und Finanzen.

Sachgebiet Kultur bezieht sich auf Themen der Literatur, der Bildenden Künste, Musik und Architektur (alle kulturellen Themen außer Religion).

Sachgebiet Geschichte schließt alle Themen ein, die einen historischen Bezugsrahmen aufweisen (alle geschichtlichen Themen außer Religionsgeschichte).

Sachgebiet Soziales/Alltag umschließt alle Bereiche des Alltags und der regulären Gesellschaftsabläufe. Das Sachgebiet erfasst ebenso Beiträge zu Hilfsprojekten.

Sachgebiet Wissenschaft/Bildung sind Sendeinhalte, die sich auf verschiedene wissenschaftliche Disziplinen, neue Entdeckungen, Fortschritte usw. beziehen.

Sachgebiet Justiz/Recht umfasst alle Themenbereiche, die sich auf rechtliche Belange, Gerichtsverhandlungen oder Strafverfolgungen usw. beziehen.

Sachgebiet Natur und Umwelt beschäftigt sich mit allen Belangen rund um Natur und Umwelt, z.B. Umweltverschmutzung, Naturkatastrophen, usw..

Sachgebiet Reise/Länderportrait muss verschlüsselt werden, wenn das Portrait eines muslimischen Landes, einer Stadt oder einer Region im Mittelpunkt steht, ohne dass ein thematischer Schwerpunkt auf der Politik, der Wirtschaft oder der Religion des Landes liegt.

Sachgebiet Human Interest wird als Sachgebiet identifiziert, wenn über Einzelschicksale, Prominente, Affären, Gerüchte usw. berichtet wird.

Sachgebiet Sport subsumiert alle Themen im Bereich Sport.

Wird ein anderes Sachgebiet als die aufgeführten Bereiche thematisiert, so wird 99 vergeben.

Politik	1
Krieg	2
Religion	3
Wirtschaft	4
Kultur	5
Geschichte	6
Soziales/Alltag	7
Wissenschaft/Bildung	8
Justiz/Recht	9
Natur und Umwelt	10
Reise/Länderportrait	11
Human Interest	12
Sport	13
Sonstiges	99

7.1.12 Islam – Themen (i_th_1; i_th_2;h_3)

Während durch die Kategorie *Sachgebiet* deutlich wird, in welchen thematischen Bereichen der Islam, muslimische Länder und/oder muslimische

Akteure generell behandelt werden, soll hier eine genauere Betrachtung der Berichterstattung zum Islam erfolgen. Die Themen sind dabei nach sechs thematischen Schwerpunkten geordnet: *1. ethisch-normative Themen des Islam, 2. kulturelle Themen des Islam, 3. politische Themen des Islam, 4. Religionsgeschichte, 5. interreligiöse Themen, 6. intrareligiöse Themen.*

Erläuterungen:

Ethisch-normative Themen sind Themen, die sich mit dem islamischen Glauben und der Lehre allgemein beschäftigen. Sie beinhalten Gebote und Verbote und thematisieren wichtige Vorschriften, die der Islam für alle Alltagsbereiche des muslimischen Lebens – ob in der Familie, im Beruf oder im öffentlichen Leben – vorgibt. Dabei sind die fünf religiösen Grundpflichten im Islam (*das Fasten im Monat Ramadan, das Spenden von Almosen, das tägliche Beten, die Pilgerfahrt nach Mekka und das Glaubensbekenntnis*) das tragende Fundament dieser Religion. Oft diskutierte Einflüsse des Islam auf *die Erziehung/Bildung* sind ebenso einzeln aufgeführt. Hierzu zählen alle Beiträge, die z.B. die Erziehung der Kinder nach islamischen Vorschriften thematisieren. Dazu gehören u.a. das tägliche Beten oder das Lernen von Koranversen. Da auch das Rechtswesen vieler muslimischer Staaten (Scharia) auf ethisch-normativen Grundlagen des Islam fußt, soll es ebenso unter dem *ethisch-normativen Themenbereich* verschlüsselt werden.

Kulturelle Themen des Islam sind Themen, die sich mit kulturellen ‚Erschaffungen' der Religion beschäftigen. Das sind beispielsweise Moscheen und Koranschulen (*islamische Architektur),* religiöse Lieder und Gesangstexte (*islamische Musik),* religiöse Gebetssprüche auf Teppichen und Vasen (*islamische Kunst*) oder religiöse Literatur in Form von Belletristik oder Gedichten (*islamische Literatur*). Thematisiert ein Beitrag beispielsweise den Bau einer Moschee oder eine öffentliche Kunst-Ausstellung über das Leben des Propheten Mohammeds muss diese Kategorie verschlüsselt werden.

Politische Themen des Islam beziehen sich auf die Politisierung des Islam und seiner Glaubenssätze. Der Islam wird von einigen extremistischen Gruppen politisiert, in dem seine Glaubenssätze nicht nur das religiöse Alltagsleben, sondern das gesamte politische und soziale Leben eines Staates bestimmen sollen. Eine Einheit von Religion und Staat wird gefordert. Säkularität wird abgelehnt. Der Koran und die Überlieferungen des Propheten Mohammeds (Sunna) sollen Basis für die politische Staatsführung und die Rechtssprechung sein. Da diese Politisierung in einigen muslimischen Staaten zu Spannungen führt, interessieren in dieser Kategorie, ob *Beziehungen zwischen Staat und Religion* thematisiert werden.
Extremistische Gruppen existieren in vielen muslimischen Ländern. Um ihre politisch-religiösen Interessen durchzusetzen oder sich von westlicher Vormundschaft zu befreien, greifen sie zu radikalen Maßnahmen wie *Selbstmordanschlägen* und *Geiselnahmen.* Islamistische Gruppierungen versuchen demnach nicht nur eine Einheit von Staat und Religion herzustellen,

sondern wollen sich ebenso von westlichen Einflüssen befreien. Alle Berichte z.B. über Selbstmordanschläge islamischer Extremisten auf amerikanische Stützpunkte, Geiselnahmen oder den Aufruf zum Kampf gegen westliche Nationen (Dschihad) sind in die politische Thematik einzuordnen. Da der *Jahrestag der Zerstörung des World Trade Centers am 11. September 2001* durch die Gruppe al-Qaida in den Untersuchungszeitraum fällt, soll auch dieses Ereignis in der Kategorie verschlüsselt werden.

Religionsgeschichte als Thema umfasst alle Bereiche, die einen historischen Bezugsrahmen zum Islam und seiner Entstehungs- oder Entwicklungsgeschichte besitzen.

Interreligiöse Themen sind Themen, die das Verhältnis der Weltreligionen untereinander thematisieren. Dabei liegt der Fokus auf der Thematisierung der Beziehung des Islam zum Christentum, zum Buddhismus, zum Judentum oder den drei Weltreligionen im Allgemeinen. Dies wäre beispielsweise der Fall, wenn von einem gemeinsamen Sonntagsgebet der Christen und Muslime berichtet wird. Aber auch Beiträge, die einen islamischen Antisemitismus gegenüber Christen und Juden thematisieren, müssten in dieser Kategorie verschlüsselt werden.

Intrareligiöse Themen sind Themen, die innerislamische Beziehungen thematisieren, da der islamische Glauben zum einen mehrere konfessionelle Richtungen vereint und zum anderen viele unterschiedliche religiöse Gruppen existieren, die den Islam modernisieren, reformieren oder ihn in seinen Grundwerten stärken wollen. Alle Themen, die innerislamische Beziehungen darstellen, müssen in dieser Kategorie verschlüsselt werden.

Es können bis zu drei Themen verschlüsselt werden. Es ist jedoch zu beachten, dass ein Thema nur dann codiert werden darf, wenn es für den Inhalt des Beitrags tatsächlich Relevanz besitzt. Die einfache Nennung eines Themas oder die Bebilderung eines Beitrages reicht nicht aus um als Thema codiert zu werden. Ist nur ein Thema relevant, wird beim zweiten und dritten Thema 0 codiert. Wird über andere Islam-Themen als über die aufgeführten Dimensionen berichtet, so wird 99 codiert.

Achtung: Es ist durchaus möglich, dass ein Beitrag, der durch die Zugriffskriterien ausgewählt wurde, keine Islam-Themen enthält, da er beispielsweise das Leben amerikanischer Soldaten im Irak darstellt, ohne dass religiöse Aspekte angesprochen werden. In jenem Fall wird bei allen Islam-Themen 0 codiert und es wird mit der nächsten Kategorie *7.1.14 Die islamische Welt und der Westen* fortgefahren.

Ethisch-normative Themen des Islam	**100**
Koran	101
Erziehung/ Bildung	102
Muslimischer Alltag allgemein	103
Ramadan	104

tägliche Gebete	105
Pilgerfahrt nach Mekka	106
Almosenpflicht	107
Glaubensbekenntnis (Anerkennung des einzigen Gottes Allah)	108
Rechtswesen (Scharia)	109
Andere ethisch-normative Themen	110
Kulturelle Themen des Islam	**200**
Islamische Kunst	201
Islamische Literatur	202
Islamische Musik	203
Islamische Architektur	204
Politisch-religiöse Themen des Islam	**300**
Beziehungen zwischen einem muslimischen Staat und dem Islam	301
Unruhen/Proteste/gewalttätige Auseinandersetzungen zwischen religiösen Gruppen und dem muslimischen Staat	302
Geiselnahmen	303
Anschläge am 11. September 2001	304
andere Anschläge islamistischer Gruppen	305
islamische Extremisten allgemein	306
Aufruf zum Krieg gegen den Westen/Dschihad	307
Androhung islamistischer Übergriffe auf westliche Staaten	308
Andere politisch-religiöse Themen	309
Religionsgeschichte	**400**
Interreligiöse Themen des Islam	**500**
Thematisierung Islam und Buddhismus	501
Thematisierung Islam und Christentum	502
Thematisierung Islam und Judentum	503
Thematisierung Islam, Buddhismus und Judentum	504
Thematisierung Islam, Buddhismus und Christentum	505
Thematisierung Islam, Christentum und Judentum	506
Thematisierung Islam und die drei anderen Weltreligionen	507
Andere interreligiöse Themen	508
Intrareligiöse Themen des Islam	**600**
Thematisierung von reformistischen Gruppen	601
Thematisierung des Konfliktes Schiiten und Sunniten	602
Sonstiges	99
keine islamrelevanten Themen	0

FILTER: Die folgende Kategorie *7.1.13 Interreligiöse Verhältnisse* muss nur codiert werden, wenn als ein Thema interreligöse Themen verschlüsselt worden sind. Ist dies nicht der Fall, kann mit *7.1.14 Die Islamische Welt und der Westen* fortgefahren werden. Das Feld in der Datenschablone wird in diesem Fall freigelassen.

7.1.13 Interreligiöse Verhältnisse (inter)

Werden durch die vorangehende Themenkategorie interreligiöse Verhältnisse thematisiert, soll hier die Art des Verhältnisses verschlüsselt werden. Beziehungen des Islam zu den anderen Weltreligionen Christentum, Judentum und Buddhismus können dabei von einem Dialog-, einem Abgrenzungs- /Konflikt- oder einem Ambivalenzverhalten bestimmt sein.

Erläuterung:

Dialog: Das Verhältnis des Islam zu den anderen Weltreligionen kann durch ein friedliches Zusammenleben, einer gemeinsamen Themenagenda oder durch eine offen dargelegte Akzeptanz und Toleranz religiöser Koexistenz geprägt sein. Es kommt zu einer Glaubensverständigung, so dass die Kategorie Dialog gewählt werden muss.

Abgrenzung/Konflikt: Das Verhältnis des Islam zu anderen Weltregionen kann jedoch auch durch Ablehnung, Intoleranz, Wut, Hass, Uneinigkeiten, Konflikte, Herausstellung von Unterschieden, Diskriminierungen usw. geprägt sein. So zerstörten beispielsweise die Taliban 2001 die buddhistischen Statuen von Bamiyan in Afghanistan, um ihre religiöse Ablehnung zum Ausdruck zu bringen.

Ambivalenz: Das Verhältnis des Islam zu anderen Glaubensrichtungen kann durchaus auch als ambivalent dargestellt werden. Religionen gehen aufeinander zu, wollen Verständigung und Frieden, doch heben sie Unterschiede der einzelnen Glaubensrichtungen hervor. In diesem Fall ist eine eindeutige Zuordnung zu Dialog oder Abgrenzung nicht möglich. Es muss *Ambivalenz* verschlüsselt werden.

Achtung: In dieser Kategorie geht es um Religionen. Es geht nicht um das Verhältnis des Islam zu anderen Kulturkreisen, wie z.B. dem Westen.

Dialog	1
Abgrenzung/Konflikt	2
Ambivalenz	3

7.1.14 Die Islamische Welt und der Westen (i_west)

In dieser Kategorie soll das Verhältnis des Westens und der islamischen Welt analysiert werden. Obwohl der Islam eine Religion ist und der Westen einen Kulturkreis darstellt, hat sich deren Vergleich etabliert. Ihre Bedeutungen sind zu Beginn des vorliegenden Codebuchs geklärt. Es können drei Ausprägungen verschlüsselt werden. Wird das Verhältnis zwischen Islam und Westen nicht thematisiert, so wird 0 verschlüsselt.

Erläuterungen:

Dialog muss codiert werden, wenn von einem friedlichen Aufeinanderzugehen der islamischen Welt und des Westens berichtet wird. Dies betreffe beispielsweise alle Beiträge, die über eine Integration der Muslime in den westlichen Kulturkreis oder über gemeinsame Verhandlungen für eine politische Lösung gegen die Gewalt im Nahen Osten berichten.

Konflikt/Abgrenzung wird deutlich, wenn Integrationsprobleme der Muslime im Westen, gegenseitige Diskriminierungen, Fremdenfeindlichkeit, Krieg, Ablehnungen usw. thematisiert werden.

Ambivalenz umfasst alle Verhältnisse die weder von einem Dialog noch von einer Abgrenzung des Islam und des Westens sprechen. Das Verhältnis wird als ambivalent oder neutral beschrieben.

Dialog	1
Konflikt/Abgrenzung	2
Ambivalenz	3
keine Thematisierung des Verhältnisses	0

7.1.15 Das Ereignis als Anlass der Berichterstattung (anl)

In dieser Kategorie wird der Anlass der Berichterstattung codiert. Dabei sind Ereignisse aufgeführt, die für den Untersuchungszeitraum relevant sind. Ist der Beitrag einem anderen Anlass als den aufgeführten zuzuordnen, kann dieser in einer offenen Kategorie *(anl_offen)* verschlüsselt werden.

Irakkrieg	**100**
Friedliche Verhandlungen	110
Kämpfe/Selbstmordanschläge/kriegerische Attacken	120
Selbstmord amerikanischer Soldaten	130
Rückzug westlicher Truppen aus dem Irak	140
Irak und die Problematik der Kurden	150
Nahost-Konferenz in Annapolis	**200**
Kritik am Vorgehen der USA im Nahen Osten	210
Condoleezza Rice und Bush als Vermittler im Nahen Osten	220
Friedensgespräche Palästinenser und Israelis: Zwei-Staaten-Lösung	230
Hamas blockiert Friedensverhandlungen zwischen Palästina und Israel	240
Politische Situation in Pakistan	**300**
Verhandlungen der Exilantin Benazir Bhutto mit Musharraf	310
Rückkehr des Ex-Premiers Nawaz Sharif	320
Wiederwahl Musharrafs als Staatsoberhaupt	330
Politische Situation im Libanon	**400**
Sieg der libanesischen Armee im Kampf gegen islamische Extremistengruppe fatah al-islam	410
gescheiterte Wahlen/ Libanon ohne politische Führung	420
Politische Situation in Libyen	**500**
Wunsch nach Demokratie und Medienfreiheit	510
Krieg in Afghanistan	**600**
Freilassung der südkoreanischen Geiseln der al-Qaida	610
Abzug westlicher Truppen aus Afghanistan	620

Anlass in der Türkei	**700**
Neuer Staatspräsident Abdullah Gül	710
Kunst-Biennale in Istanbul	720
Konflikt Kurden und Türken	730
Prozess: Verurteilung des Mörders dreier Christen	740
Anlass im Iran	**800**
Atomwaffendebatte	810
Anlass in Marokko	**900**
Internationales Filmfestival in Marrakesch	910
Anlass in Algerien	**1000**
Anschläge in Algier	1100
Neue Videobotschaften von Osama Bin Laden	**2000**
Nahost Konflikt allgemein	**3000**

anl_offen____

7.1.16 Art der Berichterstattung (art)

Die Art der Berichterstattung soll ermitteln, ob die Berichterstattung ereignisorientiert ist oder thematisch berichtet wird.

Erläuterungen:

Ereignisorientierte Berichterstattung wird codiert, wenn der Beitrag aktuelle Ereignisse fokussiert. Es werden lediglich Fakten und Ereignisse genannt, ohne dass die Nachricht in einen thematischen Zusammenhang gestellt wird. Die Nachricht hat das Ziel über aktuelle Ereignisse aufzuklären.

Themenorientierte Berichterstattung wird codiert, wenn die Berichterstattung bestimmte Themen in den Vordergrund stellt und weniger ereignisorientiert ist. Es werden größere thematische Zusammenhänge verdeutlicht und über Entwicklungen und/oder Hintergründe aufgeklärt.

Beispiel für eine themenorientierte Berichterstattung:
Umfragen verdeutlichen, dass die Deutschen nicht wissen, dass in Indonesien die meisten Muslime leben. Sie verorten den Islam zumeist in die Gebiete des Nahen Ostens. Dieser Aspekt wäre ein Anlass für einen ausführlichen Länderbericht über den Islam in Südostasien, ohne dass bestimmte Geschehnisse in Südostasien die Aufmerksamkeit der Journalisten auf sich gezogen hätten. Solch ein Länderbericht wäre in die *Themenorientierte Berichterstattung* einzuordnen.

Ereignisorientierte Berichterstattung	1
Themenorientierte Berichterstattung	2

7.1.17 Prognosen der Berichterstattung (pro)

Unter Prognosen der Berichterstattung wird codiert, ob die Berichterstattung über islamrelevante Themen Auskunft über zukünftige Entwicklungen oder Veränderungen gibt. Dabei spielt die Tendenz der Entwicklung eine Rolle. Es kann zwischen fünf Ausprägungen unterschieden werden. Ist in einem Beitrag keine Prognose erkennbar, so wird 0 verschlüsselt.

uneingeschränkt positiv	1
eher positiv	2
ambivalent	3
eher negativ	4
uneingeschränkt negativ	5
keine Prognose erkennbar	0

7.1.18 Vielfalt des Islam (vielfalt)

Der Islam ist eine Religion, die in vielen muslimischen Staaten unterschiedlich ausgelegt und gelebt wird. Die Kategorie soll analysieren, ob die Heterogenität des Islam zum Ausdruck kommt oder ob der Islam als homogen und für muslimische Länder einheitlich dargestellt wird.

Erläuterungen:

Homogener Islam muss codiert werden, wenn über den Islam im Allgemeinen berichtet wird oder in der Berichterstattung von einem internationalen Islam gesprochen wird. Es findet sich in der Berichterstattung kein Hinweis auf unterschiedliche islamische Lebensweisen. Der Islam wird als einheitliche, homogene Religion verstanden, die von allen Muslimen in gleicher Weise gelebt wird.

Heterogener Islam muss verschlüsselt werden, wenn im Beitrag auf die Vielfalt des islamischen Lebens hingewiesen wird und nationale Besonderheiten hervorgehoben werden. Dies wäre z.B. der Fall, wenn darauf hingewiesen wird, dass nur in bestimmten muslimischen Ländern fundamentalistische Gruppen existieren oder es nur muslimischen Frauen in Saudi Arabien nicht gestattet ist Auto zu fahren. Es findet keine Generalisierung auf alle muslimischen Staaten statt.

Homogener Islam	1
Heterogener Islam	2
keine Ausprägung erkennbar	0

7.1.19 Länder (lae_1, lae_2, lae_3)

Hier sollen die Länder verschlüsselt werden, die in der Berichterstattung zum Islam als Schauplatz der Handlung thematisiert werden. Werden mehrere Länder gleichbedeutend genannt, so werden Oberkategorien, wie z.B. europäische Länder (100), asiatische Länder (200) oder Länder in Südostasien (227) codiert.

In dieser Kategorie ist es wichtig, dass einzelne Länder in ihrer Codierung den Oberkategorien vorgezogen werden. Wird beispielsweise über das Anwachsen der muslimischen Glaubensgemeinschaft in Europa berichtet und exemplarisch die Religionsstatistik in Frankreich angeführt, so muss Frankreich und nicht Europa verschlüsselt werden. In dieser Kategorie wird stets die kleinste Einheit des geographischen Bezugs verschlüsselt. Es können bis zu drei Länder codiert werden. Werden nur ein oder zwei Länder genannt, so wird mit 0 weiter codiert.

Europa	**100**
Frankreich	101
Deutschland	102
Spanien	103
Großbritannien	104
Niederlande	105
Türkei	106
Bosnien-Herzegowina	107
Bulgarien	108
Albanien	109
Andere europäische Nationen	110
Asien	**200**
Saudi Arabien	201
Vereinigte Arabische Emirate	202
Bahrain	203
Pakistan	204
Afghanistan	205
Irak	206
Iran	207
Israel	208
Libanon	209
Tadschikistan	210
Libyen	211
Jordanien	212
Aserbaidschan	213
Usbekistan	214
Jemen	215
Oman	216
Qatar	217
Syrien	218
Bangladesch	219
Brunei	220
Indonesien	221
Malediven	222
Malaysia	223
Philippinen	224
Andere asiatische Länder	225
Naher Osten allgemein	226
Süd-Ost asiatische Länder allgemein	227

Afrika	**300**
Ägypten	301
Burkina Faso	302
Tunesien	303
Algerien	304
Mali	305
Niger	306
Senegal	307
Gambia	308
Somalia	309
Guinea	310
Mauretanien	311
Marokko	312
Nigeria	313
Sudan	314
Kenia	315
Südafrika	316
Andere afrikanischen Länder	317
Amerika	**400**
USA	401
Kanada	402
Mittel- und südamerikanische Staaten	403
Andere amerikanische Länder	404
Islamische Länder allgemein	**405**
Globaler Bezug	**406**

7.1.20 Muslimische Akteure (m_akt)

Die Kategorie muslimische Akteure untersucht, ob Muslime im Beitrag vorkommen oder nicht. Sie sind nur dann als muslimische Akteure zu identifizieren, wenn sie explizit als solche im Beitrag deutlich werden. Muslimische Akteure können Politiker, Parteien, Demonstranten, eine Gruppe von Dorfbewohnern, islamische Extremisten, Frauen usw. sein. Kommen keine muslimischen Akteure vor, muss 0 verschlüsselt werden und es kann mit der Kategorie *7.1.24 Nicht Muslimische Akteure* fortgefahren werden.

Muslimische Akteure kommen vor	1
Muslimische Akteure kommen nicht vor	0

Filter → weiter mit 7.1.24

7.1.21 O-Ton Muslimische Akteure (m_akt_oton)

Sind muslimische Akteure im Beitrag vorhanden, interessiert für diese Einheit, ob sie im Beitrag zu Wort kommen. Dabei werden nur die O-Töne codiert, die im Falle einer fremden Sprache ins Englische übersetzt worden sind. So zählt z.B. eine aufgebrachte Volksmenge, die im Hintergrund der Berichterstattung arabisch flucht, nicht in die Kategorie, da die Ausrufe für die Mehrheit der

Rezipienten nicht verstanden werden können. Kommen keine muslimischen Akteure zu Wort, muss 0 verschlüsselt werden und es kann mit der Kategorie *7.1.22 Opfer/Täter* fortgefahren werden.

Muslimische Akteure kommen zu Wort	1
Muslimische Akteure kommen nicht zu Wort	0

Filter → weiter mit 7.1.23

7.1.22 O-Ton Islamische Extremisten (oton_extrem)

Kommen muslimische Akteure zu Wort, interessiert für diese Kategorie, ob diese Akteure als islamische Extremisten identifiziert werden können. Eine Identifizierung ist nur dann möglich, wenn sie im Beitrag eindeutig als solche bezeichnet werden. Islamische Extremisten müssen folglich durch die Attribuierung *islamistisch, extremistisch, fundamentalistisch* oder terroristisch als solche kenntlich gemacht werden. Ist dies nicht der Fall, ist eine Codierung nicht erlaubt.

Muslimische Akteure, die zu Wort kommen, können als islamische Extremisten identifiziert werden	1
Muslimische Akteure, die zu Wort kommen, können nicht als solche identifiziert werden	0

7.1.23 Muslimische Akteure (opf_tae)

In dieser Kategorie interessiert, ob muslimische Akteure im Beitrag als Opfer oder als Täter dargestellt werden. Opfer sind dadurch gekennzeichnet, dass sie als Leidtragende, Entführte, Verletzte usw. präsentiert werden, während sich die Täter dafür verantwortlich machen müssen. Täter erscheinen vor allem als Delinquente. Sie müssen in den Fällen verschlüsselt werden, wenn Muslime in militanten und/oder gewaltvollen Handlungen als solche präsentiert werden.

Muslimische Akteure sind Täter	1
Muslimische Akteure sind Opfer	2
Muslimische Akteure sind Opfer und Täter	3
Muslimische Akteure sind weder Opfer noch Täter	4

In Anlehnung an die Kategorien zu muslimischen Akteuren sollen nun alle nicht-muslimischen Akteure betrachtet werden. Alle Erklärungen zu den einzelnen Kategorien zu *muslimischen Akteuren* können auf die folgenden Analyseeinheiten der *nicht muslimischen Akteure* übertragen werden.

7.1.24 Nicht muslimische Akteure (n_m_akt)

Nicht muslimische Akteure kommen vor	1
Nicht muslimische Akteure kommen nicht vor	0

Filter → weiter mit 7.1.27

7.1.25 O-Ton nicht muslimischer Akteure (n_oton)

Nicht muslimische Akteure kommen zu Wort	1
Nicht muslimische Akteure kommen nicht zu Wort	0

7.1.26 Opfer/Täter (n_opf_tae)

Nicht muslimische Akteure sind Täter	1
Nicht muslimische Akteure sind Opfer	2
Nicht muslimische Akteure sind Täter und Opfer	3
Nicht muslimische Akteure sind weder Täter noch Opfer	

7.1.27 Verbindung von Islam und Terrorismus (terror)

In dieser Kategorie soll analysiert werden, ob eine direkte Verbindung von Terrorismus/ terroristischen Aktivitäten und Islam genannt wird. Dabei können ebenso Umschreibungen auf diese Verbindung hinweisen, wie z.B. „Terror im Namen Allahs" oder der Aufruf zum „Dschihad" oder dem „Heiligen Krieg". Für diese Kategorie ist wichtig, dass nur dann codiert wird, wenn Begriffe wie Terror, terroristisch, Terrorist oder Terrorismus auch tatsächlich in Verbindung mit dem Islam im Beitrag vorkommen.

Verbindung von Islam und Terrorismus wird hergestellt	1
Verbindung von Islam und Terrorismus wird abgelehnt	2
Verbindung von Islam und Terrorismus findet keine Erwähnung	0

7.2 Analyseeinheit Stereotyp

Unter Stereotypen werden Eigenschaftszuschreibungen verstanden, die für den Islam, die islamische Welt und Muslime als typisch dargestellt werden. Sie können sich bei Personen auf äußere Merkmale, auf Verhaltensweisen oder auf Charakterzuschreibungen beziehen. Es findet eine Unterscheidung statt zwischen (1) Stereotypen, die *explizit* erwähnt werden und (2) Stereotypen, die im Beitrag *visualisiert* werden.

(1) ***verbalisiert:*** Stereotype können explizit erwähnt werden, wie z.B. „das rückständige Saudi-Arabien", „die gewaltbereite iranische Bevölkerung".

(2) ***visualisiert:*** Stereotype können ebenso visualisiert werden. Es kann beispielsweise eine Gruppe bewaffneter Muslime gezeigt werden, die die Nationalflaggen westlicher Staaten verbrennen oder vor der Kamera zum Kampf gegen das Ungläubige aufrufen. Diese Beispiele würden das Stereotyp der Gewaltbereitschaft unterstreichen. Dabei werden Standbilder (Fotos, Karikaturen) genauso wie bewegte Filmaufnahmen untersucht. Graphische Darstellungen und Tabellen werden nicht in die Analyse einbezogen.

Es werden vier Stereotype ausgemacht, die mit dem Islam und seinen Anhängern in Verbindung gebracht werden können: *1. Rückständigkeit, 2. Gewaltbereitschaft, 3. Bedrohung des westlichen Kulturkreises, 4. Unterdrückung der Frau.*

7.2.1 Stereotyp der Rückständigkeit des Islam und muslimischer Länder

Das Stereotyp der Rückständigkeit betrachtet den Islam und die muslimischen Staaten als in ihrer Entwicklung zurückgeblieben. Als Vergleichsmaßstab werden westliche Errungenschaften (Demokratie, Gewaltenteilung, Säkularität, Religions- und Meinungsfreiheit usw.) angeführt, die in der Mehrheit der muslimischen Staaten nicht vorhanden sind. Der Islam und sein Verbreitungsgebiet werden mittelalterlich, unmodern und rückschrittlich dargestellt. Die Allmachtsvorstellungen der Religion und die Einheit von Staat und Religion in vielen muslimischen Ländern werden ebenso als reformbedürftig betrachtet. Der politische oder soziale Zustand muslimischer Staaten wird stereotypisiert, indem er als Gegenpol des aufgeklärten, demokratischen Westen dargestellt wird.

Es soll codiert werden, ob im Beitrag das Stereotyp der Rückständigkeit **explizit erwähnt** wird *(rück_text)*.

Rückständigkeit kommt vor	1
Rückständigkeit kommt nicht vor	0

Es soll codiert werden, ob das Stereotyp der Rückständigkeit **visualisiert** wird *(rück_bild)*.

Rückständigkeit kommt visuell vor	1
Rückständigkeit kommt visuell nicht vor	0

Beispiele:
Ländlichkeit, Darstellung von Bestrafungen wie z.B. die Steinigung, das Auspeitschen, einfacher Lebensstil, reiten auf Eseln, keine Infrastruktur, Beschwörung von Dorf-Mullahs, Anti-Demokratisierungsproteste usw.

7.2.2 Stereotyp der Gewaltbereitschaft

Das Stereotyp des radikalen, zur Gewalt bereiten Muslimen durchzieht die europäische und amerikanische Berichterstattung. Nachrichtenbeiträge über Ausbildungscamps der Taliban in Afghanistan, Selbstmordanschläge wie die im Irak oder Morde wie der an Benazir Bhutto zeigen, dass islamische Extremisten scheinbar furchtlos Gewalt anwenden und auch keine Angst vor dem eigenen Tod verspüren. Ein gewalttätiger Muslime wird zum Sinnbild für die muslimischen Gemeinschaft.

Es soll codiert werden, ob im Beitrag das Stereotyp der Gewaltbereitschaft der Muslime **explizit erwähnt** wird *(gewalt_text)*.

Gewaltbereitschaft der Muslime kommt vor	1
Gewaltbereitschaft der Muslime kommt nicht vor	0

Es soll codiert werden, ob das Stereotyp der Gewaltbereitschaft **visualisiert** wird *(gewalt_bild)*.

Gewaltbereitschaft der Muslime kommt visuell vor	1
Gewaltbereitschaft der Muslime kommt visuell nicht vor	0

Beispiele:
bewaffnete Muslime, vermummte Geiselnehmer, Opfer muslimischer Extremisten, Zerstörung, Blut, explodierende Fahrzeuge usw.

7.2.3 Stereotyp der Bedrohung des Westens

Die beschriebene Gewaltbereitschaft der Muslime geht in einigen Fällen mit einer Bedrohung des westlichen Kulturkreises einher. Muslime werden als fanatisch und irrational in ihrem Verhalten dargestellt, so dass sie als unberechenbare Gläubige erscheinen, die auch nicht zurückschrecken, andere Menschen in den Tod zu ziehen. Die Anschläge in Madrid, in New York oder in London lassen Muslime und den Islam als bedrohende und zerstörerische Kraft für den westlichen Kulturkreis erscheinen. Eine Expansion des islamischen Glaubens, kriegerische Konflikte, politische Irrationalität und massenmediale Berichte über ein weltumspannendes Netz von Islamisten verstärken den Eindruck der Bedrohung.

Es soll codiert werden, ob im Beitrag das Stereotyp der Bedrohung des westlichen Kulturkreises **explizit erwähnt** wird *(bedroh_text)*.

Bedrohung des westlichen Kulturkreises kommt vor	1
Bedrohung des westlichen Kulturkreises kommt nicht vor	0

Es soll codiert werden, ob das Stereotyp der Bedrohung **visualisiert** wird *(bedroh_bild)*.

Bedrohung des westlichen Kulturkreises kommt visuell vor	1
Bedrohung des westlichen Kulturkreises kommt visuell nicht vor	0

Beispiele:
brennende Symbole (z.B. Flaggen) westlicher Staaten, zerstörte westliche Gebäude durch Anschläge, westliche Geiseln, Terrornetzwerke in Deutschland usw.

7.2.4 Stereotyp der Unterdrückung der Frau

Das Stereotyp der Unterdrückung der Frau steht in einer langen Tradition im Diskurs um die Rolle der Frau im Islam. Darunter können alle Problematiken der Benachteiligung der Frau im öffentlichen Leben, der Diskriminierung durch die Vorrangstellung des Mannes oder auch der Diskreditierung durch legale Gewalt an Frauen zusammengefasst werden. Dabei sollte durchaus differenziert werden. Ist es Frauen in einigen muslimischen Staaten nicht erlaubt Auto zu fahren oder an politischen Wahlen teilzunehmen, können Frauen in anderen muslimischen Staaten studieren oder haben wichtige gesellschaftliche Positionen inne.

Es soll codiert werden, ob im Beitrag das Stereotyp der Unterdrückung der Frau **explizit erwähnt** wird *(frau_text).*

Unterdrückung der Frau kommt vor	1
Unterdrückung der Frau kommt nicht vor	0

Es soll codiert werden, ob im Beitrag das Stereotyp der Unterdrückung der Frau **visualisiert** wird *(frau_bild).*

Unterdrückung der Frau kommt vor	1
Unterdrückung der Frau kommt nicht vor	0

Beispiele:
Trennung der Geschlechter in öffentlichen Räumen, Gewalt an Frauen, usw.

7.2.5 Dominanz des Stereotyps im Beitrag

Wenn einer oder mehrere Stereotype im Beitrag vorkommen, soll in dieser Kategorie verschlüsselt werden, wie dominant das Merkmal im Beitrag ist. Dabei ist der Gesamteindruck des Beitrags entscheidend.
Wenn der gesamte Beitrag auf das Merkmal fokussiert ist, muss *dominant* verschlüsselt werden. Ist das Merkmal thematisch zentral, aber nicht Schwerpunkt des Beitrags, wird *eher dominant* codiert. Wird der Stereotyp deutlich, ohne zentral zu sein, muss *weniger dominant* verschlüsselt werden. Wenn das Merkmal lediglich genannt wird oder das Bildmaterial auf das Merkmal hindeutet, dann wird *nicht dominant* verschlüsselt. Es findet eine Dominanzanalyse zu jedem Stereotyp statt.

Stereotyp der Rückständigkeit (d_rück)	
im Beitrag dominant	1
im Beitrag eher dominant	2
im Beitrag weniger dominant	3
im Beitrag nicht dominant	4
kommt im Beitrag nicht vor	0
Stereotyp der Gewaltbereitschaft (d_gewalt)	
im Beitrag dominant	1
im Beitrag eher dominant	2
im Beitrag weniger dominant	3
im Beitrag nicht dominant	4
kommt im Beitrag nicht vor	0
Stereotyp der Bedrohung des westlichen Kulturkreises (d_bedroh)	
im Beitrag dominant	1
im Beitrag eher dominant	2
im Beitrag weniger dominant	3

im Beitrag nicht dominant	4
kommt im Beitrag nicht vor	0
Stereotyp der Unterdrückung der Frau (d_frau)	
im Beitrag dominant	1
im Beitrag eher dominant	2
im Beitrag weniger dominant	3
im Beitrag nicht dominant	4
kommt im Beitrag nicht vor	0

7.2.6 Andere Charakterisierungen des Islam und der Muslime

Die folgende Kategorie soll die Analyse der Stereotype ergänzen, in dem weitere Charakterisierungen verschlüsselt werden können, mit denen der Islam und/oder die Muslime im Beitrag explizit beschrieben werden. Es kann auch sein, dass durch den Gesamteindruck des Beitrags die Zuordnung möglich ist.
Da die stereotypen Vorstellungen zum Islam meist negative Konnotationen hervorrufen, können in dieser Kategorie auch positive Attribuierungen verschlüsselt werden. Die Charakterisierung des Islam und der Muslime kann für 1 kommt vor und 0 kommt nicht vor codiert werden.

fortschrittlich **(fort)**	1/0
tolerant **(tol)**	1/0
friedlich **(fried)**	1/0
sozial **(soz)**	1/0
diszipliniert/ fleißig/strebsam **(dis)**	1/0

Sonstiges____

Diese Analyseeinheit ist eine offene Kategorie, d.h. es kann zusätzlich eine Charakterisierung des Islam/der Muslime angegeben werden, die im Beitrag vorkommt oder eine Charakterisierung des Islam/der Muslime, die durch den Gesamteindruck des Beitrags entsteht. Dabei ist es wichtig, dass zuerst die angegebenen Begriffe verschlüsselt werden. Synonyme oder Umschreibungen der oben genannten Begriffe sind nicht zulässig. Diese Attribuierung muss offen angegeben werden (im SPSS als ***sonst)***.

7.3 Analyseeinheit visuelle Bilder

Im Folgenden sollen ausschließlich Bilder des Beitrags betrachtet werden. In die Bildanalyse werden bewegte Bilder (Filmaufnahmen) und Standbilder (Fotos, Karikaturen) einbezogen. Graphische Darstellungen und Tabellen werden nicht als Bild codiert. An dieser Stelle sind einige Bildinhalte aufgelistet. Es wird codiert, ob diese im Beitrag vorkommen (1) oder nicht (0).

ländliches Leben in muslimischen Ländern **(länd)**	1/0
Armut in muslimischen Ländern **(armut)**	1/0
Krieg **(krieg)**	1/0
kriegszerstörte Gebiete **(zerstörung)**	1/0
bewaffnete Muslime **(bewaffnung)**	1/0
Explosionen/Feuer/brennende Gegenstände **(feuer)**	1/0
Demonstrationen/Proteste/Aufstände von Muslimen **(aufstände)**	1/0
Osama bin Laden **(bin_Laden)**	1/0
Moscheen **(moschee)**	1/0
Halbmond und Stern (Symbol des Islam) **(mond)**	1/0
betende Muslime **(betende)**	1/0
verschleierte muslimische Frauen **(schleier)**	1/0

Sonstiges ____

Diese Kategorie ist eine offene Kategorie, d.h. es kann zusätzlich ein Bildmotiv angegeben werden, welches im Beitrag dominant vorkommt, ohne dass es bereits aufgelistet ist ***(sonst_bild).***

Literaturverzeichnis

Al-Mikhlafy, Abdo Jamil (2005). *Al Jazeera. Ein regionaler Spieler und globaler Herausforderer*. Marburg: Schüren Verlag.

Alterman, Jon (2005). The Challenge for Al Jazeera International. Journal of Transnational Broadcasting Studies (TBS) (14), verfügbar unter: *http://www.tbsjournal.com/Archives/Spring05/alterman.html*, 12.10.2007.

Amirpur, Katajun; Ammann, Ludwig (2006). *Der Islam am Wendepunkt.* Freiburg, Basel, Wien: Bundeszentrale für politische Bildung.

Antes, Peter (2001). *Der Islam als politischer Faktor.* (4. Auflage). Hannover: Bundeszentrale für politische Bildung.

Antes, Peter (1997). *Der Islam als politischer Faktor.* Hannover: Bundeszentrale für politische Bildung.

Antes, Peter (1995). Religiöser Fundamentalismus. In: Hartmann, Uwe; Walther, Christian (Hrsg.), *Der Soldat in einer Welt im Wandel. Ein Handbuch für Theorie und Praxis.* München: Olzog, S. 54-60.

Appiah, Osei (2008). Stereotypes. In: Donsbach, Wolfgang (Hrsg.), *The International Encyclopedia of Communication.* Wiley-Blackwell. (in print).

Ayish, Muhammed (2003). *Arab World Television in the Age of Globalisation. An Analysis of Emerging Political, Economic, Cultural and Technological Patterns.* Hamburger Beiträge: Medien und Politische Kommunikation – Naher Osten und islamische Welt Band 6, Hamburg: Deutsches Orientinstitut.

Bassewitz, Susanne (1990). *Stereotypen und Massenmedien. Zum Deutschlandbild in französischen Tageszeitungen.* Wiesbaden: Deutscher Universitätsverlag.

Becker, Chris (1985). *Massenmedien im Nord-Süd-Konflikt.* Frankfurt: Campus Verlag.

Bednarz, Dieter; Steinvorth, Daniel (2007). Verse für Krieg und Frieden. *Der Spiegel* (52), S. 18-35.

Beermann, Torsten (2004). *Der Begriff ‚Terrorismus' in deutschen Printmedien. Eine empirische Studie.* Münster: LIT.

Bergmann, Werner (2001). Was sind Vorurteile? In: Bundeszentrale für politische Bildung (Hrsg.), *Information zur politischen Bildung. Vorurteile – Stereotype – Fremdbilder* (271) Bonn, S. 3-9.

Bielefeldt, Heiner (2007). *Das Islambild in Deutschland. Zum öffentlichen Umgang mit der Angst vor dem Islam.* Berlin: Deutsches Institut für Menschenrechte.

Bielefeldt, Heiner (1997). ‚Schwächlicher Werterelativismus?' Zur Notwendigkeit des interkulturellen Dialoges über Menschenrechte. In: Hafez, Kai (Hrsg.), *Der Islam und der Westen. Anstiftungen zum Dialog*. Frankfurt am Main: Fischer, S. 56-66.

Bihl, Wolfdieter (2003). *Islam. Historisches Phänomen und politische Herausforderung für das 21. Jahrhundert.* Wien u.a.: Böhlau Verlag.

Bormann, Lukas (2005). *Bibelkunde: Altes und Neues Testament.* Göttingen: Vandenhoeck und Ruprecht.

Boulding, Kenneth (1956). *The Image*. Ann Arbor: University of Michigan Press.

Brosius, Hans-Bernd (2006). *SPSS 14*. Heidelberg: mitp.

Brosius, Hans-Bernd (1998). Visualisierung von Fernsehnachrichten. In: Meckel, Miriam; Kamps, Klaus (Hrsg.), *Fernsehnachrichten.* Opladen/ Wiesbaden: Westdeutscher Verlag, S. 213-224.

Bundeszentrale für politische Bildung (2005). *Islam. Politische Bildung und interreligiöses Leben. Themen und Materialien.* Bundeszentrale für politische Bildung: Bonn.

Cherribi, Sam (2006). From Baghdad to Paris. *The Harvard International Journal of Press/Politics* (11), S. 121-137.

Christensen, Christian (2007). Islam in the Media. Cartoons and Context. *Screen Education* (43), S. 27-32.

Christensen, Christian (2006). God save us from the Islam clichés. *British Journalism Review* (3), S. 65-70.

Claussen, Bernhard (1989). Politische Sozialisation durch Massenmedien und die Vermittlung von Vorstellungen über fremde Völker, Gesellschaften und Nationen. In: Bundeszentrale für politische Bildung (Hrsg.), *Völker und Nationen im Spiegel der Medien.* Bonn, S. 67-97.

Czyzewski, Marek; Gülich, Elisabeth; Hausendorf, Heiko; Kastner, Maria (1995). *Nationale Selbst- und Fremdbilder im Gespräch*. Opladen: Westdeutscher Verlag.

Dahinden, Urs; Hättenschwiler, Walter (2001). Wissenschaft und Gesellschaft. In: Jarren, Otfried; Bonfadelli, Heinz (Hrsg.), *Einführung in die Publizistik.* Bern u.a.: UTB Verlag, S. 491-527.

Diekmann, Andreas (2002). *Empirische Sozialforschung. Grundlagen, Methoden, Anwendungen.* Hamburg: Rowohlt.

Donsbach, Wolfgang (1991). *Medienwirkung trotz Selektion. Einflussfaktoren auf die Zuwendung zu Zeitungsinhalten.* Köln u.a.: Böhlau Verlag.

Duden (2007). *Das Fremdwörterbuch.* Stichwort: Terrorismus. Mannheim u.a.: Dudenverlag, S. 1032-1033.

Duden (2004). *Das Synonymwörterbuch.* Stichwort: Symbol. Mannheim u.a.: Dudenverlag, S. 847.

Entman, Robert (1993). Framing: Toward Clarification of a Fractured Paradigm. *Journal of Communication* (43), S. 51-58.

European Media and Marketing Survey (2007). Survey in Summary. verfügbar unter: *http://www.interview-nss.com/EMS/survey.html*, 5.12. 2007.

European Monitoring Centre on Racism and Xenophobia (2006). Muslims in the European Union. Discrimination and Islamophobia. Report 2006. verfügbar unter: *http://eumc.europa.eu/eumc/material/pub/muslim/Manifestations_EN.pdf*, 22.09.2007.

Festinger, Leon (1989). *A theory of cognitive dissonance.* Stanford: Stanford University Press.

Fokus-Online (2008). Islamkonferenz. Mehr Moscheen für Deutschland. verfügbar unter: *http://www.focus.de/politik/deutschland/islamkonferenz_aid_265038.html,* 14.3.2008.

Fragner, Bert (2006). Zur Erforschung und Bekämpfung von Vorurteilen: Der Islam und Muslime in Österreich. In: Pelinka, Anton, König, Ilse – Sir Peter Ustinov Institut (Hrsg.), *Der Westen und die islamische Welt. Fakten und Vorurteile*. Wien: Braumüller, S. 1-11.

Frey, Siegfried (1999). *Die Macht des Bildes. Der Einfluss der nonverbalen Kommunikation auf Kultur und Politik*, Bern u.a.: Huber.

Früh, Werner (2001). *Inhaltsanalyse. Theorie und Praxis.* Konstanz: UVK Verlagsgesellschaft.

Glück, Antje (2008). *Terror in den Köpfen. Terrorismusberichterstattung in der deutschen und arabischen Elitepresse.* Berlin: Frank und Timme.

Gottschlich, Maximillian; Obermair, Karl (1989). Das Image Österreichs in den ausländischen Medien. In: Bundeszentrale für politische Bildung (Hrsg.), *Völker und Nationen im Spiegel der Medien*. Bonn, S. 54-66.

Graber, Doris (1990). Seeing is Remembering: How Visuals Contribute to Learning from Television News. *Journal of Communication.* Summer 1990, S. 134-155.

Hafez, Kai; Richter, Carola (2007). Das Islambild von ARD und ZDF. *Aus Politik- und Zeitgeschichte.* (Juni 2007), S. 40-46.

Hafez, Kai (2005): *Mythos Globalisierung. Warum die Medien nicht grenzenlos sind.* Wiesbaden: Verlag für Sozialwissenschaften.

Hafez, Kai (2002a). *Die politische Dimension der Auslandsberichterstattung. Band I. Theoretische Grundlagen.* Baden-Baden: Nomos Verlagsgesellschaft.

Hafez, Kai (2002b). *Die politische Dimension der Auslandsberichterstattung. Band II. Das Nahost- und Islambild der deutschen überregionalen Presse.* Baden-Baden: Nomos Verlagsgesellschaft.

Hafez, Kai (2000). *The West and Islam in the Media. Cornerstones for a New International Culture of Communication in the 21th Century.* Bonn: Zentrum für Europäische Integrationsforschung.

Hafez, Kai (1999). Antisemitismus, Philosemitismus und Islamfeindlichkeit: Ein Vergleich ethnisch-religiöser Medienbilder. In: Butterwegge, Christoph; Hentges, Fatma Sarigöz (Hrsg.), *Medien und multikulturelle Gesellschaft*. Opladen: Leske und Budrich, S. 122-135.

Hafez, Kai (1997). Der Islam und der Westen – Kampf der Zivilisationen? Einleitung. In: Hafez, Kai (Hrsg.), *Der Islam und der Westen. Anstiftungen zum Dialog*. Frankfurt am Main: Fischer, S. 15-27.

Hagen, Lutz (1995). *Informationsqualität von Nachrichten. Meßmethoden und ihre Anwendung auf die Dienste von Nachrichtenagenturen.* Opladen: Westdeutscher Verlag.

Hall, Stuart (1994). *Rassismus und kulturelle Identität.* Ausgewählte Schriften. Hamburg: Argument Verlag.

Halm, Heinz (1993). Fundamentalismus – ein leeres Etikett. In: Rotter, Gernot (Hrsg.), *Die Welten des Islam – Neunundzwanzig Vorschläge das Unvertraute zu verstehen.* Frankfurt am Main: Fischer, S. 211-218.

Hamann, Götz (2006). Lautsprecher im Nachrichtenkrieg. *DIE ZEIT*. 30.11.2006, S. 17-20.

Hepp, Andreas (2006). *Transkulturelle Kommunikation.* Konstanz: UVK Verlagsgesellschaft.

Hoff, Henning (2007). Profil gesucht. Al Jazeera English: Eine Bilanz nach neun Monaten. Evangelischer Pressedienst. verfügbar unter: *http://www.epd.de/medien/medien_index_51394.html,* 15.10.2007.

Hoffman, Bruce (2002). *Terrorismus – der ungeklärte Krieg. Neue Gefahren politischer Gewalt.* Frankfurt am Main: Fischer.

Hub, Astrid (1998). *Das Image Israels in den deutschen Medien. Zwischen 1956-1982.* Frankfurt u.a.

Huntigton, Samuel (1996). *Kampf der Kulturen. Die Neugestaltung der Weltpolitik im 21. Jahrhundert.* Hamburg: Spiegel-Verlag.

Jäger, Siegfried; Jäger, Margarete (2003). *Das Medienbild Israel. Zwischen Solidarität und Antisemitismus.* Münster: LIT-Verlag.

Joffe, Josef (2006a). Al-CNN. DIE ZEIT online. verfügbar unter: *http://www.zeit.de/2006/08al-Dschasira*, 16.2.2007.

Joffe, Josef (2006b). Der Wutverstärker. DIE ZEIT online. verfügbar unter: *http://www.zeit.de/2006/41/al-Dschasira?page=all*, 5.10.2006.

Johannsen, Uwe (1971). Das *Marken- und Firmenimage. Theorie, Methodik, Praxis.* Berlin: Duncker & Humblot.

Kagemann, Maren (2004). Feindbild Islam? Zur Qualität der Berichterstattung in überregionalen Tageszeitungen vor und nach den Anschlägen am 11. September 2001. *Magisterarbeit am Institut der Kommunikationswissenschaft der Ludwig-Maximilians-Universität München* (*unveröffentlicht*).

Kappel, Armin; Kuske, Silvia (1994). Fundamentalismus – Karriere eines Begriffs. In: Medienprojekt Tübinger Religionswissenschaft (Hrsg.), *Der Islam in den Medien.* Gütersloh: Gütersloher Verlagshaus, S. 62-86.

Kamps, Klaus (1998). ‚Zur Politik, nach Bonn...'. Politische Kommunikation in Fernsehnachrichten. In: Meckel, Miriam; Kamps, Klaus (Hrsg.), *Fernsehnachrichten.* Wiesbaden/Opladen: Westdeutscher Verlag, S. 33-48.

Karim, Karim (2004). War, Propaganda, and Islam in Muslim and Western Sources. In: Kamalipour, Yahya; Snow, Nancy (Hrsg.), *War, Media, and Propaganda. A global perspective.* Lanham u.a.: Rowman & Littlefield Publishers, S. 107-116.

Karim, Karim (2000). *Islamic Peril. Media and Global Violence.* Montreal: Black Rose.

Kehrer, Günter (1998). Religion. In: Cancik, Hubert; Gladigow, Burkhard; Kohl, Karl-Heinz (Hrsg.), *Handbuch religionswissenschaftlicher Grundbegriffe.* Band IV. Stuttgart u.a.: Kohlhammer, S. 418-425.

Kepplinger, Hans-Mathias (1992). *Ereignismanagement. Wirklichkeit und Massenmedien.* Zürich: Edition Interfrom.

Khoury, Adel Theodor (1995). *Einführung in die Grundlagen des Islams.* Würzburg: Echter Verlag; Oros Verlag.

King, Winston (1995). Religion. In: Eliade, Mircea (Hrsg.), *The Encyclopedia of Religion.* Volume 11. New York: Macmillan Publishing Company, S. 282-293.

Klemm, Verena; Hörner, Katrin (1993). *Das Schwert des Experten. Peter Scholl-Latours verzerrtes Araber- und Islambild.* Heidelberg: Palmyra Verlag.

Koschinski, Michael (1991). *Analyse der audiovisuellen Medien zum Thema Islam.* Köln: Islamische Wissenschaftliche Akademie.

Krämer, Gudrun (1997). Der „Gottesstaat" als Republik. Islam und Demokratie. In: Hafez, Kai (Hrsg.), *Der Islam und der Westen. Anstiftungen zum Dialog.* Frankfurt am Main: Fischer, S. 44-55.

Krüger, Udo Michael (2003). Der Irak-Krieg im deutschen Fernsehen. *Media Perspektiven (3)*, S. 398-413.

Kuske, Silvia (1994). Von Tausendundeiner Nacht zu Tausendundeiner Angst: der Islam in den Medien. In: Jahr, Christoph; Mai, Uwe; Roller, Katrin (Hrsg.), *Feindbilder in der deutschen Geschichte.* Berlin: Metropol Verlag, S. 251-279.

Lau, Jörg (2007). Starker, reiner, einfacher Gott. ZEIT online. verfügbar unter: *http://www.zeit.de/2007/09/Islam?page=1*, 6.10. 2007.

Lindenberg, Sonja (2006). *Al-Jazeera. Der arabische Satellitensender und das internationale Nachrichtengeschäft.* Saarbrücken: Verlag Dr. Müller.

Link, Jürgen; Gerhard, Ute (1993). Der Orient im Mediendiskurs – aktuelle Feindbilder und Kollektivsymbolik. In: Lüders, Michael (Hrsg.), *Der Islam im Aufbruch? Perspektiven der arabischen Welt.* München: Piper, S. 277-297.

Lippmann, Walter (1965). *Public Opinion.* New York: Free Press.

Lippmann, Walter (1922). *Public Opinion.* New York: Free Press.

Lueg, Andrea (1993). Das Feindbild Islam in der westlichen Öffentlichkeit. In: Hippler, Jochen; Lueg, Andrea (Hrsg.), *Feindbild Islam.* Hamburg: Konkret Literatur Verlag, S. 14-43.

Ludwig, Klemens (1992). *Augenzeugen lügen nicht. Journalistenberichte: Anspruch und Wirklichkeit.* München: Beck'sche Verlagsbuchhandlung.

Martin, Dana (2003). L' image de l'Allemagne unie en France : Dix livres français sur l'Allemagne de 1990 à 2000. verfügbar unter: *http://www.revuedocuments.com/basearticles/index/?auteur=131,* 14.3.2008.

Meckel, Miriam (1998). Internationales als Restgröße? Strukturen der Auslandsberichterstattung im Fernsehen. In: Kamps, Klaus; Miriam, Meckel (Hrsg.), *Fernsehnachrichten. Prozesse, Strukturen, Funktionen.* Opladen: Westdeutscher Verlag, S. 257-274.

Meckel, Miriam; Kamps, Klaus (1998). Fernsehnachrichten. In: Kamps, Klaus; Miriam, Meckel (Hrsg.), *Fernsehnachrichten. Prozesse, Strukturen, Funktionen.* Opladen: Westdeutscher Verlag, S. 11-29.

Medien Tenor (2008). Media Coverage. In: Medien Tenor Forschungsbericht (Hrsg.), *Islam and the West. Annual Report on the State of Dialogue,* S. 102-121.

Medien Tenor (2003). Munition für den Krieg der Kulturen. Die Berichterstattung über religiöse Organisationen Januar 2002 bis März 2003. In: *Medien Tenor Forschungsbericht* (131), S. 28-29.

Menzel, Peter (1994). Psychoanalytisch-tiefenhermeneutische Analyse kultureller Objektivationen am Beispiel des Dokumentarfilmes ‚Den Gottlosen die Hölle. Der Islam im zerfallenden Sowjetreich' von Peter Scholl-Latour. In:

Medienprojekt Tübinger Religionswissenschaft. Studien zum Verstehen fremder Religionen (Hrsg.), *Islam in den Medien.* Gütersloh: Gütersloher Verlagshaus, S. 95-112.

Merten, Klaus (1995). *Inhaltsanalyse. Einführung in die Theorie, Methode und Praxis.* Opladen: Westdeutscher Verlag.

Middle East Media Research Institute. Informationen verfügbar unter: *http://www.memri.org/countries.html*, 7.1.2008.

Miles, Hugh (2005). *Al-Dschasira. Ein arabischer Nachrichtensender fordert den Westen heraus.* Hamburg: Europäische Verlagsanstalt.

Mohr, Hubert (1994). Gesellschaftliche Bildproduktion und Religion I. In: Medienprojekt Tübinger Religionswissenschaft. Studien zum Verstehen fremder Religionen (Hrsg.), *Islam in den Medien.* Gütersloh: Gütersloher Verlagshaus, S. 30-45.

Nicklas, Hans; Ostermann, Änne (1989). Die Rolle von Images in der Politik. Die Ideologie und ihre Bedeutung für die Imagebildung am Beispiel des Ost-West-Konflikts. In: Bundeszentrale für politische Bildung (Hrsg.), *Völker und Nationen im Spiegel der Medien.* Bonn, S. 22-35.

Nienhaus, Volker (1997). Zwischen Idealwelt und Weltwirtschaft. Islamische Ökonomie. In: Hafez, Kai (Hrsg.), *Der Islam und der Westen. Anstiftungen zum Dialog.* Frankfurt am Main: Fischer, S. 94-108.

Nintemann, Gabriele (2002). ‚Auf eigene Gefahr'. Stereotypen zum Journalismus. Ein deutsch-amerikanischer Vergleich von Einstellungs- und Darstellungsmuster zum Journalismus in Facts and Fiction. *Dissertation am Institut für Kommunikationswissenschaft an der Westfälischen Universität zu Münster (unveröffentlicht).*

Noelle-Neumann, Elisabeth, Peterson, Thomas (2006). Eine fremde, bedrohliche Welt. Die Einstellungen der Deutschen zum Islam. *Frankfurter Allgemeine Zeitung*, 17. 5. 2006, S. 5.

Noelle-Neumann, Elisabeth; Köcher, Renate (2002). *Allensbacher Jahrbuch der Demoskopie 1998-2002,* Band XI, München: Saur Verlag.

Noelle-Neumann (1999). Wahlkampf seit 1995. In drei Stufen zum Wahlsieg. In: Noelle-Neumann, Elisabeth; Kepplinger, Hans Mathias; Donsbach, Wolfgang (Hrsg.), *Kampa.* Freiburg, München: Alber Verlag, S. 172-214.

Office for Democratic Institutions and Human Rights (2006). The Representation of Muslims in Public Discours. Report 2006. verfügbar unter: *http://www.oic-oci.org/english/article/OSCE-ODIHR.pdf*, 22.09.2007.

Parsons, Nigel (2005). Nigel Parsons, Managing Director of Al Jazeera International. Transnational Broadcasting Studies, 23. Oktober 2005. verfügbar unter: *http://www.tbsjournal.com/Archives/Fall05/Parsons.html.*, 21.8.2007.

PONS Wörterbuch (1990). Stichwort: Muslime, Moslems. In: *PONS Großwörterbuch deutsch – englisch, englisch – deutsch.* London u.a.: Collins, S. 471.

Poole, Elizabeth (2006). The Effects of September 11 and the War in Iraq on British Newspaper Coverage. In: Poole, Elizabeth; Richardson, John (Hrsg.), *Muslims in the News Media*. London, New York: I.B. Tauris, S. 89-102.

Poole, Elizabeth (2002). *Reporting Islam. Media Representations of British Muslims.* London, New York: I.B. Tauris.

Poole, Elizabeth (2000). Framing Islam: An Analysis of Newspaper coverage of Islam in the British Press. In: Hafez, Kai (Hrsg.)., *Islam and the West in the Mass Media. Fragmented Images in a Globalizing World.* Cresskill: Hampton Press, S. 157-179.

Potter, Deborah (2007). What We're Missing. *American Journalism Review* (29), S. 62.

Prokop, Izabela (1995). Stereotype, Fremdbilder und Vorurteile. In: Czyzewski, Marek; Gülich, Elisabeth; Hausendorf, Heiko; Kastner, Maria (1995). *Nationale Selbst- und Fremdbilder im Gespräch.* Opladen: Westdeutscher Verlag, S. 180-202.

Quandt, Siegfried (1989). Zur Wahrnehmung der Deutschen im Ausland. Images als Produkt und Faktor der Geschichte. In: Bundeszentrale für politische Bildung (Hrsg.), *Völker und Nationen im Spiegel der Medien*. Bonn, S. 36-42.

Quasthoff, Uta (1995). Stereotype in Alltagssituationen. In: Heinemann, Margot (Hrsg.), *Sprachliche und soziale Stereotype.* Frankfurt am Main u.a.: Lang, S. 47-72.

Richardson, John (2006). Who Gets to Speak? A Study of Sources in the Broadsheet Press. In: Poole, Elizabeth; Richardon, John (Hrsg.), *Muslims and the News Media.* London, New York: I.B. Tauris, S. 103-115.

Richardson, John (2004). *(Mis)Representing Islam. The racism and the rhetoric of British broadsheet newspapers.* Amsterdam: John Benjamins B.V..

Richter, Frederik (2006). ‚Osama-TV?' ZEIT online. verfügbar unter: *http://www.zeit.de/online/2006/46/Al-Dschasira-Kommentar?page=all*, 15.11.2006.

Röder, Maria (2007). *Haremsdame, Opfer oder Extremistin? Muslimische Frauen im Nachrichtenmagazin Der Spiegel.* Berlin: Frank & Timme.

Rotter, Gernot (1992). Feindbildproduktion. Der Islam und sein Zerrbild in den Medien. In: Birckenbach, Hanne-Margret; Jäger, Uli; Wellmann, Christian (Hrsg.), *Jahrbuch Frieden 1993.* München: Beck.

Said, Edward W. (1997). *Covering Islam. How the media and the experts determine how we see the rest of the world.* New York: Vintage.

Schatz, Roland (2007). Different view of things. Comparison: Al Jazeera International und Al Jazeera Arabisch. *Media Tenor Research Report* (1), S. 34-40.

Scheffler, Thomas (1997). West-östliche Angstkulturen. Gewalt und Terrorismus im Islam. In: Hafez, Kai (Hrsg.), *Der Islam und der Westen. Anstiftungen zum Dialog*. Frankfurt am Main: Fischer, S. 80-93.

Schielicke, Anna-Maria (2006). Konstruktion und Präsentation von ostdeutschen Stereotypen in regionalen Tageszeitungen. Eine inhaltsanalytische Untersuchung. *Magisterarbeit am Institut für Kommunikationswissenschaft TU Dresden (unveröffentlicht).*

Schiffer, Sabine (2005). *Die Darstellung des Islams in der Presse. Sprache, Bilder, Suggestionen. Eine Auswahl von Techniken und Beispielen.* Würzburg: Ergon Verlag.

Schiffer, Sabine (2004). Der Islam in den Medien. *Vortrag im Rahmen der 10. Islamwoche in Berlin*, 3. Juni 2004.

Schnepper, Regi (1990). *Nationenbilder im Wandel. Zur Entwicklung von Deutschlandbildern in Großbritannien.* Dissertation im Fachbereich Sprach- und Literaturwissenschaft der Universität Duisburg. Darmstadt: Dissertation Druck Darmstadt.

Scholtys, Britta (2006). Kampfansage an den ‚westlichen Blick'. Die Tagesschau der ARD im Gespräch mit Nigel Parsons. verfügbar unter: *http://www.tagesschau.de/aktuell/meldungen/0,,OID6094952,00.html,* 5.7.2007.

Schultheiß, Franklin; Dahlhaus, Horst; Maurus, Wolfgang (1989). Vorwort. In: Bundeszentrale für politische Bildung (Hrsg.), *Völker und Nationen im Spiegel der Medien.* Bonn, S. 7-8.

Schulz, Winfried (1990). *Die Konstruktion von Realität in den Nachrichtenmedien. Analyse der aktuellen Berichterstattung.* München, Freiburg: Karl Alber Verlag.

Schulze, Reinhard (1997). Gibt es eine islamische Moderne? In: Hafez, Kai (Hrsg.), *Der Islam und der Westen. Anstiftungen zum Dialog*. Frankfurt am Main: Fischer, S. 31-43.

Schweiger, Wolfgang (2006). *Theorien der Mediennutzung in der neuen Medienwelt.* Habilschrift an der Sozialwissenschaftlichen Fakultät der Universität München Diese Habilitation ist im VS Verlag erscheinen: Schweiger, Wolfgang (2007). *Theorien der Mediennutzung. Eine Einführung.* Wiesbaden: VS.

Sheikh, Kashif; Price, Vincent; Oshagan, Hayg (1995). Press Treatment of Islam: What Kind of Picture Do the Media Paint? *International Communication Gazette* (56), S. 139-154.

Silberschmidt, Rico (2006). Die Darstellung des Islams in der Deutschschweizer Presse zwischen 1998-2005. Eine Inhaltsanalyse aus Sicht des Framing-Ansatzes. *Lizentiatsarbeit am Institut für Publizistikwissenschaft und Medienforschung in Zürich (unveröffentlicht).*

Sreberny-Mohammadi, Annabelle; Nordenstreng, Kaarle et al. (1985): *Foreign News in the Media: International Reporting in 29 Countries.* Paris: United Nations Educational Scientific and Cultural Organization.

Staab, Joachim Friedrich (1998). Faktoren aktueller Berichterstattung. Die Nachrichtenwert-Theorie und ihre Anwendung auf das Fernsehen. In: Meckel, Miriam; Kamps, Klaus (Hrsg.), *Fernsehnachrichten.* Opladen/Wiesbaden: Westdeutscher Verlag, S. 49-64.

Sternkopf, Jochen (1998). Stereotype in den Medien. In: Heinemann, Margot (Hrsg.), *Sprachliche und soziale Stereotype.* Frankfurt am Main u.a.: Lang, S. 119-128.

Thofern, Detlef (1998). *Darstellungen des Islams in DER SPIEGEL. Eine inhaltsanalytische Untersuchung über Themen und Bilder der Berichterstattung von 1950-1989.* Hamburg: Verlag Dr. Kovac.

Townshend, Charles (2005). *Terrorismus. Eine kurze Einführung.* Stuttgart: Reclam.

Westermann, Rainer (2000). *Wissenschaftstheorie und Experimental-methodik. Ein Lehrbuch zur Psychologischen Methodenlehre.* Göttingen: Hogrefe.

Whittaker, David J. (2002). *Terrorism. Unterstanding the Global Threat.* Harlow: Pearson Education: Lim.

Wilke, Jürgen (1989). Imagebildung durch Massenmedien. In: Bundeszentrale für politische Bildung (Hrsg*.), Völker und Nationen im Spiegel der Medien.* Bonn, S. 11-21.

Wiswede, Günther (2004). Einstellung. In: Wiswede, Günther (Hrsg.), *Sozialpsychologielexikon.* München: Oldenburg, S. 112.

Zagala, Samera (2007). *Kulturkampf in den Medien. Wie Fernseh-nachrichten die arabische Welt abbilden.* Saarbrücken: VDM Verlag Dr. Müller.

Zentralinstitut Islam-Archiv Deutschland e.V. (Armina-Abdullah Stiftung). Informationen verfügbar unter: *http://www.islamarchiv.de/*, 5.12.2007.

Zimbardo, Philip; Gerrig, Richard (2003). *Psychologie.* Berlin, Heidelberg: Springer-Verlag.

Zimmer, Jochen (1996). Nachrichten im Wettbewerb. Fernsehnachrichtenkanäle für nationale und übernationale Märkte. In: Meckel, Miriam; Kriener, Markus (Hrsg.), *Internationale Kommunikation.* Opladen: Westdeutscher Verlag, S. 161-178.

Internetseiten der Sender Al Jazeera English, BBC World, CNN International

AJ English

Selbstbild (Corporate Profile)

Die Angaben zum Selbstbild von AJ English sind verfügbar unter: *http://english.aljazeera.net/NR/exeres/DE03467F-C15A-4FF9-BAB0-B0E6B59EC8F.htm*, 28.10. 2007.

Ethik-Code

Der Code of Ethics von AJ English ist verfügbar unter: *http://www.english.aljazeera.net/NR/exeres/4B3ABFB8-9082-4B05-B399-7BF68D4A39D6.htm,* 23.01. 2008

Mitarbeiterstrukturen

http://english.aljazeera.net/NR/exeres/650457A1-0CDF-4D37-A11A-0D01D01AABB.htm, 19.11.2007.

Zuschauer

Pressemitteilung AJ English vom 27. September 2007, verfügbar unter: *http://english.aljazeera.net/NR/exeres/C233F6D4-0BD5-454A-88E3-ED1A0914AF3B.htm,* 21.11.2007.

CNN International

Korrespondentennetze

Pressemitteilung CNN International vom 15. September 2007, verfügbar unter: *http://www.cnnasiapacific.com/press/en/content/304/*, 17.11.2007.

Zielgruppe

http://www.cnnmediainfo.com/mediainfo/audience.html, 19.11.2007.

BBC World

Zielgruppe

http://www.bbcworld.com/Pages/OurAudience.aspx, 19.11.2007.

Sonstige Quellen

Gespräch mit Mohammed Salim Abdullah, Senior Direktor des Zentralinstituts Islam-Archiv Deutschland e.V. (Armina-Abdullah Stiftung) am 5.12. 2007.

MEDIEN UND POLITISCHE KOMMUNIKATION – NAHER OSTEN UND ISLAMISCHE WELT / MEDIA AND POLITICAL COMMUNICATION – MIDDLE EAST AND ISLAM

(Die Bände 1–10 sind beim Deutschen Orient-Institut, Hamburg erschienen und über dieses und den Buchhandel zu beziehen.)

Band 11 Jamal Nazzal: Das palästinensische Rundfunksystem und die deutsch-palästinensische Medienkooperation. 340 Seiten. ISBN 978-3-86596-058-0. ISBN 3-86596-058-8

Band 12 Aydin Nasseri: Internet und Gesellschaft in Iran. Mit einem Vorwort von Katajun Amirpur. 198 Seiten. ISBN 3-86596-116-9

Band 13 Maria Röder: Haremsdame, Opfer oder Extremistin? Muslimische Frauen im Nachrichtenmagazin Der Spiegel. 160 Seiten. ISBN 978-3-86596-143-3

Band 14 Antje Glück: Terror im Kopf. Terrorismusberichterstattung in der deutschen und arabischen Elitepresse. 206 Seiten. ISBN 978-386596-157-0

Band 15 Muhammad I. Ayish: The New Arab Public Sphere. 254 Seiten. ISBN 978-3-86596-168-6

Band 16 Susan Schenk: Das Islambild im internationalen Fernsehen. Ein Vergleich der Nachrichtensender *Al Jazeera English*, *BBC World* und *CNN International*. 176 Seiten. ISBN 978-3-86596-224-9

Band 17 Jan Michael Schäfer: Protest in Ägypten. Wie Al-Jazeera und andere Medien die Kifaya-Bewegung möglich machten. 150 Seiten. ISBN 978-3-86596-219-5

Frank & Timme

Verlag für wissenschaftliche Literatur

MEDIEN UND POLITISCHE KOMMUNIKATION – NAHER OSTEN UND ISLAMISCHE WELT / MEDIA AND POLITICAL COMMUNICATION – MIDDLE EAST AND ISLAM

Band 18 Sarah Jurkiewicz: Al-Jazeera vor Ort. Journalismus als ethische Praxis. 140 Seiten. ISBN 978-3-86596-228-7

Band 19 Katharina Nötzold: Defining the Nation? Lebanese Television and Political Elites, 1990–2005. 376 Seiten. ISBN 978-3-86596-242-3

Band 20 Kerstin Engelmann, Friederike Günther, Nele Heise, Florian Hohmann, Ulrike Irrgang, Sabrina Schmidt: Muslimische Weblogs. Der Islam im deutschsprachigen Internet. 282 Seiten. ISBN 978-3-86596-239-3

Band 21 Carola Richter: Medienstrategien ägyptischer Islamisten im Kontext von Demokratisierung. 354 Seiten. ISBN 978-3-86596-361-1

Band 22 Douglas Reynolds: Turkey, Greece, and the "Borders" of Europe. Images of Nations in the West German Press 1950–1975. 558 Seiten. ISBN 978-3-86596-441-0

Band 23 Kai Hafez (Hg.): Arabischer Frühling und deutsches Islambild. Bildwandel durch ein Medienereignis? 154 Seiten. ISBN 978-3-86596-497-7

Band 24 Almut Woller: Transformation der Geschlechterverhältnisse in den Vereinigten Arabischen Emiraten. Eine feministische Diskursanalyse der Arbeitsmarktintegration emiratischer Frauen. 234 Seiten. ISBN 978-3-7329-0015-2

Band 25 Margret Müller: The World According To Israeli Newspapers. Representations of International Involvement in the Israeli-Palestinian Conflict. 286 Seiten. ISBN 978-3-7329-0286-6

Frank & Timme

Verlag für wissenschaftliche Literatur